성령의 바람을 타고

성령의 바람을 타고

초판 1쇄 찍은 날 · 2008년 1월 16일 | 초판 1쇄 펴낸 날 · 2008년 1월 21일

지은이 · 프란시스 그림 | **옮긴이** · 정길용 | **펴낸이** · 김승태

편집 · 이덕희, 방현주 | **디자인** · 이훈혜, 박한나
영업 · 변미영, 장완철 | **물류** · 조용환, 엄인휘

등록번호 · 제2-1349호(1992. 3. 31.) | **펴낸 곳** · 예영커뮤니케이션
주소 · (110-616) 서울 광화문우체국 사서함 1661호 | **홈페이지** www.jeyoung.com
출판사업부 · T. (02)766-8931 F. (02)766-8934 e-mail: edit1@jeyoung.com
출판유통사업부 · T. (02)766-7912 F. (02)766-8934 e-mail: jeyoung@jeyoung.com
제작 예영 B&P · T. (02)2249-2506~7

copyright©2008, 프란시스 그림

ISBN 978-89-8350-459-3 (03230)

값 12,000원

성령의 바람을 타고

프란시스 그림 지음
정길용 옮김

예영커뮤니케이션

예영커뮤니케이션은
복음주의기독출판협회(ECPA)의 국제 회원사로서 기독교 출판을 통하여
세계복음화를 위한 지상명령의 실현을 위해 동참하고 있습니다.

On the Wings of the Wind
by Francis Grim

주 예수 그리스도에게 바칩니다.

"예수께서 모든 도시와 마을에 두루 다니사
그들의 회당에서 가르치시며
천국 복음을 전파하시며
모든 병과 모든 약한 것을 고치시니라"
(마 9:35)

그리고
주님의 발자취를 따르는 수많은 의료인들에게
진심으로 이 책을 바칩니다.

“… 바람 날개를 타고 높이 솟아오르셨도다”
(시 18:10)

“바람이 임의로 불매 네가 그 소리는 들어도
어디서 와서 어디로 가는지 알지 못하나니
성령으로 난 사람도 다 그러하니라”
(요 3:8)

"교회에 가는 사람보다 병원에 찾아오는 사람이 더 많다."
프란시스 그림 박사가 하신 말입니다. 의미있는 말이라고 생각합니다.

질병의 고통을 안고 병원 침대에 누워 있는 사람들은 생각이 많아집니다. 인생에 대해 생각하고, 살아온 날들을 돌아보면서 장래의 삶은 어떻게 될 것인지에 대해 생각하게 됩니다. 왜 내가 질병에 걸려 고통을 당해야 하는지, 고통의 의미는 무엇인지, 언제 고통에서 벗어날 것인지에 대해서도 고민하게 됩니다. 동시에 내가 원하는 대로 고통에서 벗어날 수도 없고, 의사들이 원하는 대로 되지도 않을 경우에는 누가 이 모든 것을 주관하는가에 대해서도 깊이 고민하게 됩니다.

이런 상황에 처한 사람들에게 육신적인 도움뿐 아니라 영적인 도움도 줄 수 있다면 고통 당하는 사람들이 소망을 가지고 어려움을 극복하는 데 큰 위로가 될 것입니다. 믿음을 가진 의료인들이 삶의 터전에서 만나는 아픔을 가신 환사들에, 실제적인 도움을 줄 뿐 아니리 소망의 기쁜 소식을 전해줄 수 있다는 것은 의무인 동시에 특권이라고 생각합니다.

의료계에 그리스도의 대사로 부름 받은 기독 의료인들은 삶의 현장에서 하나님의 나라를 이루어가야 할 것입니다. 이런 점에서 볼 때, 찾아오는 환자들에게 육신적인 도움뿐 아니라 영적인 도움을 줄 수 있도록 의료인들에게 복음을 전하고 그들을 그리스도의 제자로 훈련시켰던 프란시스 그림 박사의 사역은 매우 의미있는 일이라고 생각합니다. 해마다 한두 번 떠나는 해외 의료 선교 여행만 기다리고 있을 것이 아니라 매일 나의 일터에서 하나님의 나라를 세워가야 할 것입니다.

이 책의 출판을 계기로 그리스도 안에서 변화된 삶을 사는 기독 의료인들을 통해 동료 의료인들에게 복음이 전해지고, 환자들이 육신적 고통뿐 아니라 영혼의 아픔까지도 해결 받게 되기를 소망합니다.

2008. 1
정길용

병원선교의 개척자 프란시스 그림 회장님!

저는 1964년도 하나님의 은혜로 죽음 가운데에서 살아난 후 1967년도에 한국병원선교회를 설립하게 되었습니다. 아직 병원선교란 단어가 생소하던 시절 전국의 병원과 의과대학을 순회하면서 의사, 간호사, 의대생들, 간호대학생과 병원 직원들에게 복음을 전하며 전도훈련을 시키고 있었습니다.

1968년 여름에 프란시스 그림(Francis Grim) 회장님과 에라스미아 그림(Erasmia Grim) 사모님 부부께서 저희 가정을 방문한 것을 계기로 1967년에 발족한 한국병원선교회와 세계병원선교회와의 관계를 정식으로 맺게 되었습니다. 두 분이 저희 가정을 방문하셨을 때, 1969년 이탈리아 로마에서 개최되는 세계병원선교회 컨퍼런스에 한국 대표로 초청 받았습니다. 또 로마 컨퍼런스에 참석한 후 프란시스 그림 회장님 부부의 간절한 요청으로 영국의 Carpenwray Bible School에서 공부를 마치는 은혜를 입었습니다.

그림 회장님은 특별히 한국과 한국의 기독교인을 매우 사랑하셨습니다. 한국병원선교회와 동역을 시작하신 후에 저를 아들처럼 여기시면서 여러 차례 한국을 방문하여 병원선교에 대한 비전을 주셨습니다.

그림 회장님은 오늘날의 한국은 물론 세계적으로 선교의 불모지였던 병원에 '병원선교' 의 씨앗을 심으신 개척자이십니다. 그분의 삶은 오직 하나님의 나라와 병원선교를 위해 온전히 바쳐진 것이었습니다. 조금의 사심도 없이 오직 주님 가신 길을 따라 푯대를 향해 달려갔습니다.

세계병원선교회가 창립된 지 72년을 맞이하였습니다. 세계병원선교회는 한국을 포함한 전 세계 56개국이 회원국가이며 94개국에 국가별 지부가 있습니다. 의사, 간호사, 병원 직원, 원목 및 일반 사역자들이 각자의 자리에서 봉사하고 있습니다. 2005년 5월 21일 소천하신 후 그분의 장례식에는 전 세계에서 많은 병원선교 관련 대표와 사역자들이 참석했습니다. 그 모습을 보고 생전에 그분이 헌신했던 사역이 얼마나 훌륭했던지를 다시 한번 느꼈습니다.

이 책을 한국에서 번역, 출판할 수 있도록 도와주신 샘병원의 이상택 이사장님과 황영희 박사님께 특별히 감사드립니다. 이 책을 통하여 많은 이들이 병원선교에 대한 사명과 함께 열정을 갖게 될 것을 믿습니다.

황찬규 목사
세계병원선교회 극동아시아 대표
한국병원선교회 설립자

사람은 누구나 타인의 도움이 필요한 존재입니다. 그러면서 또 타인을 돕고 싶은 소원을 갖고 있습니다. 그런데 고민이 있습니다. 내가 도움이 필요할 때 도움을 받을 수 없다는 것과, 또 타인을 돕고 싶을 때 도와줄 능력이 없다는 것입니다. 이 문제를 해결할 사람들이 바로 크리스천들입니다. 왜냐하면 크리스천들은 능력과 사랑이 무한하신 예수님과 함께 살기 때문입니다. 그분의 사랑과 그분의 능력이 바로 믿는 자의 것이기 때문입니다.

크리스천들은 교회에서 습관적으로 그리고 정기적으로 또 자주 모입니다. 교회에서 크리스천들은 항상 잔칫집 같은 분위기 속에서 사랑과 기쁨이 가득찬 모임을 갖게 됩니다. 더욱 기쁜 것은 처음으로 교회에 출석하는 사람들이 늘어나 그 사람들이 축복받고 천국에 가게 되는 때입니다. 그런데 교회보다 더 많은 사람이 찾아가는 곳이 병원이라고 말합니다. 『성령의 바람을 타고』의 저자 프란시스 그림은 이렇게 말씀합니다. 병원에 찾아오는 사람들은 의사와 간호원의 도움이 절실히 필요하여 오는 사람들입니다. 이때 의사와 간호원들이 어떻게 그들을 대하는가가 매우 중요하다는 것입니다. 이 사람들이(의사와 간호사) 예수님을 믿는 크리스천이라면 더욱 깊이가 있는 도움을 줄 수 있지 않겠는가 라고 저자는 질문합니다. 특히 죽음을 앞에 둔 환자들에게 천국 갈 수 있는 길을 보여 줄 수 있다면 그보다 더욱 훌륭한 도움이 어디에 있겠습니까? 저자는 전 세계의 병원에서 일하는 의사와 간호원이 크리스천이 되도록 하는 노력이 매우 갚진 일이며 주님의 높으신 뜻이라고 말합니다.

그의 선친께서 소천하시기 전에 두 아들이 같이 부친을 병상에서 간호할 때 그는 이 귀한 진리를 뼈저리게 깨닫습니다. 병원에 입원한 환자들에게 그리스도를 소개할 때 고맙게 받아들이는 것을 경험한 그림 회장님은 세계 각국을 다니면서 간호사들에게 복음을 전해야겠다고 결심합니다. 이것이 하나님의 뜻임을 깨닫고 멀고 먼 여정을 떠난 것입니다. 그런데 놀라운 것은 어디서나 대환영을 받았다는 것입니다. 여기서 그는 세계병원선교회를 조직합니다.

이 책은 그분이 소천하시기 전 90세의 나이에 자신이 병원선교를 시작해 각국에 다니면서 전도하고 각 나라에서 병원선교회를 조직하고 훌륭한 후원자들을 만나는 기적 같은 일에 대하여 쓴 것입니다. 정길용 선생의 읽기 쉬운 번역으로 은혜로운 책 읽기가 될 것입니다.

아프리카 미래재단이 스와질란드에다 의과대학을 세우려고 합니다. (스와질란드 크리스천대학) 아프리카에 에이즈 문제가 매우 심각하다는 것을 알고 있는 우리에게 이 대학에 주어진 하나님의 사명이 얼마나 중요한 것인지 많은 사람들이 깨닫게 되기를 바랍니다.

지난 11월에 남아공의 요하네스버그에 위치한 세계병원선교회 국제 본부를 찾아서 그림 회장님의 사모님과 시간을 같이 했었습니다. 그 본부는 참으로 평화롭고 사랑이 넘치는 분위기였습니다. 그리고 사모님에게서 병원선교의 아름다운 정신이 풍기는 것을 느꼈습니다.

이 책을 읽는 이마다 하나님의 임재하심을 체험하게 될 것을 믿으며 진심으로 추천해 드립니다.

조창환 목사
아프리카미래재단 이사장, 아멘교회 원로목사

샘병원은 아프리카미래재단과 함께 아프리카 스와질란드에 의과대학과 병원을 설립하려고 준비 중이다. 벌써 일곱 차례 아프리카를 드나들면서 이젠 스와질란드 나라와 국민들과는 가까운 사이가 되었다. 머지않아 남아공에서 월드컵이 열리는 2010년이 되면 세계에서 가장 에이즈 환자가 많으면서도 의과대학조차 없는 스와질란드 땅에 첫 의과대학 수업이 시작될 것이다.

인구의 40%가 에이즈 양성인 나라,

평균수명이 33세밖에 되지 않는 나라,

에이즈 감염율과 평균수명이 짧기로 세계 1위 국가인 스와질란드.

샘병원이 문득 아프리카에 눈을 뜨게 된 것은 바로 세계병원선교회 임원들이 샘병원을 방문하면서부터였다. 2006년 세계병원선교회 70주년 행사 참석차 한국을 방문했던 30여 개 회원국 120여 명의 임원들이 샘병원을 방문해 함께 저녁 식사를 나누며 예배를 드렸던 것이다.

세계병원선교회 설립자이신 닥터 프란시스 그림의 아내 에라스미아 그림 여사를 위시해서 세계병원선교회의 아시아 책임자이신 황찬규 목사님, 그 외 수많은 주의 종들이 부족한 저희 병원을 축복하시면서 남부아프리카의 열악한 상황을 우리에게 알려 주셨다. 아내인 황영희 박사를 포함하여 샘병원 식구 모두를 통해 아프리카를 품으시며 눈물 흘리시는 하나님 아버지의 마음을 느낄 수 있었으며, 부족하나마 최선을 다해 그들을 섬기리라 다짐하였다.

그 후 수차례 아프리카를 방문할 때마다 남아공에 위치한 세계병원선교회를 방문하여 그곳에서 묵으며 그림 여사를 비롯한 임원들과 친밀한 영적 교제를 나눌 수 있었다. 우리의 스와질란드 사역도 어쩌면 닥터 그림 내외가 뿌린 세계병원선교회의 작은 열매일지 모른다. 이 책에서 보듯이 닥터 그림이 전 세계를 뛰어다니며 심어놓은 씨앗들이 이제 여기저기서 큰 나무로 자라 아름다운 열매를 맺고 있는 것이리라.

성령의 바람을 타고 세상을 몇 바퀴나 돌았던 전도자 프란시스 그림처럼 우리 모두도 성령의 바람에 이끌려 한평생 주님과 동행하는 멋진 삶을 살았으면 한다. 우리 부부도 전혀 생각지도 못했던 머나먼 남부 아프리카 스와질란드에 성령의 바람을 타고 가게 된 셈이다.

이 한 권의 책이 우리를 미지의 나라로 인도하는 소중한 성령의 나침반이 되리라 확신하며 모두에게 권하는 바이다.

이상택 박사

효산의료재단 샘병원 이사장, 아프리카미래재단 고문

닥터 프란시스 그림,

우리 모두에게 생소한 이름이지만,

그는 70여 년 전 세계병원선교회를 설립한 개척자이다.

그는 14세 때 주님을 영접한 이후,

병환으로 입원 중인 아버님이 환우들과 직원들에게 전도하시는 모습을

보며 병원선교회의 사역에 첫 발을 내딛게 된다.

14개월 동안 45개국을 순방하며 복음을 전하고

각 나라에 병원선교회를 조직하며 젊음을 불태웠다.

이 책을 읽노라면 마치 사도 바울의 전도여행을 보는 듯하다.

10장에서는 사랑하는 아내 에라스미아와의 로맨스가 감미롭게 기록되고 있다. 샘병원을 방문하셨을 때, 그리고 남아프리카공화국 세계병원선교회 본부에서 만나 뵌 에라스미아 그림 여사는 마치 하늘에서 내려온 천사를 연상케 했다. 자녀가 없으신 탓에 부족한 저를 영적인 아들로 환대해 주시곤 하셨다.

아프가니스탄을 포함하여 전 세계 100여 개 나라를 누비며 닥터 그림이 꿈꾸었던 것은 과연 무엇인가? 그는 민족들이 모이며, 열방이 함께 주님을 찬양하는 천국을 꿈꾼다. 그리고 각 나라의 병원들마다 의사, 간호사뿐 아니라, 모든 직원이 하나가 되어 주님을 섬기는 천국을 꿈꾼다.

그가 던진 마지막 질문은 나의 심금을 울린다.

"왜 그분이 오늘 모습을 드러내지 않습니까?"

주님은 왜 오늘 자신의 모습을 드러내지 않으실까?

닥터 그림은 바로 우리가 주님의 모습으로 병원에서, 삶의 현장에서 헌신해야 한다고 말하고 있다. 나로 인해 고통 속의 환우가 위로를 받고 있는가? 나의 모습을 통해 이웃이 주님의 모습을 보고 있는가?

이 한 권의 책이 기독의료인 모두로 하여금 이전에 경험해 보지 못했던 더 깊은 바다로 항해하게 하는 성령의 바람이 되리라 믿어 의심치 않는다.

박상은 박사
한국누가회 이사장, 샘병원 의료원장

목 차

무엇보다 먼저, 성령의 능력 안에서 그분의 은혜로 이루어진 사역을 인정하는 최초의 책을 쓸 수 있도록 인도해 주신 우리 주 그리스도 예수님께 감사드린다.

나의 사랑하는 아내 에라스미아에게 심심한 감사의 뜻을 전한다. 아내는 나를 지속적으로 격려하고 도움을 주었으며, 아내의 건전한 충고가 우리가 함께 살며 함께 사역하는 데 얼마나 중요한 부분을 차지했는지 모른다.

이렇게 은혜로운 사역에 성실하게 임함으로 사역이 전 세계로 뻗어나가는 데 순풍과 같은 역할을 해 주신 병원선교회(Healthcare Christian Fellowship) 동료들에게도 감사의 뜻을 전하고 싶다.

자신이 맡고 있는 여러 가지 일을 하면서 원고를 장시간 반복해서 타이핑해 준 처제 타소 스와네폴에게도 진심으로 감사한다.

또한 원고를 교정하기 위해 수고를 아끼지 않았던 온타리오에서 온 불어 선생님, 제인 리웅에게도 심심한 사의를 표한다.

잦은 여행에서 만난 수많은 친구들 그리고 기도로 후원해 준 친구들에게도 감사의 뜻을 전하는 바이다. 그 사람들이 없었다면 이 모임은 아무 의미가 없었을 것이다!

프란시스 그림

"실제로 병원선교회가 언제 시작되었는가?"하고 우리는 자주 질문한다. "시간이 시작되기도 전에 그분의 영원한 계획의 한 부분이었기 때문에, 이 모임은 수천 년 전에 하나님의 마음에서부터 시작되었다."

유한한 생명을 가진 인간이 시작도 없고 끝도 없는 어떤 기간을 이해한다는 것은 어려운 일이다. "하나님은 영원에 거하시고 시간은 하나님 안에 있다."고 토저(A. W. Toser)가 말했다. 하나님께서는 어떤 일이 언제 일어날 것인지에 대해 세밀한 부분까지 미리 알고 계신다. 영원한 미래의 광활한 환경과 함께 미세한 시간의 점들이 연결되는 것을 영원에 거하시는 하나님 외에 누가 볼 수 있겠는가?

하나님께서는 나와 동생 칼(Carl)이 결국 오대양 육대주 100여 개국으로 여행하게 될 병원 세계로 첫 발을 내딛는 일이 1936년 아버님의 질병 말기에 일어날 것이라는 사실도 알고 계셨다. 중국의 위인 라오쯔가 "천리 길도 한 걸음부터" 라고 말한 것과 같다.

병원에서 밤샘을 하면서 나는 주 예수 그리스도께서 아프고 고통 받는 사람들과 함께 왜 그렇게 많은 시간을 보내셨는지 이해하기 시작했다. 그분의 사역은 사람의 영, 혼, 육을 향한 총체적 사역이었다.

그분은 설교하셨고
그분은 가르치셨고
그분은 치유하셨고
그분은 선을 행하심에 자신을 버리고 당신의 삶을 부어주셨고 그분은 제자들에게 위임하셨다.

아버지께서 나를 보내신 것 같이 나도 너희를 보내노라(요 20:21).

우리는 의료계에 종사하는 그리스도인들은 그분의 이름으로 이와 같은 애정 어린 사역을 지속적으로 추구할 수 있다는 점에서 다른 어떤 직종과도 비교할 수 없는 많은 기회를 가지고 있다는 것을 깨달았다. 그리고 세상 사람들 중 매년 교회를 거쳐 가는 사람의 수보다 진료시설을 찾아오는 사람들이 더 많다는 것도 알았다.

육체적, 정신적, 영적인 필요를 가지고 있는 상당수의 사람들이 교회나 전형적인 방법의 전도 방식으로는 손이 닿지 않는 곳에 있다. 그러나 외압에 의해 교회 문이 닫히는 나라에서도 진료시설은 문을 열고 있다. 이런 시설들은 평상시뿐 아니라 전쟁 중에도 치료하는 곳으로서의 기능을 감당하고 있다.

이런 생각을 품은 채, 칼과 나는 지평선 위에 떠 있는 엄청난 비전을 보기 시작했다. 그것은 의료인들을 그리스도에게로 인도하고 그들의 믿음이 성장하도록 도와서, 그들이 동료 직원 및 환자들을 그리스도에게로 인도하도록 돕는다는 것이었다.

이렇게 하여 남아프리카공화국 기독 간호사회(Nurses' Chriatian's Fellowship)가 발족되었고, 나중에 다른 분야의 회원들이 영입되면서 병원기독인회(Hospital Christian Fellowship)가 되었다. 비전이 분명해지고, 사역이 우리 나라의 국경을 넘어서면서, 지금의 세계병원선교회(Healthcare Christian Fellowship International)로 알려진 단체가 발족되었다.

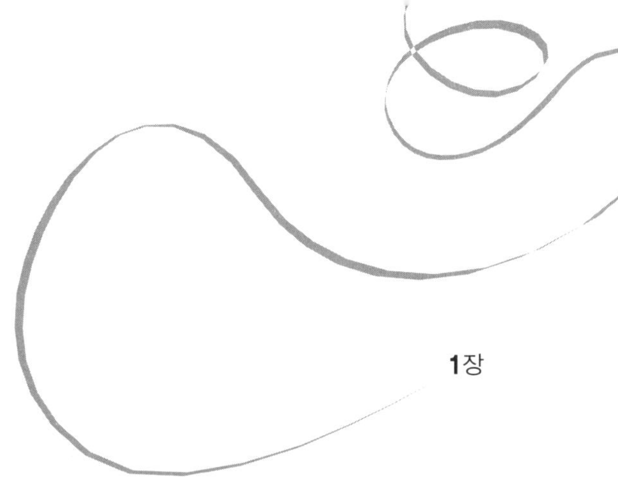

1장

죽음에서 나온 생명

"아버지, 괜찮으세요?" 나는 그날 밤 병실 침대에서 자꾸만 뒤척이시는 연로하신 아버님께 여쭈었다. "응, 프란시스야, 그래도 새벽까지는 시간이 아직 많이 남았는데, 어제도 오늘도 매한가지야… 흰색 벽, 의사들, 간호사들, 약. 그리고 어제 하루만 환자가 누워 있었던 빈 침대. 눈에 익숙한 곳에서 마지막 시간을 보낼 수 있도록 나를 집으로 데려다 주지 않으련?"

우리의 영웅이셨던 아버지, 체력이 좋으셔서 우리에게 운동 선수가 되라고 가르치셨던 아버지세서는 장시간 산보하면서 전 세계를 여행하셨던 영웅담을 들려 주곤 하셨다. 그분은 웃지 않을 수 없는 모험에 찬 이야기를 재미있게 해 주시는 타고난 이야기꾼이셨다. 그분의 이야기를 듣고 있노라면 가슴이 벅찼다. 오스트리아 사람으로서, 예술적인 조상들로부터 물려받은 섬세한 소질을 가지고 있었으며, 풍성한 목소리로 우리의 삶에 노래와 찬미를 가져다 주었다. 옛날 노래를 부르시면서 기타 줄 위에서 춤추는 아버님의 손가락을 보는 것은 감동 그 자체였다.

지금 아버님은 연약한 모습으로 맥없이 병원 침대에 누워, 삶의 마지막 순간을 기다리고 계신다. 함께 걸었던 일, 이야기들, 노래들이 영원한 세계로 들어가시기 위해 누워 계시는 아버님 앞에서 우리에게 다가오는 유일한 기억들이다. 복음의 열심당원 같은 칼과 내가 아버지를 믿게 하기 위해 어쭙잖은 몇 가지 일을 시도하는 동안, 예술가이셨던 아버님은 하나님을 믿지 않는 불신과 의심의 세상에 사셨다. 그러나 회갑 때, 아버님은 성경책을 달라고 하셨고, 그때부터 영원한 본향을 향한 믿음의 여행이 시작되었다. 우리는 십대 청소년이었던 우리가 그리스도를 영접했을 때 삶이 어떻게 달라졌는지를 아버님께 이야기해 드리기를 좋아했다. 그분이 마지막으로 남기신 말씀 중 하나는 '믿음'이었고, 구세주 예수 그리스도께서 어루만지시므로 철벽 같았던 무신론의 장벽이 무너지게 되었다.

10년이 지난 지금, 아버지가 누워 계신 침대 곁에서 아버지를 돌보면서 우리는 병원에 있는 다른 환자들의 모습을 관찰하게 되었다. 그러다 한 사람 한 사람에게 말을 걸기 시작했다. 어느 날 근육질의 농부가 다리에 붕대를 감고 누워 있었다. 여느 때 같으면 농장에서 활발하게 일할 사람이 지금은 맥없이 침대에 누워서 다른 사람들의 도움에 전적으로 의지하고 있었다.

"아저씨, 여기에 누워 계시면 좋던 싫던 천장만 쳐다보셔야 해서 힘드시지요? 그러나 저 위 하늘에 계시는 하나님께서 우리를 보살피시며, 당신에게 영생을 주시기 위해 독생자 아들을 보내셔서 당신을 위해 죽게 하셨습니다."라고 감히 말을 꺼냈다.

"정말 그렇습니다. 성난 황소가 나를 들이받아서 내가 치명상을 입을 수도 있었지만 하나님께서 나를 돌보셨다는 것을 느꼈습니다. 만약 바로 그때 농장에서 나를 돕는 손길이 없었더라면 나는 지금 이 자리에 없었을 것입니다. 그러나 매주 교회에는 나가지만 영생을 얻었다는 확신은 없습니다."라고 말했다.

나는 매우 조심스럽게 그에게 구원의 길을 보여 주었고, 우리를 대신해서 그리스도께서 행하신 일들을 설명해 주면서 우리가 예수 그리스도를 개인의 구주로 영접하지 않은 상태에서 하나님의 법을 지킨다거나 선행을 한다는 것은 의미가 없다고 말해 주었다. 그리스도를 영접하면 그분을 위해 살 수 있는 힘이 생긴다고도 말해 주었다. 우리의 대화는 다음 주까지 지속되었다. 점차적으로 그리스도 안에서의 믿음이라는 것이 그 '선한' 사람에게 이해되었고, 살아 계신 구세주가 그의 삶에서 형식적인 종교의 자리를 대신하게 되었다.

퇴원하는 날 그는 "내가 병원에 올 때는 부러진 다리와 형식적인 종교를 가지고 왔지만, 떠날 때는 건강한 육신과 내 삶 속에 그리스도를 모시고 갑니다."라고 말했다.

아버지 침상 옆에서 외롭게 밤을 새우고 있는 동안 여러 사람들이 구주를 영접하는 믿음을 가지게 되었다. 가슴이 철렁하는 놀라운 사실을 알고 겁에 질린 눈빛을 하고 있었던 노인이 기억난다. 그 노인은 자신의 생명이 서서히 꺼져가고 있다는 사실과 함께 장래의 모든 희망이 사라지고 있음을 알게 되었다. 그동안 자신이 행했던 착한 일을 믿고 있었지만 그것이 썩은 밧줄 같다는 것도 깨달았다. 정성을 다해 행했던 모든 일들이 반석이 되지 못하고 확신을 주지 못하며, 영원한 평안을 가져다 주지 못했다. 우리는 그에게 사람이 죽은 후에 우리의 죄를 위해 죽으시고 부활하신 그리스도 안에서 누릴 수 있는 소망에 대해 말했다. 그분만이 유일하신 길과 진리요 생명이시라고 전했다.

어느 날 저녁 우리가 병원에 도착했을 때, 이 환자는 오늘밤이 마지막이 될 것 같다고 책임 간호사가 말해 주었다. 친척들이 병원에 와서 그분의 침대 주위에 말없이 앉아 있었다. 그러나 다음 날 저녁에도 그분은 여전히 그 침대에 누워서 우리에게 오라고 손짓하고 있었다.

"어젯밤, 나는 삶의 끝자락에 서 있었어. 이제 나는 두렵지 않아, 예수님께 갈 테니까."라고 그는 우리에게 속삭였다. 평화와 만족이 그의 눈에 반사

되었다. 그가 남긴 마지막 말은 "예수님" 이었다.

다음 날 밤 우리가 아버지를 방문했을 때, 그 사람의 침대는 비어 있었다. 또 하나의 구원 받은 영혼이, 믿는 자를 위해 주님께서 마련해 두신 영화로운 곳으로 갔다고 나는 믿는다.

질병과 죽음이라는 것이 우리를 병원 세계로 안내했다. 엄청난 전략적 위치가 의료인들에게 주어져 있었던 것이다. 이런 지위는 의료인들 뿐 아니라 환자들의 건강을 위해 지칠 줄 모르고 함께 일하는 전체 팀원들에게 주어진 것이다. 만약 영적인 영역을 치료에 포함시킨다면 사람을 총체적으로 도울 수 있지 않겠는가? 그렇게 된다면 환자들은 이 땅에서의 수명이 연장될 뿐 아니라 영원한 생명까지 상속받게 될 것이다.

이와 같은 새로운 비전의 여명이 열리고 새로운 장이 펼쳐졌는데 거기에 무엇이 기록될 것인지는 우리가 얼마나 성령의 인도하심을 민감하게 받으면서, 내가 하고 싶은 것보다 사랑하시는 구주의 부르심에 얼마나 순종하느냐에 달려 있었다. 그것은 마치 내가 새로운 두루마리를 받고, 막중한 책임을 인식하면서 거기에 어떤 내용이 기록되어 있을지 궁금해 하는 것과 같았다. 하나님의 영광을 위해 어떤 영향력을 끼칠 수 있을까? 어떤 족적을 남겨야 영원히 가치 있는 것이 될까? 세월이 지나간 후에 과거를 돌아볼 때 어떤 삶의 흔적을 보고 싶은가?

1936년 성탄절에 아버님의 장례를 치렀고, 후에 생각해 보면 그때가 의료계에 종사하는 사람들 가운데 전 세계적 운동이 불길처럼 번진 일이 시작된 날이라고 생각한다. "하나님께서는 종종 사랑의 편지를 검은색 테두리가 있는 봉투에 보내신다."고 누가 말했듯이, 우리 모임의 시작이 바로 그러했다.

어머니와 칼(Carl) 그리고 나에게는 얼마나 힘든 나날들이었던가? 슬픔에 찌든 우리에게 성탄절을 장식하는 불빛은 왜 그리 찬란하게 반짝이며 사람들은 왜 저렇게 즐거워하는지 이해가 되지 않았다. 저 사람들은 우리의 영웅이 돌아가신 것을 모른단 말인가?

우리는 함께 성경을 읽었고 말씀으로 힘을 얻었다. 성경에는 우리의 앞날에 대한 구체적인 이야기가 전혀 없었다. 오히려 성경은 우리에게 십자가의 그림자를 보여 주었다. 그것은 갈보리 십자가에서 죽으시고 부활하심으로 우리를 위해 쟁취하신 승리를 상기시켜 주었다.

부활의 영광 안에 계신 그분이 우리의 유일한 피난처가 되셨다. 몇 달 후에 어머니와 나는 해변에서 휴가를 가지게 되었고, 아버님이 돌아가신 충격에서 어머니가 서서히 회복되는 모습을 보는 것이 큰 기쁨이었다. 엄청난 상실감에 빠져 있던 상황에서, 태양과 바다가 어머니의 볼에 생기를 가져다주었고, 그리스도에 대한 우리의 대화 및 늘 충만하신 그분의 충만이 어머니의 영혼에 새로운 생동감과 활력을 불어넣어 주었다.

우리는 떠오르는 태양과 석양을 바라보면서, 지고의 예술가이신 그분의 손이 연출하는 장엄하고 현란한 색상의 작품을 만끽했다. 그날 저녁 우리는 모든 것이 멈춘 듯한 정적의 시간을 즐겼고 평온함과 신선함을 마음껏 들이켰다.

어느 날 아침, 늘 그랬듯이 묵상과 기도의 시간을 가지기 위해 해변으로 나가면서 "다녀오겠습니다."하고 어머니의 볼에 입을 맞추었다. 이른 아침 햇살이 바다와 모래 위에 황금빛으로 살며시 내려앉았다. 그 아침이 더욱 아름다웠던 것은 찬란한 경치 뿐 아니라 내가 부활하신 주님을 만났다는 것 때문이었다. 천상의 만나를 먹고 "길 가의 시냇물을 마시므로"(시 110:7) 내 영혼이 새로워졌다.

전날 저녁 하나님의 이름 중 하나인 '엘 샤다이'(El Shaddai)의 의미를 깊이 묵상하던 세 명의 여 성도들과 함께 시간을 보냈다. 다시 한번 그들이

했던 말을 묵상했다. 엘 샤다이라는 하나님의 이름은 전능하신 공급자이신 '하나님의 모성'을 강조하는 이름이다. 아기에게 풍성한 것으로 공급하려는 어머니 같이, 하나님께서는 모든 것을 자녀들에게 베풀어주신다. 그분은 진정 모든 것이 충만한 분이시다.

호텔로 돌아오는 길에 은퇴한 간호사인 호텔 주인을 정원에서 만났다. 그가 나를 보며 어쩔 줄을 몰라 했다.

"무슨 안 좋은 일이 있습니까?"라고 물었다.

"어머니께서 매우…" 라고 대답하는 목소리에는 극도로 억제된 긴장감이 숨어 있었다.

더 이상 설명을 들을 새도 없이 어머니가 계셨던 방으로 달려갔다. 눈 앞에 펼쳐진 광경을 보고 다리의 맥이 풀렸다. 불과 한 시간 전만 해도 건강하고 행복했던 어머니에게 잠깐 사이에 죽음의 검은 그림자가 스며들어 어머니를 영원한 세계로 데려간 것이었다. 방금 전까지 생동감이 넘치는 미소를 보이셨던 어머니의 얼굴이 차디찬 대리석으로 변했고, 내 이름을 최초로 불렀던 그 입술이 영원한 침묵에 들어갔다.

꼼짝하지 않는 어머니를 바라보고 있노라니, 갖가지 추억이 몰려왔다. 보살핌과 걱정으로 나의 소년 시절을 풍성하게 해 주었던 사랑스러운 어머니, 가정을 지혜롭게 꾸려 나가시던 모습에서 나는 세심한 섬김의 자세를 배웠고, 어머니의 훈계가 나를 인도하고 축복했다. 이제 어머니는 떠나가셨다.

너무나 조용하고 예상치 않았던 시간에, 8개월 만에 두 번째 죽음이 우리 가정에 찾아온 것이었다. 이제 나는 혼자가 되었다. 내 앞에는 불확실하고 깨지기 쉬운 모습의 인생이 실 같이 가느다란 숨결에 의해 영원의 끝자락에 대롱대롱 매달려 있는 것이 보였다. 어머니의 이마에 입 맞추면서, 내가 알고 있는 단 한 가지 확실한 사실에 눈을 돌렸다.

"주님, 알 수 없는 나의 앞날을 당신은 모두 아시며, 위대한 사랑이신 당신에게는 대답 못할 질문이 없습니다. 당신의 이름은 엘 샤다이, 즉 어머니 하나님이십니다. 당신의 뜻을 이루소서…" 찢어지는 가슴을 부둥켜안고 나는 이렇게 기도했다.

깨어지고, 두들겨 맞고, 끊임없는 파도에 의해 다듬어져야 그토록 거친 돌들이 부드럽게 변하는 것처럼, 지독하게 힘들고 골치 아픈 삶 가운데서 우리에게 다가오는 몇 가지 귀중한 보배들이 있었다. 그 당시에는 아직 내가 알지 못했던 새로운 생명이 슬픔에서부터 모양을 갖추게 되었고, 세계 여러 곳에서 많은 생명을 탄생시킨 역사가 슬픔과 죽음에서부터 시작되었다. 죽음으로부터 생명이 탄생한다는 것은 냉혹한 진리이다. 어머니는 쳄톤 공원 묘지에 계신 아버님 곁에 안장되셨다.

그 후에 따라오는 고독한 시간에, 나는 부모님이 누워 계시는 거룩한 장소에 종종 찾아갔다. 무덤 옆에 앉아서 내 인생에서 전개될 사역에 대해 생각했다. 그리스도에게 돌아올 많은 영혼들은, 무덤 위 달빛 가운데 반짝이는 흰색 수정처럼 빛나는 보석 같은 특별한 소유(말 3:17)라고 말해 주는 것 같았다.

이해할 수 없는 기쁨과 기대감이 내 안에서 고동치고 있었다. 감춰진 세월의 심연에는 무엇이 있을까?

스물네 살의 젊은이에게 승신이 보장된 정부 공무원, 멋진 주택의 편안함과 안정성, 고생스러운 선교 사역을 감당하는 희열감, 각종 상반된 생각들이 느닷없이 펼쳐졌다. 복음을 한번도 듣지 못한 사람들에게 복음을 전하기 위해 험난한 적도의 정글 지역으로 간다는 것은 모험 정신의 실현으로 다가왔다. 이런 생각들이 서로 다투며 흥미를 돋우고 방향을 잡고 우선순위를 결정하기 위해 내 마음속에서 서로 뒤엉키고 있었다.

그러나 하나님과 단둘이 있을 때는 "내 아들아, 그 모든 것들이 다 고귀한 생각이지만 그게 너를 향한 나의 계획은 아니란다. 내가 너를 인도하는 방식을 알겠니? 지평선 위에 있었던 비전의 희미한 빛을 기억하니?"라는 그분의 음성이 들리는 것 같았다.

"예, 기억합니다만 그게 어떻게 현실화 되겠습니까? 병원에서 이 일을 하려면 어디서부터 시작해야 합니까? 나도 보지 못하고, 좋은 의도로 다른 진로를 택하라고 충고하는 친척이나 친구들도 보지 못하는 먼 장래에는 어떤 일이 일어나겠습니까?"

이렇게 모든 것이 불확실했던 때에 나는 경건한 노인 한 분을 만나게 되었다. 파란 눈으로 친절하게 나를 바라보면서 "프란시스, 20가지 서로 다른 길들이 자네 앞에 놓여 있다네. 그중에서 단 한 가지만 하나님의 길이야. 자네가 그 길을 찾도록 내가 기도하고 있어."라고 근엄하게 말했다.

그 당시에는 옳은 것 같지 않아 보여도, 결국 인생에서 하나님의 뜻을 받아들이는 것이 옳다는 것을 알게 되었다.

조용하지만 점진적으로, 나는 목표를 향해 걷기 시작했다. 한때 아버지가 입원했던 저미스톤 병원에서 간호사들을 위해 모임을 주선했다. 일부 "백의의 천사"들은 정말 천사 같았지만 다른 간호사들은 서글프게도 전기로 작동하는 기계 같다는 생각이 들었다. 그러나 그들 모두에게는 그리스도가 필요했다. 그리스도가 그들 가운데 내주하셨다면 그들로부터 엄청난 애정과 사랑의 보살핌이 환자들에게로 흘러나갔을 것이다.

1937년 첫 모임에는 단지 두 명의 간호사가 참석했다. 미미한 반응에도 용기를 잃지 않고, 칼과 함께 한 달 동안 전국에 있는 병원들을 방문하는 일정에 휴가를 맞추었다. 우리가 다른 직원들에게 사역할 기회를 요청할 때 관계자들로부터 너그러운 대우를 받았다. 어떤 병원 중견 간부 여자 의사는 간호사들이 환자들을 보살필 때 영적인 부분이 결여되어 있다면서 애통해 했다. "간호가 환자의 몸에만 국한되는 것을 보면, 인간이 영적인 존재임을 깨닫지 못하는 것 같습니다."라고 그 여의사가 말했다. 또한 직원들의 휴일이 너무 불규칙해서 교회 출석을 정기적으로 할 수 없다는 것도 문제였다. 이것이 비전을 실현해야 한다는 또 하나의 자극제가 되었다.

남아프리카 공화국에서의 탐험 여행 기간 동안, 칼과 내가 방문하는 병원마다 소규모의 기독교 도서관을 설립할 필요가 있음을 알게 되었다. 요하네스버그로 돌아오면서 도서관에 필요한 책들을 찾기 시작했다. 어느 기독교 서점의 젊은 점원이 그렇게 많은 책을 가지고 무엇을 할 것이냐고 물었다. 할 일에 대해 설명한 후 나는 거의 예언적인 통찰력을 가지고, "우리의 만남이 우연이 아닙니다. 당신은 언젠가 나와 함께 길을 걷게 될 것입니다." 라고 확신을 가지고 말했다.

"정말요, 당신도 예술가세요?"라며 그가 환호했다.

"아닙니다."

"악기 연주하세요?" 그가 물었다.

"아니요, 못합니다." 앞뒤가 잘 맞지 않는 것 같았다.

"노래할 줄 아세요?" 이런 사람이 어떻게 자기와 동역자가 될 수 있는지를 생각하면서 집요하게 물었다.

"조금요, 주로 합창단에서요." 나는 다른 각도에서 인정했다. 나중에 그는 나의 선언이 재미있었고 세상에 이렇게 멍청한 사람하고 어떻게 함께 일할 것인지 의아하게 생각했다고 말했다. 그러나 하나님께서는 정말 우리가 함께 일하도록 계획하셨다. 오래지 않아 요한 안셀라는 전임 간사로 부르신 하나님의 부르심에 응답했다.

사역이 커져 가면서 부모님의 뜻에 부합하고, 병원 직원들의 영적인 필요를 채워 주며, 모임을 운영하면서 세상적인 직업의 막중한 요구를 충족시킨다는 것이 인간적으로 불가능하다는 것을 깨달았다. 적극적인 활동이 필요한 프로그램들을 시작하면서 나는 잠자는 시간이 최소한으로 줄어들었다. 어느 날 올 것이 왔다.

산더미처럼 쌓인 편지에 답장을 조심스럽게 쓰고, 속히 일을 끝내기 위해 아침 일찍부터 일했지만, 우체국으로 가는 길에 자동차에 있던 편지 가방, 은행 통장 및 여권을 도난당했다. 주님께서 나에게 무슨 말씀을 하시는 것인가? 게다가, 밤낮 계속되는 바쁜 일정의 압력으로 인해 내 건강에 이상이 생겼다.

"내가 하고 있는 세상적 직업은 일반 예술가도 해 낼 수 있는 일이며, 여러 병원에 있는 영혼들을 위해 사용해야 할 고귀한 시간을 여기서 낭비하고 있다"는 생각이 들었다.

이런 것들을 곰곰히 생각하는 동안, 내 상사 중 한 명이 "그림(Grim) 씨가 카드 놀이를 잘한다면, 언젠가 내 자리에 앉아 있을 겁니다."라고 말했다.

나는 "선생님, 저는 선생님 자리에 앉고 싶은 생각이 전혀 없습니다."라고 정중하지만 단호하게 대답했다. 새벽을 맞이한 비전의 찬란한 불빛 앞에 나의 전문직은 서서히 의미를 잃고 있었다. 그러나 정기적으로 수입이 없다면 내가 어떻게 살아갈 수 있을까?

추수 밭의 주인이신 주님께서 "한 알의 밀이 땅에 떨어져 죽지 아니하면 한 알 그대로 있고 죽으면 많은 열매를 맺느니라"(요 12:24)라고 말씀하신 것이 무슨 의미인지를 나에게 보여 주셨다.

그러기 위해서는 지불해야 할 대가가 있었다. 그것은 갈보리 십자가였다. 십자가에는 개인적으로 좋아하는 것, 욕망과 열망을 뒤로 하고 하나님의 인도를 따르라는 강력한 원리가 들어 있었다. 나도 모르는 사이에 칼도 나를 도울 준비가 되어 있었다. 공군에서 계속 일하면서 언제든지 도움이 필요하면 나를 도와주기로 했다. 그의 기도와 실제적인 지원은, 초기 시절뿐 아니라 이후에도 나에게 무한한 가치가 있었다. 그는 충성스러운 동생이며 전쟁 동료였다.

정확히 6년 후에 도시 공학 기술자이며 비즈니스 행정 석사학위를 가진 칼 그림 주니어가 내 옆에서 아버지의 자리를 물려받고 세계병원선교회

(HCFI) 이사회에서 존경받는 이사가 되었다. 기사 정신을 가진 그가 사업 관리 부분에서 본 단체를 도우라는 하나님의 도전에 응답하였고, 온 마음을 다한 그의 협력은 사역 성장에 있어서 측량할 수 없는 가치가 있었다.

이렇게 하여 나의 평생 사역이 된 일이 시작되었다. 이 책의 첫 장은 수많은 다른 사람들에게 희망과 비전을 가져다 줄 고통의 잉크를 묻힌 펜으로, 시간이라는 이름의 종이에 기록되었다. 그 잉크에는 하나님의 은혜로운 통치하심과 측량할 수 없는 사랑이 혼합되어 있었다.

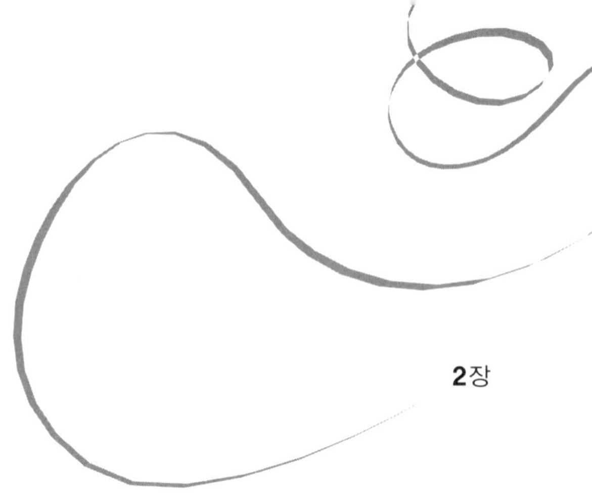

2장

무대가 마련되다

마치 웅장한 연주를 위해 모든 연주자에게 악보가 주어진 것처럼 무대가 마련되어 있었다. 하늘이 낳은 작곡가의 손에 붙들리면 부드러운 바이올린, 천둥 같은 드럼, 풍성한 음량으로 장엄하게 울려퍼지는 오르간, 높은 음의 피콜로를 가진 다양한 기질의 사람들이 작곡가의 의도에 따라 동일한 목적을 가지고 연합한다. 이는 환상적인 천상의 선율을 만들어 치유가 일어나는 하늘 궁전으로 청중들을 인도한다.

음조가 좋고, 달콤한 긴장감들이 쌓여서 점차적으로 재능을 가진 사람들로 만들어지면서 그분의 계획에 일부가 되어 불화로 가득 찬 세상에 하늘의 음악을 소개한다. 시편 107편에서는 "여호와의 인자하심과 인생에게 행하신 기적으로 말미암아 그를 찬송할지로다"라는 구절이 전편에서 반복되고 있다.

일련의 활기찬 '처음 것' 들이 우리의 믿음과 비전을 자극했다. 1940년 5월에 우리는 《간호사의 친구들》을 창간했다. 이 잡지는 전국에 퍼져 있는 수천 명의 간호사들에게 그리스도의 메시지를 전하고, 같은 해 7월에 런던

동부에서 열린 첫 번째 컨퍼런스를 많은 사람들에게 알리기 위해 만들어졌다. 서명하지 않은 카드에 아래의 성경 구절을 기록하여 편지 속에 넣어두었다.

> "네 장막터를 넓히며 네 처소의 휘장을 아끼지 말고 널리 펴되 너의 줄을 길게 하며 너의 말뚝을 견고히 할지어다 이는 네가 좌우로 퍼지며 네 자손은 열방을 얻으며 황폐한 성읍들을 사람 살 곳이 되게 할 것임이라"(사 54:2-3).

서로 다른 억양으로, 이 성경 구절은 거장 음악가에 의해 작곡되고 정리된 아름다운 멜로디의 후렴이 되었다. 다른 여러 행사들과 함께 우리는 주님께서 우리들을 위해 대단한 일을 행하실 것이라는 사실을 믿게 되었다.

간호사들 및 의료 전문인들의 영적인 안녕에 대한 관심이 많아지면서 어느 날 아침 마리(Marie) 실리어의 편지가 음악의 선율처럼 전달되었다. 우리 모임을 위해 전임 사역자로 헌신한 최초의 간호사가 생겨난 것이었다! 자매의 헌신은 감사했지만, 우리가 전적으로 자매의 생활을 책임질 수가 없었기 때문에, 자매가 어떻게 매일의 삶에 필요한 것들을 채울 것인지에 대해 물었다.

자매는 친절한 목소리로 지신을 부르신 하나님께서 확실하게 돌봐 주실 것이므로 불필요하게 걱정할 필요가 없다고 단호하게 대답했다. 살아 계신 하나님 안에서 이런 꿋꿋한 정신과 믿음이 마리(Marie)의 전체 사역을 붙들어 주었다. 불타는 열정으로 전국 방방곡곡의 병원들을 방문하여 모임을 주선하고, 수많은 가난한 사람들에게 신앙 상담을 실시했다. 자매의 성실한 모범은 그녀의 뒤를 따르는 사람들이 본받을 만한 가치가 있고도 남았다.

자신의 아들과 딸들이 영적으로 풍성하게 된 것을 감사하게 생각하는 부모들이 우리에게 격려와 감사의 편지를 보내 왔다. 때로는 감사의 표시로 선물도 보냈다. 몇 달 후, 후원금에 대해 전혀 언급하지 않은 상태에서, 앞으로의 일을 위해 사용하라는 30파운드의 헌금을 받고서 놀라지 않을 수가 없었다. 첫 번째로 받은 개인 수표가 자세한 설명과 함께 자료 보관실에 보관되어 있고, 첫 페이지 맞은편에는 "어느 누구에게도 후원해 달라고 말하지 않았지만 하나님의 감동을 받은 친구가 헌금한 수표이므로 우리는 십일조를 바칠 것이며, 이후로 지원받는 모든 금액에 대해서도 십일조를 바칠 것입니다."라고 기록되어 있다. 이 원칙은 수년 동안 철저하게 지켜졌으며 이것을 통해 "너희의 온전한 십일조를 창고에 들여 나의 집에 양식이 있게 하고 그것으로 나를 시험하여 내가 하늘 문을 열고 내가 너희에게 복을 쌓을 곳이 없도록 붓지 아니하나 보라"고 하신 말라기 3장 10절의 말씀이 이루어지는 것을 보았기 때문에 우리는 자신감을 얻었다.

사역이 확장되고 보강된 직원들이 일을 시작하면서, 우리의 필요와 하나님의 예비하심이 함께 늘어나는 것을 보게 되었다. 가정을 개방하고, 마음을 열고, 장비들을 제공하고, 교통편을 제공하며, 컨퍼런스 참석자들의 필요를 채워주는 등 말없는 후원자들이 다양한 방법으로 직원들을 도왔기 때문에 후원이 항상 돈으로만 계산되는 것은 아니었다.

1944년 6월, 7년 만에 직원이 7명으로 늘어났다. 지난 7년 동안 수천 명 가운데 소수의 일꾼들을 선발하여 자신의 일을 하도록 분명하게 역사하시는 하나님의 손길을 경험한 것은 놀라운 사실이었다. "우리가 무슨 일이든지 우리에게서 난 것 같이 스스로 만족할 것이 아니니 우리의 만족은 오직 하나님으로부터 나느니라"(고후 3:5).

요한 엔젤라는 여러 사람을 감동시킨 성공한 음악가 및 독주자일 뿐 아니라 미술에 소질을 타고난 사람이기도 했다. 수년 동안 그분의 그림은 전 세계적으로 수백 명의 집과 병원을 장식하게 되었다. 우리는 그분의 그림을 팔아 얻은 수입으로 월급을 받지 않고 일할 수 있게 되었다. 그것은 여행 및 기타 비용을 지속적으로 충당하는 하나님의 독특한 방법이었다.

사역이 확장되고 사역자들이 늘어나면서, 비로소 본부 사무실의 필요성을 인식하게 되었다. 공교롭게도 1945년 6월, 25번지 오크가 켐톤 파크에 적절한 건물을 구입하게 되었으며 이것이 최초의 공식 본부로 전국에 알려지게 되었다. "베다니"로 불린 이곳에 행정부가 들어왔고 33년 동안 직원들의 거처를 제공했으며 손님들의 영혼을 새롭게 만들어 주는 장소가 되었다.

우리가 가진 최초의 폭스바겐 콤비 자동차는 755라는 특이한 이름을 갖게 되었다. 자동차가 절실하게 필요해서 얼마동안 저금을 했는데, 신자인 자동차 판매업자가 특별가로 우리에게 자동차를 구입해 주겠다고 약속했다. 그날 아침 내가 받은 전화를 잊을 수가 없다.

"프란시스, 당신이 사용할 폭스바겐 콤비 자동차가 도착했습니다."

"그거 참 좋은 소식이군요, 윌름 씨. 가격이 얼마입니까?"

"775파운드입니다."

"잠깐 기다려 주십시오. 자동차 기금으로 모아둔 돈이 얼마나 되는지 확인해 보겠습니다."

나는 경리 직원에게 기금 얼마나 되는지 확인해 보라고 전화했고, 잠시 후 기금을 확인한 경리가 "오늘 아침에 도착한 기금까지 합쳐서 775파운드 7실링 6펜스입니다."라고 대답할 때 놀라지 않을 수 없었다.

"콤비는 우리 것입니다. 하나님 감사합니다. 7실링 6펜스로는 자동차를 닦을 천을 사야시."라고 외쳤다. 놀라운 하나님의 예비하신에 윌름도 함께 기뻐했다. 우연이라고? 전혀 그렇지 않았다. 그것은 우리 하나님의 또 한 번의 보살피심이며, 그분의 치밀한 계산이었다.

직원들이 전국에 있는 병원을 방문하기 시작하면서, 조금씩 성장하려고 하는 간호사들의 믿음이 무너지고 있음을 발견하게 되었다. 그것은 일부 무신론자 및 불가지론자 강사들 때문이었다. 이런 영향력에 대항하기 위해 우리가 해야 할 일은 무엇인가? 가장 논리적인 방법은 그리스도의 메시지를 불신자들 및 다른 의료인들에게 전하는 것뿐이었다. 이리하여 의료 기독인회(Medical Christian Fellowship)가 출범하게 되었고, 헨리 오피 박사, 데일 두 토이와 폴 브레머가 열정적으로 모임을 이끌었다. 이것이 발전하여 지금 남아프리카 공화국에 있는 병원선교회(Christian Medical Fellowship)가 되었고, 우리는 이들과 진심으로 기쁘게 협력하고 있다. 환자 치료에 관련된 모든 사람들에게 복음을 전하기 위해 《간호사들의 친구》(*Nurses' Friend*)라는 잡지가 1946년 2월에 '마음'(*Heart*)으로 이름을 바꾸었다. 바람과 파도의 움직임 안에 바다의 노래가 들어있듯이 《마음》이라는 잡지는 수천 명의 독자들에게 동기를 부여하며 도전을 주었다.

사람들이 주님께로 돌아오고, 성도들의 믿음이 굳건해지고 많은 사람들이 선교사로 헌신했다. 우리에게 행하신 성령님의 역사는 지구를 향해 떠오르는 태양과 같았다. 성령님은 빛과 생명을 가져다 주셨고 헌신자들의 삶 속에서 천국의 열매가 익어가도록 하셨다.

그러나 여러 해 전에 성령님께서는 인간이신 그리스도의 전체적인 그림과 나를 대신하여 기름 부으시는 그분의 역사를 보여 주기 위해 나를 뒤흔드셨다. 과거의 기억을 더듬어 나의 갈등과 탐구를 되돌아보면 그 당시 영광스럽게도 무한한 가치를 가진 진주를 발견했던 기억이 난다.

나의 어린 시절은 매우 단순했으며 청소년기에는 풍성한 기대들과 불타는 소망을 가지고 있었다. 열네 살 때 나는 얼굴을 마주보듯 영생의 문제에 직면했다. 만약 성경이 사실이라면, 영원한 고통과 공포만 있는 지옥에 대한 내용 그대로 나는, 분명 끝없는 어두움과 비참함 뿐인 그곳을 향하고 있었다. 감당 못할 두려움이 내 마음을 짓눌렀다. 많은 사람들은 나를 대단한 그리스도인으로 생각하고 있었지만 내 마음 깊은 곳에는 심각한 의심이 있었다. 그러던 어느 날 아침, 불확실성에 대한 긴장을 더 이상 견디지 못하고 내 방에서 혼자 무릎을 꿇고 이렇게 기도했다. "주님, 내가 주님의 자녀라는 확신이 없습니다. 주님께서 나를 위해 십자가에 죽으시고 감사하게도 나의 모든 죄값을 치르셨습니다. 내가 주님께로 완전히 돌아서서 당신을 나의 구주로 영접하고 싶습니다."

즉각적으로 주님께서 나를 용서하시고 의롭게 하시기 위해 예비하신 모든 것을 보았고 그것을 믿을 용기가 생겼다. 그 후로 세리 삭개오의 경우와 같이 회복되는 기간이 있었다. 그리스도를 자기 집으로 모시고, 그리스도를 마음에 영접한 후 삭개오는 다음과 같이 고백했다. "주여 보시옵소서 내 소유의 절반을 가난한 자들에게 주겠사오며 만일 누구의 것을 속여 빼앗은 일이 있으면 네 갑절이나 갚겠나이다"(눅 19:8). 삭개오처럼 나도 내가 잘못한 것에 대해 보상해야 한다고 느꼈다. 그것은 점수를 따거나 죄 사함을 받기 위해서가 아니라 그분이 나를 용서하시고, 속죄하시고, 구원하셨다는 것을 믿기 때문이었다.

회개하는 과정에서 나는 수년 전 시험을 볼 때 부정행위를 저질렀던 학교를 찾아갔다. 그 당시 나를 가르쳤던 선생님께 나의 잘못을 고백했을 때 그 선생님은 잘못을 인정하고 고백하러 온 나의 용기에 대해 칭찬해 줄 것이라고 생각했지만, 오히려 못 믿겠다는 듯 "그림, 네가 어찌 그런 일을… 세상에!"하며 소리쳤다. 선생님의 반응에 나는 순간적으로 얼어붙었지만 기쁜 마음과 가벼운 발걸음으로 학교를 떠날 수 있었다.

어렸을 때, 나와 친구들은 술 취한 두 사람이 싸우고 있을 때 동전을 훔친 적이 있었다. 그 두 사람이 어디에 사는지 알아낼 수가 없었기 때문에 여러 해가 지난 후 나는 훔친 돈의 네 배를 구세군에 기증했다. 내 지갑이 가벼워진 만큼 내 마음도 홀가분했다.

내 삶에서 거룩함과 승리를 추구하는 수년 동안 나는 지속적으로 성장했다. 삶의 깊이를 더해 준 책들 중 다음의 것들이 깊은 감명을 주었다. 존 웨슬리의 『전적인 성화』(*Entire sanctification*), 마델리의 존 플레처가 쓴 『기독교적 완전성에 대한 실제적 적용』(*Practical Application of Christian Perfection*), 토마스 쿡의 『신약의 거룩성』(*New Testament Holiness*), 아사 마한 목사님의 『성령 세례』(*Baptism of Holy spirit*), 길크리스트 로우선의 『유명한 기독교인들의 체험』(*Experiences of Famous Christians*).

영혼 구원에 대한 나의 첫 내용은 주일학교에서 가르치면서 습득했다. 그리스도를 영접하라는 요청에 어린이들은 기다렸다는 듯이 반응했고, 이들에게 사역하면서 나는 우둔한 신자들을 확실한 성도로 세우는 것을 배웠다. 제이 오 샌더스의 『효과적인 전도』(*Effective Evangelism*)라는 책의 증보판인 『영혼 구원의 신적인 예술』(*The Divine Art of Soulwinning*)이 사역에 대해 가장 세부적인 내용을 알려 주는 최상의 지침서였다.

내가 불완전하고 부적하다는 것을 알고 있었고, 내가 만날 장애물들에 대해 무관심하지도 않았으며, 악의적인 비판이나 조롱의 화살에 의해 받을 상처를 감당할 수 없다는 것도 알고 있었다. 그러나 이 모든 것 가운데 내가 알고 있었던 한 가지는, 하나님의 심정을 지속적으로 추구하겠다는 내부적인 의지였다. 하나님께서 "내가 너와 함께 하겠다"고 분명히 약속하셨다. 마냥 솟구치는 능력의 비밀은 하나님의 오른손에 붙잡혀서, 내주하시는 그분의 전능하심으로부터 능력을 받는 것이었다.

세상에 있는 상한 심령들의 필요와 그런 필요들을 채워줄 수 있는 독특한 기회가 의료인들에게 주어졌다는 것을 생각할 때, 환자들을 치료하는 사람들은 하나님의 치유와 소망을 전달하는 도구가 되어야 한다는 외침이 내 마음 깊은 곳으로부터 터져 나왔다.

그러나 나는 또 다른 신음 소리를 들었다. 그것은 나의 죄값을 치르시고 나를 구원하실 뿐 아니라 모든 인류를 구원하시기 위해 죽으신 그리스도의 절규였다. 잃어버린 자들을 찾으시는 그분의 열망을 내 것으로 삼고 내 인생의 모든 열정을 불태워 잃어버린 자들을 그리스도에게로 돌아오도록 할 마음이 있는가?

말로 형용할 수 없는 열망

내 마음에 사무치네.

나는 외치네.

"어떤 대가를 치르던지 그들을 구원하소서,

그들을 구원하소서 주님.

그렇지 않으면 이 귀한 영혼들이 영원히 버린 바 됩니다!"

"어떤 대가를 치르던지?" 그가 묻는다.

"네가 그 대가를 치르겠니, 필요한 **희생**을 치르겠니?

고통 없이 태어난 영혼은 하나도 없어…

그렇게 하겠니, 네가?

함께 갈보리로 가 보자, 어두운 겟세마네로.

너 그만큼 마음이 있니?"

"주님 – 그렇다면 그것은 내가…

반드시 내가…

그러나… 그러나… 주님…!

"예, 주님!

주님 제가 주님과 한께

외로운 겟세마네에 가겠습니다.

그리고 갈보리에서

주님과 함께 있겠습니다.

누런 알곡 다발을 거둬들이려면

한 알의 밀은 반드시 죽어야 해.

칠흑의 계곡으로 나를 보내소서.

당신과 함께 외로움과 장단의 아픔을 느낄 수 있도록
"당신과 함께라면 고통도 달지만,
당신이 없으면 평안도 괴롭다네."

티끌 같은 인생에게 주어진 엄청난 특권
사랑으로 나누는 하나님의 감추어진 계획
하나님 안에 거하는 것
그분 안에 계시는 하나님
죽어가는 세상을 함께 구원하네.
죄와, 외로움과 지옥으로부터.

– 프란시스 그림

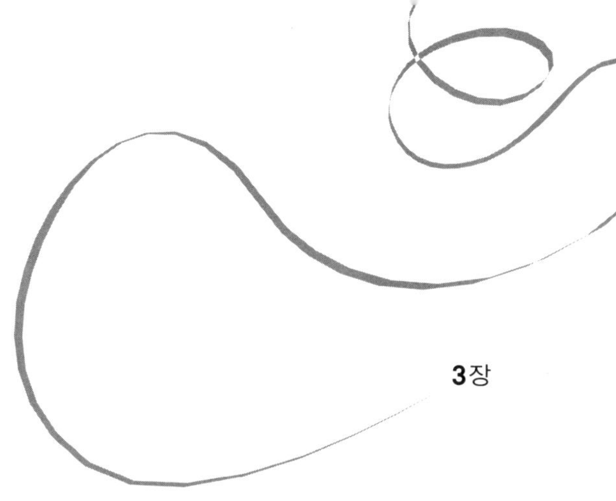

3장

새로운 지역으로 나아가다

1951년 사우스햄턴으로 떠나는 유니온 케슬 선박의 출발을 알리는 날카로운 고동소리가 울려 퍼졌다. 선박이 케이프 타운 항구를 서서히 미끄러져 나갈 때, 요한 엔젤라와 나는 점점 작아지는 사랑하는 동료와 친구들의 모습을 바라보고 있었다. 그들은 나와 함께 인생을 경주하는 사람들이었고 이제부터는 "새로운 지역"을 향해 나아가는 우리를 위해 중보할 사람들이었다.

지난 15년 동안 하나님께서는 우리 나라에 있는 여러 병원에서 딩신의 나라를 세우기 위해 노력하는 우리를 특별하게 축복하셨으며, 이제 우리가 앞으로 나아가기 위해 새로운 방법을 배워야 할 때가 온 것이었다. 우리는 잉글랜드와 스코틀랜드에 있는 기독간호사회(Nurses' Christian fellowship)에 대해 듣게 되었고 유럽 다른 나라에도 비슷한 모임들이 있는지 궁금했다. 그들로부터 무엇을 배울 수 있을까?

아프리카 남단의 유명한 보초병인 센티넬 산이 점차 수평선 위에 푸른 그림자로 변해갔다. 검푸른색의 거대한 대서양이 우리 앞에 펼쳐져 있었고 목적지에 도착하기까지는 여러 날이 걸릴 것 같았다. 불확실한 미래를 향해 고국을 떠나면서 '혹시나 잘못 가는 것은 아닌가, 혹시나 좋지 않은 일이 생기면 어떻게 하나' 라고 불안해 하는 사람들에게 우리의 생사를 맡고 있는 선장은 확신을 심어 주고 용기가 생기는 말을 해 주었다. 그리고는 '혹시 이렇게 되면 어쩌나' 하는 모든 걱정들이 "그러므로 너희는… 내가 항상 너희와 함께 있으리라"고 말씀하신 그분의 지상 명령으로 인해 완전히 사라져 버렸다.

우리는 배의 주변으로 지나가는 끝없는 대양을 바라보며 갑판에 서 있었다. 그리고는 지는 해를 바라보았다. 이글이글 타오르는 불덩어리가 황금빛 구름 조각들을 하늘에 뿌리면서 바다 속으로 빠져 들어갔다. 그날이 가까워 온다는 느낌을 주었다. 내일은 하나님과 함께 모험하는 수많은 날들 중 새로운 날이 될 것이다.

장시간 기도하며, 장래에 대해 생각하고 묵상할 뿐 아니라 지나온 시간들에 대해서 돌아볼 수 있는 충분한 시간이 있었기 때문에 장기간 여행하는 것이 감사했다. 하나님의 사랑은 한결 같았고 고비 때마다 확신을 주었으며, 내가 처음 그리스도께서 완성하신 것을 전적으로 신뢰한 이후 우리를 다루시는 그분의 손길에는 무한한 인내가 담겨 있었다. 변화무쌍한 바다와 하늘을 바라보는 동안 바닷물이 갈라지며 길을 내어 주고 있었다. 한동안 바다가 평온했다가 표면이 부풀어 오르면서 파도가 거칠게 일어났고 태양은 회색 구름 뒤에 가리어졌다. 우여곡절이 많았던 내 인생처럼 다양한 목소리로 바다가 이야기하는 것 같았다.

생각이 깊어지면서 나는 과거의 책장을 넘겼고 한때 하나님과 깊이 동행하며 거룩한 삶을 살기 위해 심히 몸부림쳤던 기억들이 되살아났다. 열아홉 살 때 기록한 일기에 내 영혼의 몸부림이 느껴진다.

1931년 11월 6일

'일반적인 그리스도인의 삶이 세상 사람들의 삶보다 차원이 높은 것처럼, 일반 성도들보다 훨씬 높은 차원의 삶이 있다.' 이런 차원의 삶이 어떤 것이며 그 삶의 능력에 대해 반드시 알고 싶다. 내 마음이 성령 안에 있는 진정한 거룩함, 평화, 사랑, 희락을 갈망하는 동안 내 속에는 죄의 속성이 있다는 것을 알고 있었다.

… 다른 사람들을 생각할 때면 눈물이 한없이 흘러내리고 마음이 무거웠다. 갈등하는 그리스도인들, 단체들 그리고 자녀들에 대한 기도 제목들을 보았다. 구원 받지 못한 사람들, 오랜 친구들, 젊은이들, 아름다운 청년들은 다들 어디에 있는가?

반드시 생명의 말씀, 진리의 말씀, 성령님이 직접 주시는 말씀을 가져야 한다. 내가 먼저 받지 않고 전하면 공허한 메시지가 될 뿐이다. 예수님께서 생명을 주시고 풍성하게 주시기 위해 오셨기 때문에 메시지는 반드시 예수이어야 할 것이다. "그 안에는 신성의 모든 충만이 육체로 거하시고"(골 2:9).

1931년 11월 17일

잊지 말자! 이런 심오한 삶이 불가능해 보이고 너무나 멀리 있다고 느끼면서 얼마나 몸부림을 쳤는지 절대 잊지 말자. 절내적인 질밍김으로 얼마나 자주 압도되었는지, 내 자신에 대해 얼마나 걱정했는지, 그래서 지속적으로 나를 누르는 생각에 사로잡혀 있었다는 것을 잊지 말자. 때로는 너무 우울해서 기쁜 생각, 승리하는 삶에 대해 생각조차 품을 수가 없었다.

형제들은 이런 절망감을 얼마나 자주 극복했는가? 얼마나 많은 사람들이 자신의 죄에 묶여 있는가? 아마 자신들에게 이렇게 질문했을 것이다. '내가 왜 믿음을 파괴하는 패배감에 짓눌려야 하는가?' 내부적으로 혹은 외부적으로 답이 없을 수도 있다. 그들의 죄가 얼마나 사악한지를 보여 주고 믿음을 북돋우고 기쁨이 넘쳐 '이게 바로 나를 위한 거야.' 라고 조용히 외칠 희망의 약속을 상기하라. 곤고하고 상처받은 사람들을 위해 하나님의 어린양과 조용히 있으라.

1932년 3월 12일

어제 저녁에 요하네스버그에 있는 소망실의 작은 방에서 내속에 들어 있는 죄성, 악의 뿌리를 하나님의 복된 방법으로 다루기 위해 주님에게 의지했다. 더글라스 씨(앤드류 머레이 전기를 쓰신 분)와 이야기하고 싶다고 요청했는데 허락을 받았다. 그분은 사람들이 때때로 너무 아파서 의사가 무슨 치료를 하는지 이해하지 못하지만 의사가 자신의 방법으로 일할 때 자신의 모든 것을 의사의 손에 맡겨야 한다고 말했다. 위대한 의원께서 일을 어떻게 하시는지 나는 분명히 모르지만 그분께서 해야 할 일은 하신다는 것을 확신한다. '나를 믿어 거룩하게 된'(행 26:18)다는 구절과 '성령의 거룩하게 하심'(살후 2:13)이라는 구절은 매우 귀하게 여긴다. 그분께서 이룩하신 구속이 바로 내 것이다.

나는 내 죄가 사해졌음을 믿었고 그분의 거룩하신 보혈로 값을 치르시고 나를 의롭게 하신 것을 받아들였다. 이제 나는 그분의 생명을 받았고 죄를 정복하신 그분의 승리를 가졌으며 주 예수 그리스도의 손에 붙잡힌 새로운 피조물의 무한한 능력을 인식하고 있다. 그리스도께서 우리를 위해 구원을 베푸셨고, 거룩하게 된 우리의 삶 속에 계시는 분은 바로 그리스도이시다.

이제 나는 무엇을 해야 하는가? 할 수 있는 한 나를 구원해야 한다. 즉 나는 그분 안에 그리고 그분께서 이룩하신 공로 안에서 쉴 뿐이다. "그런즉 안식할 때가 하나님의 백성에게 남아 있도다 이미 그의 안식에 들어간 자는 하나님이 자기 일을 쉬심과 같이 그도 자기의 일을 쉬느니라"(히 4:9-10). 아무 느낌이 없어도, 그분이 십자가에서 죽으심으로 나에게 주신 모든 것 안에서 나는 쉬고 있는 것이다. '예수님, 나는 당신께서 주신 기쁨 안에서 쉬고 있습니다. 그 기쁨이, 부패하고 죄 많고 소망이 없는 내 안에 있습니다. 그것이 내 안에 있다니… 얼마나 놀라운 축복인가!

이 모든 것 안에서 힘을 공급하시는 분은 성령님이시다. "성령 안에서 하나님이 거하실 처소"(엡 2:22), "믿음으로 말미암아 그리스도께서 너희 마음에 계시게 하시옵고"(엡 3:17).

이것은 있는 그대로의 극심한 아픔과 격렬한 몸부림이었다. 공식적인 종교적 규칙이나 기계적인 종교 의식으로는 채워지지 않는 내 영혼의 갈망이었다. 주님이 내 안에 계셔서 내가 주님이 원하시는 삶을 살 수 있도록 나를 그분께 의탁할 때 나는 그리스도 안에서 안식을 얻었다. 여러 날의 묵상과 명상이 끝날 때가 되었고 잠시 후면 우리보다 앞서 육지에 도달한 갈매기들의 구슬픈 인사를 받게 될 것이다.

도버의 특이한 상징인 백색의 절벽이 바다 저편에 우뚝 솟아 있었다. 잉글랜드의 해안이 보였고, 선박 엔진의 소리와 함께 잉글앤드 땅에 발을 디딜 것을 기대하는 우리의 심장도 고동치고 있었다. 하나님과 함께 새로운 것에 도전한다는 깃은 정말 감격적이었다.

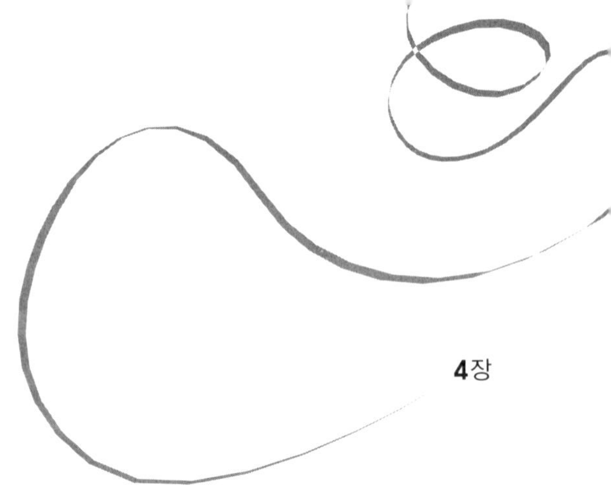

4장

영국 땅에서

1951년 2월 런던에 도착하니 날씨가 차갑고 공기가 습했다. 납색 하늘에서 내리는 부슬비도, 할일에 대한 열정으로 매우 뜨거웠던 우리의 영혼을 적시지는 못했다. 살을 에는 날씨 때문에 몸이 움추러들었지만 간호사 기독인회의 리더들, 특별히 회장인 멀시 윌름스허트 그리고 비서인 앨리스 호어는 우리를 따뜻하게 환영해 주었다. 이와 같은 너그러운 격려가 우리에게는 순풍과 같았다.

런던은 환상적인 도시였다. 서서히 건물 숲, 기념관, 공원 및 광장들 가운데 길을 찾을 수 있게 되었다. 사람들은 매우 비인간적이고 다소 거리를 두는 것 같았으며, 복잡한 거리에서 끊임없이 움직이는 소용돌이 가운데 서로가 부딪히고 있었다. 낮에는 우리가 런던 거리를 맴돌았고, 밤에 우리가 잠잘 동안에는 런던이 우리 주위를 맴돌았다.

우리는 황송하게도 영국기독의사회(Christian Medical fellowship, 한국누가회와 같은 것) 총무이신 더글라스 존슨 박사의 집에 묵게 되었다. 영국 생활의 여러 분야에 대한 그분의 지혜로운 충고와 안내는 우리들에게 큰 도움이 되었다.

존슨 박사의 집에서 발견한 특이한 점은 집 전체가 마치 큰 도서관 같다는 것이었다. 이곳저곳에, 그리고 벽마다 책들이 가득 들어차 있었다. 내가 있었던 방에서 나는 페르시아 사람들에게 복음을 전하다가 순교한 헨리 마틴의 전기를 발견했다. 그것을 읽고 깊이 감명을 받은 나는 그 나라에 그리스도를 전해야겠다는 열망을 가지게 되었다. 몇 년 후에 영광스럽게도 지금의 이란에서 일하시는 의료인들에게 사역할 기회를 가지게 되었다.

나는 황실의 주치의로 있었던 마틴 로이드 존스 박사의 설교에 은혜를 받았다. 그는 보통 조용하고 신중하게 말했지만 요한복음 14장 6절을 설교하면서 그가 목소리를 높였던 것을 잊을 수가 없다. 그는 "어느 누구도 예수를 통하지 않고는 아버지께 올 수 없다는 것은 절대 양보할 수가 없습니다."라고 말했다.

런던에 있는 동안 우리는 미술관들을 방문했는데 특히 라파엘 이전의 작품들을 소장한 미술관을 자주 관람했다. 작가들의 탁월한 솜씨와는 별도로, 그들은 순간의 감정을 담아내는 데 성공했다. 홀만 헌트가 친구들을 초청하여 예수님이 문 앞에 서 계시는 그림인 "세상의 빛"이라는 작품을 감상하도록 했을 때, 그중 한 사람이 말하기를 화가가 실수로 손잡이를 빠뜨린 것 같다고 지적했다. 독실한 신자인 홀만 헌트는 그 문의 손잡이는 안쪽에 있다고 대답했다. '그리스도께서는 문이 안쪽에서부터 열리기를 기다리고 계신다. 문 앞에 늘어진 담쟁이 넝쿨을 보니 그 문이 오랫동안 닫혀 있었던 것 같다.' 이런 진리가 런던의 현실 속에서 그림처럼 드러났다.

젊은 미남자인 라팟이 대도시에 온 이유는 표면적으로 일자리를 찾기 위해서였지만 사실은 아버지의 지나친 통제를 벗어나기 위해서였다. 목사이신 아버지는 아들이 하나님의 길을 걷기를 고대했지만 그것은 라팟이 원하던 길이 아니었다. 그의 마음은 완전히 닫혀 있었고, 전혀 반응할 태세가 아니었다.

자유, 세상적인 즐거움, 도시 생활의 유혹들이 감질나게 그에게 손짓하고 있었다. 그는 런던에 가서 자유롭게 살기로 결정했다. 그리스도를 영접하지 않은 죄책감을 떨쳐버리고 반항하며 제멋대로 사는 죄를 합리화시키려고 했다.

어느 날 저녁 미리 전화도 걸지 않고 한 친척을 방문하기로 했다. 중동에서 온 한 사람이 있었다. 식사 시간이 가까워지면서 다른 종교를 가진 압둘은 집 주인에게 기독교와 관련해서 집요하게 묻기 시작했다. 주 예수 그리스도와 살아 있는 관계를 가지는 것과 믿음과 "종교"의 차이에 대해 이야기할 때 라팟은 주의 깊게 듣고 있었다.

"그리스도가 정말 죽었다는 것을 어떻게 확신할 수 있으며 그분이 죽음에서 다시 살아났다는 증거가 무엇인가?" "왜 그리스도가 하나님께로 갈 수 있는 유일한 길이어야 하는가?" 이런 것들이 그날 저녁에 제기된 질문 중 일부였다. 라팟은 집 주인이 확신을 가지고 조용히 대답하는 동안 강력한 복음의 위력 앞에서 압둘의 의심이 하나씩 사라지는 것을 보았다.

몇 시간이 지나고, 집 주인은 지쳤는데 압둘의 질문은 꼬리를 이어갔다. 자정이 훨씬 지나 라팟이 토론을 주도하게 되면서 자신도 놀라워했다. 아버지께서 자주 하셨던 것과 같이 구원의 길에 대해 열심히 설명하기 시작했다. 내부적 진리가 서서히 새로운 의미로 다가왔고 자기도 모르는 사이에 그 사람에게 주고 싶었던 빛이 그의 영혼 속에서 점진적으로 밝게 비치기 시작했다.

"예수가 십자가에서 죽으신 것은 당신과 나를 포함한 온 세상을 위한 것이었습니다. 그분이 우리를 대신하여, 우리에게 진정한 자유를 주시기 위해 우리의 죄를 감당하신 것입니다." 그 후 진리가 그에게서 풍성하게 터져나왔다. "그렇습니다. 나를 위해서도…!" 생명의 말씀을 이야기하면서, 그들은 갑자기 그분의 마음이 불타오르는 현실로 다가오기 시작했다. 성령으로 거듭났음을 확신하고, 라팟은 자신의 입으로 한 고백에 의해 결신했음을 깨달았다. 말로 다할 수 없는 새 생명의 선물을 받은 것에 대해 하나님께 감사할 때 기쁨이 홍수 같이 넘쳤다.

"오늘 압둘에게 무슨 일이 생겼다고 생각합니다." 방문자가 떠난 후 집주인이 조용히 언급했다. "나에게는 더 큰 일이 생겼습니다! 아버지의 믿음으로부터 도망온 소년이 영광스러운 진리를 받아들이게 되었습니다."라고 라팟이 외쳤다.

그리스도 안에 있는 새 삶에 관한 메시지, 환자들이나 동료들에게 전달할 수 있는 메시지, 바로 이것이 우리가 병원 직원들에게 전달하고 싶은 메시지였다.

여러 교회에서 설교하고 찬양해 달라는 요청들을 받을 때마다 우리는 매일의 필요에 대해 하나님께서 주신 해답인 복음을 가르치는 것이 중요하다고 강조했지만, 우리의 주된 관심은 병원에 있었다. 우리는 병원 직원들이 그리스도에게 돌아온다면, 그들이 영국의 수많은 사람들을 영적으로 부흥하게 하는 도구가 될 것이라고 믿었다.

성령님께서는 확실하게 믿는 자들의 마음을 흔드셨고, 우리가 설교했던 모임에서 전달한 "병원마다 그리스도를"이라는 개념에 대해 열정을 가진 간호사들을 만나게 하셨다. 우리는 "꿈이 없는 백성은 망할 수 밖에 없다"(현대어 성경), "묵시가 없는 백성은 방자히 행한다"(잠 29:18)는 구절을 상기했다. 이 얼마나 놀라운 진리인가! 그리스도인들이 비전(꿈)을 상실하면, 사람들을 구원하지 못하게 되므로 "아무도 내 영혼에는 관심이 없어!"라는 고통의 부르짖음이 계속될 것이다.

영광스럽게도 나중에 아프리카에 선교사로 가게 된 젊은 간호사를 그리스도에게로 인도한 것이 이 모임들 중 한군데에서였다.

하나님께서 자매 안에 고통 받는 인간들을 향한 하나님의 사랑의 비전이 살아 있게 하셨으며, 사역의 승리와 기쁨을 담아 수년 동안 자매에게 전달된 브렌다 쿠셔의 편지가 격려의 원천이 되었다.

쉴 새 없이 여러 도시를 방문했다. 브리스톨에서 일어났던 일들 중 특별한 것은 유명한 외과의사이며 『왜 믿는가?』와 『현대 과학과 성경』의 저자인 에이 렌들 쇼트 박사와의 만남이었다. 우리는 그분의 겸손함과 대화할 때의 태도에 감동을 받았다. 수년 전 바이킹의 침입을 피해 피난 탑으로 지었던 둥근 집들을 구경시켜 주었다. 당당한 건물의 문들이 땅에서부터 약 5미터 이상 높이에 달려 있었다.

다음으로 스코틀랜드에 갔다. 스코트랜드 땅에 발을 디디는 순간부터 친절한 대접을 받았다. 스코틀랜드 사람들에게는 친절이 몸에 배어 있었고 언제든지 다른 사람들을 도울 준비가 되어 있었다. 길을 물으면 어디로 가면 된다고 말하는 정도가 아니라 목적지까지 동행해 주었다.

스코틀랜드 기독간호사회의 연례 모임에 참석한 후, 글라스고우에서 10일 동안 캠페인을 가진 굴지의 병원 모임들에 대해 이야기해 달라는 초청을 받았다. 그리스도를 구주로 영접한 수많은 간호사들의 감사를 전했고, 침체되어 있던 신자들이 회복되었으며, 그리스도인들은 그분을 섬기는 특권과 책임을 가지고 있다는 것을 새롭게 깨달았다.

선교지로 부르심을 받고 침체돼 있었던 간호사가 자신의 불순종에 대한 성령님의 지적을 받고, 눈물로 회개하고 하나님께로 나아갔다. 나중에 받은 편지에서 자매는 기쁨으로 이렇게 기록했다. "놀라운 평화가 내게 있었고, 나의 완악함이 언젠가는 그분께 전적으로 항복하게 될 것입니다."

주님을 찾은 사람들이 많아서 한편으로는 기뻤고, 다른 한편으로는 그리스도 안에서 갓 태어난 이들을 돌볼 전임 사역자가 필요하다는 것에 신경이 쓰였다. 바로 이 순간 주님께서는 자신이 택하신 두 사람을 분명하게 부르셨고, 우리가 거기 있는 동안 팀과 캐티 톰슨이 스코틀랜드의 간호사를 위해 전임으로 일하겠다고 신청했다.

에딘버러의 몇 개 병원에서 모임이 있었고, 병원을 이어가며 캠페인에 참석하는 간호사들을 보는 것이 즐거웠다. 이 기간 동안, 세상 사람들을 구원하시는 하나님의 계획 가운데 간호사들이 얼마나 중요한지에 대해 새로운 비전을 받은 간호사들이 많았다고 믿는다.

그분은 갈보리에서 베푸신 자신의 영원한 사랑에 대한 비전을 주셨을 뿐 아니라 "섬김을 받으려 함이 아니라 도리어 섬기려 하고 자기 목숨을 많은 사람의 대속물로 주려"(마 20:28)고 오신 분을 따르는 자들에게 특권과 책임도 주셨다. 제임스 맥콘키는 이렇게 말했다. "비전은 사역을 자극한다. 비전 없는 사역은 고생이다."

◦◦◦◦◦

이번에는 배를 타고 아일랜드로 갔다. 바다로 다시 나가서 얼굴에 부딪히는 바람을 느끼며, 찝찔한 소금 안개를 맛본다는 것이 즐거웠다. 갈매기들이 머리 위를 맴돌다가, 갑자기 바다로 들어가고, 물장구를 튀기다가, 다시 날아오르곤 했다. 찌뿌둥한 하늘에 하얀 날개가 대조적이었다.

아일랜드 해안에 접근할 때 초록빛의 아름다움에 놀라움을 금치 못했다. 아일랜드의 산과 계곡들이 마치 초록빛의 외투를 입고 있는 듯 했고, 그래서 이곳이 "에메랄드의 섬"이라는 명성을 얻은 것 같았다. 여기저기에 양들이 한가로이 풀을 뜯고 있었고, 풍성한 양털의 색이 초록빛 바탕을 수놓고 있었으며, 잠잠히 풀을 뜯는 모습이 시골의 평온함을 한층 더해 주고 있었다.

아일랜드 사람들은 사랑이 많고 웃는 눈을 가졌으며, 농담도 즐기고 친절하기도 했지만 그들에게는 구주가 절실하게 필요했다. 더블린에서 간호사, 의과대학 학생들을 위한 몇 개의 중요한 모임에 참석한 후 병원선교회가 발족되었다. 의료 전문인들을 그리스도에게로 인도하려는 아일랜드 사람들의 열정에 많은 감동을 받았다. 수년 동안 어떤 보화들이 숨겨져 있었는가!

그 당시에는 아는 바가 거의 없었는데, 그 나라 병원선교회 리더들 중 가장 소중했던 리더가 이곳에서 배출되었다. 더블린 대학에서 조직 병리학을 가르치시던 교수 조지 맥도날드 박사가 세계병원선교회 국제 이사회의 초창기 이사 명단에 들어 있었다. 정말 하나님의 선물이었다.

그 당시 나는 국제 이사장직을, 84세 생일에 아일랜드에서, 이 사랑하는 동료에게 넘겨줄 것이라고는 꿈에도 생각지 못했었다. 냉철한 이성과 열정적인 심정으로 인해 그는 이미 전 세계에서 병원선교회를 사랑하는 사람들로부터 존경과 사랑을 받고 있었으며, 회장인 내가 책임있는 자리에 있는 친구와 동역한다는 것이 영광이었다.

다섯 달 동안의 체류를 마무리하면서 런던에서 몇 개의 모임을 가졌다. 기억할 만한 것은 성 토마스 병원에서 의과대학생들과 가졌던 모임이었다. 또한 150명의 간호사들이 참석한 가운데 마일드 메이 병원에서 열렸던 선교사의 날 모임도 기억난다. 그들이 나눴던 감동적인 간증들은 하나님의 메시지를 전하기 위한 자극제가 되었다.

며칠 후 우리는 짐을 싸고 이름표를 붙인 후 북해를 건너 스웨덴의 구텐부르그로 향할 준비를 하고 있었다.

어디를 가든지 하나님께서 일하신다는 지울 수 없는 흔적들을 보았기 때문에, 우리에게도 성령의 자비로운 바람이 불고 있었음을 감지했다. 우리가 미지의 세계를 향해 나아갈 때 하나님께서는 우리가 패배하도록 하시지 않을 것이다.

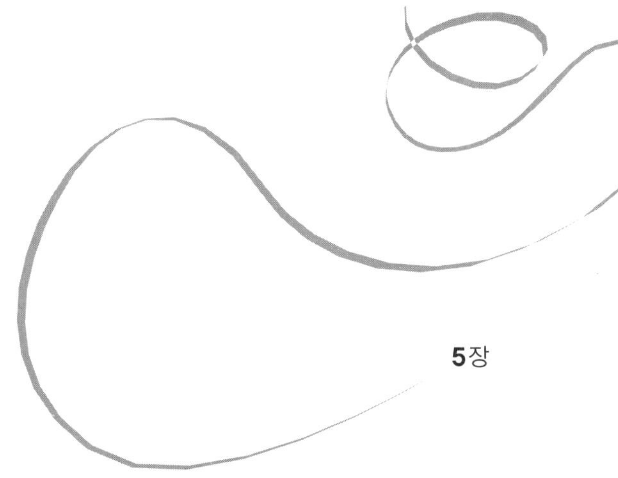

5장

스칸디나비아의 영웅담

스위스–로이드 선박이 장엄하게 구텐부르그 항구로 미끌어져 들어갔다. 군청색과 황금색의 스웨덴 국기가 "외국"을 방문하여 현지 말을 모르면서 세관을 거쳐야 하는 우리를 맞이했다. 의사소통이 어려울 수밖에 없었다. 어디서부터 시작해야 할지 몰랐지만, 우리는 창세기 1장 1절을 상기했다. "태초에 하나님이…" 그분에게는 우리가 방문한 이곳도 다를 바가 없었다. 따뜻한 환영의 분위기를 느낄 수 있는 작은 호텔에 들어갔다. 지금부터 7주 동안 조용한 이곳이 우리의 집이 될 것이다.

호텔에는 은퇴한 의사들, 전직 오페라 가수들, 장관 부인들, 기타 나이든 사람들로 가득 찼다. 그들은 때때로 마치 세상을 잃어버린 사람들인 것처럼 외로운 존재로 우리에게 다가왔다.

어느 날 아침, 몇 가닥 남지 않은 백발에 걸음도 제대로 걷지 못하지만 친절하고 신뢰가 넘치는 눈동자를 가진 할머니가 주름살이 뒤덮힌 손을 내밀며 인사를 청했다. 곧 할머니의 시간은 흐름을 멈출 수밖에 없을 것 같았다.

호텔을 떠나면서 "안녕히 가세요. 하나님이 준비한 집이 있는 천국에서 만나면 좋겠습니다."라고 내가 말했다.

"잘 모르겠어요, 인생을 오래 살아왔지만 죽으면 어디로 갈지 모르겠어요."라고 자신 없이 대답하는 할머니의 눈에는 의심이 가득했다.

떨리는 할머니의 손을 꼭 잡고 디엘 무디의 '구원 받았는지?' 를 다그쳐 묻고는 말없이 할머니를 바라보면서 애처로운 마음으로 방을 나왔다. 아마 지금쯤 그 할머니는 세상을 떠났을 것 같았다. 병원에 있는 얼마나 많은 노인들이 죽은 후의 소망에 대한 확신을 얻기 위해 기다리고 있는가?

스웨덴에는 기독 간호사회가 없다는 것을 알고, 병원에서 말씀을 전할 효과적인 문을 열어 달라고 기도했다. 곧 우리는 그리스도인 간호사들을 만났고, 그들에게 중요하게 될 "치유의 강당"에 대한 비전을 나눌 수 있었다.

그들은 구텐부르그에 살그렌스카 병원을 포함한 굴지의 병원들에서 모임을 가지도록 주선해 주었다. 그 모임에서 스웨덴 말로 찬양하기 위해 가사를 정확하게 발음하도록 인내심을 가지고 가르쳐 주었다. "간호사"라는 스웨덴 단어는 발음하기가 무척 어려웠으며 "아픈 일곱 간호사"라는 단어를 말하려면 혀가 꼬였다. 예수라는 이름은 곤고하고 홀대받은 사람들에게 구원, 평화, 안식을 의미했기 때문에 어디를 가나 달콤했다. 구텐부르그 교회 십자가에는 "보라, 세상 죄를 지고 가는 하나님의 어린양이로다"라고 새겨져 있었다. 요한복음 1장 29절은 분명 스웨덴뿐 아니라 전 세계에 주시는 말씀이다.

"스웨덴에서 진짜 하고 싶은 일이 무엇입니까? 우리는 이미 아프리카로 선교사들을 파송했는데 당신은 스웨덴을 선교지로 보십니까?"라는 질문을 받았다. 선량한 의도를 가진 목사님들의 질문이었다. 그리고 어떤 분들은 사도행전 5장 38-39절을 인용하여 "이 소행이 사람으로부터 났으면 무너질 것이요 만일 하나님께로부터 났으면 너희가 그들을 무너뜨릴 수 없겠고"라고 말씀하셨다. 그 후 일부 목사님들은 우리의 열렬한 동역자가 되었다.

선교라는 주제에 자극을 받은 한 잡지 편집장이 "스웨덴—선교지인가?"라는 제목으로 우리의 목표와 주제를 기사화했다.

내 마음에서 무수한 질문들이 제기되었다. 무엇이 그토록 중요하길래 태양이 작열하는 해안에서 북반구 지역으로 우리를 인도하셨는가? 그 많은 시간과 경비를 지불할 만큼 가치가 있는가? 우리 같은 외부인이 이 나라에서 쓸 돈을 마련하기 위해 그림을 팔 시장이 있는가? 확실한 것을 더듬어 찾다가, 하나님의 인도하시는 손길을 따라 수천 마일을 여행해 온 과거를 회상하면서, 개척자로 지냈던 지난 몇 년간 우리와 함께했던 그분의 신실함을 만끽했다. 그분은 한 번도 우리를 버리지 않으셨고, 앞으로도 버리지 않을 것이다. 나는 바위와 같이 확실한 해답, 예수 그리스도라는 해답을 얻었다.

흥미롭지 않은 삶은 없는 법이다. 어느 날 아침 일찍 사이렌 소리에 잠이 깼다. 병원으로 향하는 구급차 소리인가 했더니 그 소리가 우리 집 창문 밑에서 멈추었다. 고함 소리와 창문 깨는 소리가 들렸고 고무 타는 냄새가 났다. 내다보니 저 밑에는 소방차 두 대가 있었고 소방수들이 가게 문을 열려고 안간힘을 쓰고 있었다. 그 가게는 바로 방 아래층에 있었다.

다행히도 불길이 금방 잡혔지만, 소방차가 제 시간에 도착하지 않았다면 그 불길이 어디까지 번졌을지 아무도 모르는 일이었다. 스웨덴에서 사역이 본격적으로 시작된 시점에서 대적들이 우리를 죽이려고 한다는 것을 깨달았고 하나님께서 보호해 주신 것에 감사드렸다. 바로 그 시간에 어디에서 누군가 우리를 위해 기도했을 것이 분명했다.

서로가 동역하게 된 동기는 스웨덴 사람들 속에 있는 친절함과 정중함뿐 아니라 성령이 역사한 결과였다. 본성적으로 과묵한 사람들이라서 폭발적인 열정이 솟아나지는 않았지만 차분하게 실수 없이 그분의 청사진을 따라가고 있었다. 구텐부르그를 떠나기 전에 그 도시에 있는 모임에서 시행할 일들을 관할하는 위원회가 결성되었다.

스웨덴의 환상적인 출입구 같은 도시를 떠나 세상에서 가장 아름다운 도시로 알려진 스톡홀름으로 향했다. 거기에는 과거의 숨결이 남아 있었다. 바로 옆에 있는 바로크 양식의 의사당과 빼어난 우아함의 모델이 되는 왕궁이 현저한 대조를 이루고 있었다. 스톡홀름에 있는 몇 개의 교회에서 예배에 참석했으며 좋은 사람들도 많이 만났다.

머지 않아, 차가운 겨울의 분위기를 지닌 가을의 색조가 스웨덴의 황금 여름에 뒤섞이면서 눈이 내릴 것 같았다. 우리의 사역이 이제 막 시작되었다는 생각이 들었고, 무르익은 들판에 일꾼들을 보내 달라고 주님께 기도했다.

이어지는 몇 주 동안, 남부 스웨덴의 오지 병원을 찾아갔다. 다음에는 거대한 보초병 같이 서 있는 눈 덮힌 웅장한 소나무 숲을 통과하여 스웨덴 중앙부와 북부로 여행했다.

식물들의 수가 적고 나무들이 겨우 생존하는 북극권을 통과한 적이 있었는데, 그 식물들은 성장을 방해받고 있었으며, 회색빛 차가운 하늘 위에 가지들이 서로 엉켜 있었다.

마지막으로, 북극권을 훨씬 지나 키루나에 가서 탁월한 붉은 색, 노란색 및 파란색의 전형적인 전통 의상을 차려입은 랩랜드 사람들을 처음으로 만났다. 남자들의 모자 위에 그려진 기관총(팜팜스)들은 부의 정도를 나타내고 있었다. 클수록 부자였다!

키루나에서 난생 처음으로 혹독한 추위를 경험했다. 간호사들을 위한 모임을 가졌고, 병원에서 환자들을 위해 노래를 불렀으며 그림도 몇 점 팔았다.

첫 컨퍼런스는 스톡홀름 브로마에 있는 요한넬룬트 선교 연구소에서 열렸다. 스웨덴 여러 지역에서 많은 간호사들이 먼 거리를 장시간 여행하여 참석했다. 강력한 주님의 임재가 컨퍼런스 내내 느껴졌다. 눈이 부드럽게 내려 창밖의 세상을 하얗게 덮고 있을 동안, 안에서는 성령님께서 참석자들의 마음에 불을 붙이고 계셨다. 승리의 삶, 말씀 공부, 전도의 예술에 대해 이야기했다. "당신 병원에서 모임을 어떻게 시작할 것입니까?"하는 주제로 활발한 토론이 오갔으며 참석자들은 가치 있는 방법들을 제시했다. 스웨덴에서 참석한 60-70명의 간호사들 이외에 핀란드에서 2명, 노르웨이에서 3명, 스코틀랜드에서 전임 사역자 2명이 참석했다.

서로 다른 나라에서 참석한 간호사들이 뜨거운 마음으로 교제를 나눈 것은 놀라운 현상이었다. 우리는 진정으로 "그리스도 예수 안에서 하나"였다. 컨퍼런스를 마감하면서 스웨덴에서 탄생할 모임을 관할할 위원회가 발족되었고, 열정적인 회장으로 안나 스베아 앤더슨 그리고 유능한 회계로 디사 린데로가 책임을 맡았다. 많은 간호사들이 자신의 삶이 깨어났다고 간증했으며, 병원에서 하나님의 나라를 확장하고 싶은 간절함이 생겼다고 말했다. 하나님께 감사를 드리고 용기를 얻었다.

스웨덴 위원회는 요한넬룬트에 놓여진 기반 위에 차근차근 성장했고 적절한 과정을 거쳐 '환자들을 돌보는 스웨덴 기독인회'라는 전국 모임을 발족시켰다.

그 모임은 병원에 있는 모든 직원들을 환영한다고 했다. 간호사들만을 위한 사역을 하는 것보다 함께 노력하는 것이 더 강력한 그리스도인의 모습을 드러내 준다고 믿었다. 과거의 경험을 통해 볼 때 동정심이 없는 의사나 행정 직원은 간호사들이 환자 혹은 동료들에게 하려고 하는 사역을 방해할 수도 있다는 점을 알고 있었다. 모든 그리스도인들이 협력한다면 전체 사역을 한층 강화시킬 수 있을 것이다.

웁살라에 있는 대형 병원 간호부장인 안나 칼슨이 환자를 돌보는 스웨덴 병원선교회 최초의 전임 간사로 임명되었다. 주님을 향한 자매의 진지한 사랑과 사람들을 향한 관심이 많은 사람들의 환심을 샀다. 안나의 존재 자체가 평안을 가져왔다. 자매의 말뿐 아니라 성품이 영향력을 끼치고 있었다. 특별히 '환자를 돌보는 스웨덴 기독인회'가 그리스에 전도하러 가서 흰색 표지의 신약 성경을 배포한 것을 그리스 간호사들이 감사하게 기억하고 있었다.

헬싱키를 향해 떠날 때 세상에서 가장 긴 터널을 통과할 것이라는 말을 들었다. 어느 기차역에서 이상한 일이 생기기 전까지는 이 말이 수수께끼로 남아 있었다. 이제 우리는 소련 영토를 지나야 하기 때문에 기차 엔진을 바꾸고, 핀란드 기관사가 러시아 기관사로 바뀌었다. 창문에는 철제 커튼이 드리워져서 바깥을 전혀 볼 수가 없었다. 거의 두 시간 동안 지난 번 전쟁에서 소비에트 연방에 병합된 핀란드의 풍경을 거의 보지 못하고 지나갔다.

핀란드에서의 8일은 가장 즐거웠고, 가장 재미있었다. 더 많은 사람들을 만났고, 모임을 더 많이 가졌으며, 재미있는 것을 더 많이 봤지만, 잠은 적게 잤다. 핀란드를 떠날 때 우리는 찬양으로 가득 차 있었지만 한편으로 숨이 막히기도 했는데 그분께서 모든 일을 잘 마무리해 주셨다.

시벨리우스의 탁월한 걸작품인 "핀란디아"를 감상할 때와 마찬가지로 구세주를 찾는 죄인들이 줄을 이었고, 믿음에서 후퇴했던 사람들이 회복되었으며, 새로운 비전에 대한 강력한 박동과 자극이 그리스도인들에게 전해졌다.

핀란드 형제들이 베풀어준 사랑과 친절을 쉽게 잊어버리지 못할 것 같았다. 이렇게 아름다운 나라에서 마지막으로 기억에 남는 것은 부둣가에 나와 초콜릿 두 개를 전해 준 나이 많은 간호사였다. 배가 해안에서 멀어지는 동안 자매는 살을 에는 바람을 맞으며 혼자서 이별의 손을 흔들고 있었다.

행사들이 너무 많고 여러 장소에서 수많은 사람들을 짧은 시간에 만나야 했기에 때로는 일주일이 한 달 같았다. 하나님께서 우리를 인도하셨다는 것을 느꼈다. 여행하며 새로운 사람들을 만난 것 이상이었으며 기계적인 진보 그 이상이었다. 우리 돛에 순풍이 불었고, '바람이 임의로 불매'(요 3:8), 때로는 바람 소리를 들어도 어디서 오는지 어디로 가는지 알 수가 없었다. 우리가 모르는 발걸음도 그것을 계획하신 하나님께서는 아시지 않는가? 영혼의 가장 깊고 난해한 질문들도 처음과 나중이시며, 부활과 생명이신 그분

안에 해답이 있지 않는가?

스웨덴 땅으로 다시 돌아와서 마지막 모임을 가지게 되었다. 우리는 조국을 위해, 온 영혼을 하나님께 드리며 애절하게 기도했던 나이 많은 스웨덴 사람을 결코 잊을 수 없을 것이다. 다른 사람들은 그리스도께 눈물로 헌신했다. 구텐부르그 역에서 사랑하는 형제들에게 작별을 고했다. 담황색 머리에 파란 눈을 가진 사람들이 아프리카에서부터 온 이방인에게 엄청난 친절과 너그러움을 보여 주었고 우리가 가지고 간 새로운 여러 가지 아이디어를 참고 이해해 주었다.

간호 선교사가 자기 정원에서 핀 겨울 꽃을 한 다발 건네 주었고 북극의 얼음 속에서 생명을 되찾은 '겨울 꽃들' 이 비전을 보는 영적 시력을 뜨도록 해 주었다. 사람들을 자신에게로 이끄는 따뜻한 그분의 사랑과 앞으로도 사람들을 신실하게 붙들어 주실 성령님의 능력에 너무나 감사했다.

6장

북유럽의 등불

원시의 하얀 세상에 진눈깨비가 사뿐히 내리고 있었다. 이것이 노르웨이에 대한 소개다. 병원선교회 지도자들은 꽃과 과일을 가지고 오슬로의 호텔 방에서 우리를 환영했다. 여러 날 동안 따뜻한 마음으로 연합하는 선두주자들이었다.

그날 저녁 훌륭한 참가자들과 함께 일련의 미팅을 시작했다. 활발한 모임들이 여러 병원에서 이루어지고 있다는 사실을 알고 용기를 얻었다. 성령의 바람이 계속해서 불고 있었고 구원을 갈망하는 사람들 그리고 다른 사람들을 위해 그분의 소원을 이루어 드리려는 무리들 가운데 하나님이 역사하신다는 증거를 보았다.

하나님께서 자매에게 말씀하실 때는 "의미를 알아듣도록" 하신다고 말했다. 성령님께서 마음에 해석해 주시기 전까지는 말 그 자체는 생명이 없다. 깊이 감동받은 다른 사람은, 우리에게 자기 오빠가 2차 세계 대전 때 조국을 위해 마지막 2년을 바쳤는데, 자매는 "예수님을 위해 전력 질주"하기를 원한다고 기발하게 표현했다.

"믿지 않는 자와 멍에를 함께 메지 말라"(고후 6:14)는 본문으로 말씀을 전한 후에 한 자매가 나에게 와서 눈물을 흘리며 자신이 믿지 않는 남자와 결혼한 후 불편한 멍에로 인해 그것의 무익함과 고통을 깨달았다고 말했다. 이것은 분명 그리스도인들을 속이고 오도하여 믿음 생활을 파괴하고 삶을 불행하게 만들기 위한 사단의 가장 교활한 계략들 중 하나였다.

"그리스도인들에게 믿지 않는 사람과 결혼하지 말라고 꼭 말해 주세요. 그것이 결국에는 영적 생명을 앗아가는 미끄러운 올가미입니다."라고 자매가 경고했다.

마지막 모임은 250석을 가진 릭스병원 대강당에서 열렸다. 약 400명의 간호사들이 강당에 들어왔고 일부 간호사들은 대리석 계단에 앉았다. 바깥 차가운 세상은 꽁꽁 얼어붙어 있었지만 강당 안에 있는 마음들은 뜨거웠고 얼굴은 그분을 사랑하는 모든 사람들이 알고 있는 기쁨으로 상기되어 있었다. 그러나 복음을 듣는 동안 일부 사람들의 눈은 시름에 잠겨 있었다. 그분과 연합하는 축복을 통해 흘러나오는 영혼의 만족을 갈망하고 있는 것인가? 오직 그분만이 평화와 구원의 확신을 주실 수 있었다.

오슬로에서 숨 막힐 정도로 아름답게 눈 덮힌 베르겐 산을 넘어 노르웨이의 서해안 쪽으로 갔다. 우리는 나무 집들, 별난 골목들, 케이블 철도, 고기 잡는 항구들이 있는 그림 같은 고대 한스 타운의 경치에 반했다. 다른 도시에서와 마찬가지로 베르센 미팅에도 참식자들이 많았다. 히나님께서 많은 사람들에게 복 주시고, 우리에게는 신선한 도전이 되라고 "세상은 내 안에 있는 예수를 볼 수 있나?"라는 노래를 불렀다.

성령님께서 강력하게 역사하시는 것이 분명했다. 따뜻한 마음, 깊은 신앙심을 가진 친절함이 노르웨이 사람들의 민족성 저변에 깔려 있음을 발견했다. 웅장한 산들처럼 건장한 영적 바이킹들이 국력의 원천이었다.

우리는 구름 위로 다시 한번 올라갔다. 이번에는 북해에 있는 흰색의 차가운 섬인 아이슬란드로 향하고 있었다. 멀리 있는 섬들을 생각할 때 에스키모, 북극 곰, 빙산, 눈 사태 같은 이상한 그림이 마술 같이 우리 마음에 떠올랐다. 광활한 초원의 아름다운 나라 대신 천둥 치는 폭포, 눈 덮힌 험난한 산맥들을 보았다.

그래도 아이슬란드는 얼음과 불의 영원한 움직임을 펼쳐보였다. 바람에 날려 쌓인 눈 더미 가운데, 서릿발이 엉킨 공중으로 치솟는 간헐천들이 대조적이면서도 장엄한 풍경의 한 부분을 이루고 있었다. 여기저기에 검은 용암 덩어리들이 양탄자 같은 눈 위에 흩어져 있으면서 화산 폭발의 위력을 보여 주고 있었다.

놀라운 아름다움과 매력을 지닌 인자한 사람들을 만나는 특권을 누렸다. 잔잔하면서도 깊은 아이슬란드 사람들의 눈 속에서 불길이 살아 움직이는 것을 보았다. 우리가 받은 열화 같은 지원에 대해 설명했을 때, 한 친구가 "바깥에는 얼음이 있지만, 안에는 불이 있습니다."라고 가장 회화적으로 표현했다. 하나님의 나라를 위한 열심과 타고난 저력이 조화를 이루고 있었다.

수도인 레이크야빅에서, 북쪽에 있는 아쿠레이리 및 여러 도시에서 모임을 가졌다. 반응은 고무적이었다. 한 모임 후에, 팀의 일원이었던 에라스미아는 풀이 죽은 한 여인이 문에서 기다리고 있는 것을 발견했다. 아무 말도 하지 않았고 떠나려고도 하지 않았다.

"제가 뭐 도와드릴 일이라도 있습니까?" 에라스미아가 정중하게 물었다.

"제발 도와 주세요. 저는 의심이 많고 무서워요. 그리스도와 그분의 말씀을 의지할 수가 없어요."라고 자매가 대답했다.

그들은 자정까지 이야기한 후 다음 날 오후에 다시 만나기로 약속했다. 약속 시간에는 잉거도 와 있었다. "전 혼란스러워요. 내가 왜 그리스도를 믿어야 하는지 모르겠어요. 왜 힌두교나, 이슬람이나 불교가 기독교만큼 가치가 없나요? 누구를 경배하든지 진정으로 예배드리는 것이 가장 중요한 것 아닌가요?"라고 자매가 말했다.

에라스미아는 자매에게 그리스도에 대해, 그분이 이루신 공로에 대해, 죄를 사하시는 그분의 보혈에 대해 그리고 그리스도인들에게 믿음 생활을 할 수 있도록 하는 그분의 부활의 능력에 대해 이야기했다.

"차이점이라면 하나님께서 인간에게 말씀하신 유일한 종교는 기독교 뿐이라는 것입니다. 기타 모든 종교는 사람이 하나님을 찾고, 평화를 끝없이 추구하고, 초자연적인 힘의 존재를 기쁘게 해 주려고 노력하지요. 종교적 계율과 의식과 축제들이 만족스럽지 않지만 형식적으로 지키는 것입니다." "잉거, 그분은 살아 계시고 어느 인간이나 교리나 종교보다 능력이 많으시며, 그분만이 길이요 진리요 생명이십니다."라고 말을 이었다.

그들이 이야기할 때, 잉거의 내적 갈등이 더 심해지다가 누그러지는 것 같았다. 성령님께서 자비롭게 역사하셔서 빛이 서서히 자매의 어두운 의심을 관통하고 있었다. 얼마 후 자매가 고개를 들었다.

"이제 알겠습니다. 내가 감히 믿는다고 말하면, 그분께서 나를 용서하시고 당신이 말하는 평화를 내게 주실까요?"

그들은 함께 기도했고 의심의 깊은 밤에 자매는 밝고 밝은 새벽별을 보았다. 그리고 이제는 낮이 되었다! 나중에 받은 편지에 의하면 그 자매는 자신에게 영생을 주신 그분께로 다른 사람들을 인도하고 있었다.

불확실성의 폭풍과 두려움의 물결에 떠내려가는 잉거 같은 사람들이 있었고, 이들을 항구로 인도해 줄 길잡이 별이 필요했다. 누가 이 역할을 할 것인가? 다른 사람들이 안전하게 안내받도록 하기 위해 기꺼이 대가를 치를 마음이 있는 사람들을 주님께서 불러내 주시기를 기도했다. 그분께서는 확실히 그렇게 하셨다.

그 당시에는 우리가 몰랐지만, 하나님께서는 최초로 아이슬란드 병원선교회를 전적으로 섬길 사람으로 총명한 간호사 교수를 준비하고 계셨다. 몇 년 동안 자매는 그 직위에서 열정적으로 섬겼다. 그 당시 아쿠레리에 있는 간호학교 학장으로 있었고, 시그리두 할도르스도티르 교수는 여전히 활동적으로 그 비전을 지원하고 있다. 그는 장래가 촉망되는 젊은 목사 루터와 간호학을 가르치는 부인을 길러내고 있었다. 몇 년 후 태국에서 열린 병원선교회 지도자들을 위한 국제 회의에 참석하는 동안 마그누스와 도라 브요른슨은 "아이슬란드 병원선교회에서 네가 할 일이 있다."라는 분명한 하나님의 음성을 들었다. 나중에 스칸디나비아 전체를 포함하도록 확장되었지만 처음에는 희미했던 빛을, 그들은 순종하는 마음으로 따라갔다.

지역 담당자였던 마그네스는 수년 동안 스칸디나비아 나라들에 있는 모임에서 일을 조정하는 책임을 맡고 있었으며, 자신이 돕고 있는 모든 사람들로부터 호응을 얻었다. 북쪽 지역 의료계에 축복의 비가 올 것을 예고하는 성령의 바람이 부드럽게 불고 있었다.

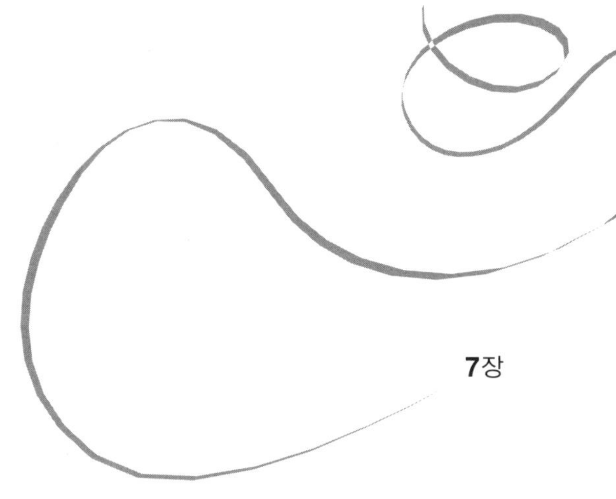

7장

바이킹과 에스키모

덴마크에도 모임이 발족되었다! 우리가 덴마크 간호사와 처음으로 접촉한 것이 1952년이었다. 그 후 1956년과 1957년에도 방문했었지만 문은 굳게 닫혀 있는 것 같았다. 지속적으로 문을 두드려 보았지만 허사였다. 한쪽에서는 영향력 있는 간호부장이 "나를 절대로 다시는 보고 싶지 않다."고 말했다. 그러나 닫힌 문을 향해 네 번째 공략에 들어갔고, 다소 보수적이고 침착한 덴마크 간호사의 전적인 협력으로 코펜하겐에서 몇 번의 모임을 가지게 되었다. 지난번의 노크로 인해 아팠던 손가락들이 이제는 나았고, 우리는 희망에 부풀어 필요하다면 지난번보다 더 세게 문을 두드릴 준비가 되어 있었다. 놀랍게도 문이 저절로 열리기 시작했다. "당신의 하나님은 할 수 있으신 분인가?"(단 6:20)라는 도전에 "우리 하나님은 할 수 있다!"(단 3:17)라고 대답했다. 하나님의 때가 되었고 하나님의 자녀들은 호응할 준비가 되어 있었다.

새롭게 모임의 회장으로 임명된 사람과 함께 코펜하겐과 다른 도시들에서 모임을 가졌다. 덴마크 사람들은 자신들의 사역을 간호사들에게만 국한할 것이 아니라 병원 모든 직원을 포함시켜야 한다고 생각했다. 직원들이 모두 협력하여 환자들의 육체적 및 정신적인 치유를 추구했는데 이제는 환자들의 영적인 건강을 위해서도 힘을 합쳐야 한다고 생각했다.

코펜하겐에 있는 대형 병원 정신과에 근무하는 간호사와 대화하는데, 자매가 말하기를 대부분의 경우에는 자살하려는 행동이 반복적으로 시도된다고 말했다. 그녀는 "그들을 위해 할 수 있는 모든 것을 다 하지만 정확한 환부를 건드리지 못하는 것 같습니다."라고 말했다.

그리고 그 환부가 영적인 영역에 있을 가능성이 아주 크다고 덧붙였다. 죽은 종교는 그들을 도울 수 없지만 승리하셔서 살아 계신 그리스도와 결정적으로 만나면 도움을 얻을 수 있는 것이었다. 잠시 덴마크에서 벗어나 그 주제를 좀 더 다루고 싶다.

추방당한 공화국의 장군 가리발디가 파팔과 프랑스 및 호주 군대의 추적을 당할 때 가리발디에게 친절을 베풀었던 이탈리아의 가난한 구두 수선공에 대한 기록이 있다. 1849년 로마에서 후퇴할 때, 가리발디는 성 알베르토에 있는 가난한 구두 수선공의 손에 의해 안식처를 찾게 되었다. 10년 후 승리한 장군이 이 촌락을 다시 통과할 때 구두 수선공은 임종을 앞두고 있었다. 가리발디 부대의 승리 행진이 그 마을을 지나간다는 것이 알려졌을 때, 그는 병상에서 일어나 승리한 영웅을 환영하고 싶었다. 이 소식을 듣고 장군은 즉시 과거에 자기에게 도움을 주었던 사람을 찾아갔고, 병상에 있던 사람은 너무 기쁜 나머지 병이 낫게 되었다. 우리 주 예수 그리스도가 환자들에게 소개된다면 대적의 손아귀에서 많은 환자들을 되찾아 올 수 있을 것이라는 생각이 든다.

나중에 크리소스(덴마크의 병원선교회)는 스칸디나비아 반도에 있는 기타 모임들에게 큰 격려를 주는 원천이 되었다.

그린랜드에서도 마찬가지였다!

"그린랜드는 좀 다르다."고 세상에서 가장 큰 북극권 섬을 방문할 가능성에 대해 편지를 주고 받았던 노련한 선교사가 주의를 주었다. 나는 근처에 있는 그린랜드를 방문했다. 그린랜드는 얼음이 없는 해협 및 해안가의 산들과 최고 3,300미터 두께의 얼음으로 덮혀 있는 반면 아이슬란드는 무성한 푸르름을 지닌 아름다운 나라이다.

내가 방문 시기를 3개월 연기하면 선교사인 친구가 자신의 본부로 돌아와 나를 더 잘 도울 수 있는 입장이 된다면서 방문을 연기해 달라고 충고했다. 이어지는 행사들을 볼 때 연기시키는 것은 하나님의 뜻이었다.

코펜하겐에서 그린랜드 행 비행기를 탈 날이 왔다. 도착하면서 폭풍 때문에 헬리콥터가 갓탑으로 떠나지 못한다는 소식을 들었지만, 서두른다면 수도로 가는 배의 침대칸을 차지할 수 있을 것 같았다. 여행은 길었지만 배를 탄 것이 기뻤다. 연중 어떤 기간에는 헬리콥터나 개 썰매 같은 교통 수단밖에 없기 때문에 배를 타는 것이 불가능하다.

수도에 며칠을 머문 후, 나는 다시 비행기를 타고 이번에는 에게데스민데로 행했다. '에게데스'는 그린랜드로 갔던 최초의 선교사 이름이었고 '민데'는 '기억'이라는 의미로 그 사람을 잊어버리지 않았다는 뜻이 담겨 있었다.

에게데스민데에 헬리콥터로 도착한 후, 다른 손님들은 모두 떠나고 나 혼자 그 자리에 남아 있었다. 바로 그때 한 젊은이가 다가와서 놀랍게도 영어로 말했다. 더욱 놀라운 것은 이 사람이 코펜하겐에서부터 온 남자 간호사이며 그리스도인이라는 점이었다.

그가 어디에 묵을 것인지 물었을 때 나는 그린랜드에 처음 오는 길이며 어디에 묵어야 할지 모르겠다고 대답했다.

"제가 전도하기 위해 노르웨이에서 오신 선교사님들과 함께 도시에 머물고 있는데, 아마 그곳에 방이 있을 것 같습니다."라고 대답했다.

얼마 동안 걷다 보니 자신들의 사역에 대한 기대로 사기가 충천된 열두어 명의 활기찬 그리스도인들 가운데 섞이게 되었다. 그 집은 만원이었지만, 2인실에 한 사람만 있는 방이 있었다. 그 방에 있는 사람은 헬기 안에서 만났던 키가 크고 수염이 덥수룩한 남자였다.

"그분과 방을 같이 써도 되겠습니까?"라고 그들이 묻길래, 문제 없다고 대답하고는 방을 한번 보자고 했다. 방은 아주 작았고 두 침대 사이에 여유 공간이 거의 없었다.

사람들에게 돌아와 보니 수염 더부룩한 바이킹 형제가 없길래 그 사람이 코를 고는지 농담삼아 물었다.

"코를 고냐고요, 그건 차라리 으르렁댄다고 해야겠지요!"라고 외쳤다.

쾌적한 숙소를 찾으려고 택시를 타면서 "아무래도 다른 방을 찾는 게 낫겠지요?"라고 덴마크 친구에게 말했다. 시멘스 미션이라는 곳에 가서 편안하고 난방이 되는 작은 방을 제공 받았다. 혹독한 얼음으로 둘러싸인 곳에서 얻은 얼마나 좋은 피난처인가!

그러나 가장 놀랐던 것은, 이 나라에서 내가 방문하고 싶었던 18개 병원 고참 간호사들이 바로 그곳에 묵고 있었다는 사실이었다. 그들은 영상의학에 대한 컨퍼런스에 참석하고 있었다. 미팅을 주선하여 다른 나라에서 진행되고 있는 병원선교회에 대한 슬라이드를 보여 주었고 그리스도 예수를 통한 구원의 복음을 전했다. 덴마크에서 온 형제가 훌륭하게 통역해 주었다. 이 나라 사람들은 에스키모보다는 그린랜드 사람들로 알려지고 싶었다. 그들이 덴마크 말을 유창하게 하기 때문에 덴마크 모임을 통해 지속적으로 접촉할 수 있었다.

하나님의 영원한 계획에 사용되지 못할 만큼 하찮은 것이 있는가? 코골

이? 숙소 선택? 헬기 착륙장에서 도움이 필요한 바로 그 순간에 남자 간호사가 나타난 것? 에게데스문데를 여행 일정에 포함시킨 것? 방문 날을 특정일로 잡은 것? 변덕스러운 기후 조건이 그린랜드에서의 여행 시기 및 여행 방법을 결정할 뿐 아니라 수간호사들이 근무하는 모든 지역의 여행은 제한되어 있었다. 몇 달 동안 수천 달러가 들어야 여행을 할 수 있는 상황이었다. 나는 돈도 시간도 없었다. 그러나 별들의 길을 정하시는 주님께서, 정하신 시간에 정확하게 에게데스문데에 있는 시멘스 미션으로 나를 인도하셨다.

나보다 훨씬 전에 그린랜드에 온 사람들이 있었고 그 사람들에 대한 이야기는 현지어로 성경을 번역하던 일부 초기 모라비안 선교사들에 의해 전달되었다. 그들은 현지인들에게 천지 창조를 가르쳤고, 여호와가 진정한 하나님이시고 예수 그리스도가 그분의 독생자라는 것을 가르쳤다. 사람들은 거의 감동을 받지 않았고 오히려 선교사들을 점점 더 거칠게 대했다.

어느 날 파티에서 술을 마신 지도자가 창과 도끼를 들고 동료들에게, "침입자들을 처단하자!"고 선동했다. 그 사람의 눈과 목소리에는 살기가 있었다. 여러 사람들이 선교사 집 문을 부수고 들어갔다.

그들은 성경과 종이들이 있는 책상 앞에 앉아 있는 선교사들에게 "여기서 뭐하는 거요?"라고 다그쳤다.

"하나님의 말씀을 당신들 말로 번역하고 있습니다."라고 대답했다.

"종이야, 말을 해라."라고 술 취한 에스키모가 명령했다. 선교사는 방금 전에 번역한 십자가 사건을 호전적인 사람들에게 읽어 주었다. 그는 천천히 그리고 분명하게 읽었다. 읽기를 마치자 지도자가 "그 무죄한 사람들을 누가 죽였는지 말하시오. 복수해 주겠소."라고 과격하게 요구했다.

"당신이 죽였소." 의외의 대답이었다. "당신, 당신 친구 그리고 내가 죽였소. 그분이 세상 모든 죄를 지고 죽으셨기 때문에 모든 사람이 함께 그를 죽인 셈입니다."

에스키모들이 무기를 바닥에 떨어뜨리고 울기 시작했다. "당신을 죽이려고 여기 왔는데 우리를 위해 죽으신 당신의 하나님 이야기를 들었습니다. 그분에게 우리를 용서해 주시고 우리의 삶을 새롭게 해 달라고 기도해 주세요."

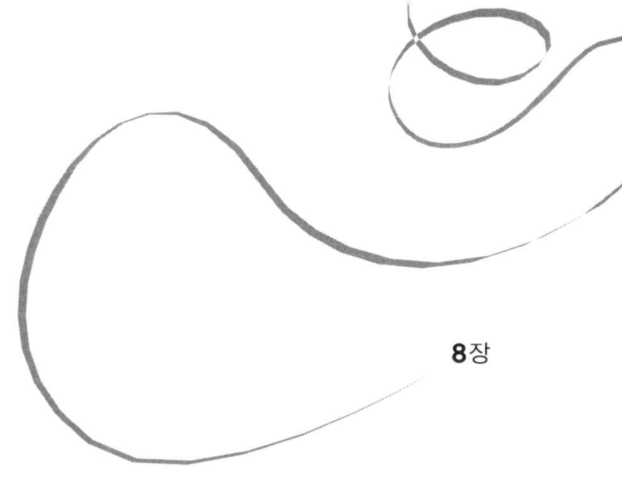

8장

커튼의 안과 밖

그들을 동유럽에서 만났다. 그는 작은 복음주의 교회 강단에 서 있었고 그녀는 성가대에 앉아 있었다. 그의 목소리는 부드러웠지만 생동감이 없었고 그의 몸가짐은 전문 설교가답지 않았다. 오르락내리락하는 조화로운 성가대의 음률이 마치 집나간 아들을 달래는 어머니의 부드럽고 온화한 호소 같았다가 전쟁하는 군대의 함성 같이 올라가곤 했다. 성가대가 전하는 메시지가 바로 우리가 이 책에서 이야기하는 두 종류의 삶을 반영하는 것이 아닌가?

몇 년 전, 잘생긴 이 남자가 건강을 상실하고 병원에 왔다. 무용단의 멤버인 그는 무절제한 삶을 살았던 것이었다. 내적 만족의 염원이 그를 몰아갔지만 조롱하는 신기루가 지속적으로 그를 빠져나가게 만들었다.

검사 결과 그는 결핵에 걸렸고 몇 개월 후에나 퇴원할 수 있는 형편이었다. 그녀를 만난 것이 바로 그때였다. 환자들의 끊임없는 요구, 동료들 및 장기간 근무에서 오는 압박에도 불구하고 그녀는 내적 평정을 유지하고 있었는데 이것이 그에게 깊은 감명을 주었다.

빛나는 얼굴과 아름답고 파란 눈의 젊은 간호사는 그가 무엇을 찾기 위해 인생과 건강을 소비했는지 알 수 있었던 것일까? 그녀가 가진 것은 그 남자가 상상도 하지 못하는 내적 평안의 아름다움이었다. 자유가 없는 나라였으므로 그녀는 예수에 대해 그 남자에게 말하고 몰래 성경책을 가져다 주었다. 듣고 읽으면서 그는 점차적으로 이것이 진정한 만족의 샘이며, 영원히 마르지 않는 샘이라는 것을 깨달았다. 마침내 세상의 깨진 물통에서 돌아선 그는 생명수를 깊이 들이마셨다.

새롭게 발견한 그의 믿음이 성장하도록 그녀가 도왔으며 그들의 우정은 깊어만 갔고 사랑도 그러했다. 오랜 투병기간 동안 그는 내부에서 부르는 소리를 듣게 되었다. 의사들이 그에게 매우 좋은 인상을 심어 주었으므로 그도 의사가 되고 싶다는 마음을 가지게 된다. 그러나 이처럼 이상적인 일이 어떻게 일어날 수 있겠는가? 의학을 공부하기 전에 고등학교를 4년을 마쳐야 했으므로 돈이 가장 큰 문제였다. 그 몇 년의 기간이 결정적으로 어려운 시기였다. 그녀가 얼마 되지 않는 수입으로 그를 도왔으며 10년 후에 그는 의사가 되었다.

간호사 경력을 통해 그녀는 환자들에게 꾸준히 간증하면서 신약 선경을 나눠 주었다. 마침내 그녀의 활동 소식이 기독교를 반대하는 윗사람의 귀에 들어갔고, 그녀를 당장 사임시키라고 요구가 내려왔다. 병원장은 전국에서 이 간호사보다 더 훌륭한 간호사를 발견하면, 즉시 그녀를 해고시키겠다고 말했다. 사건은 종결되었고 그녀는 하나님께서 주신 사역을 계속했다.

이제 그들은 결혼해서 작은 복음주의 교회 사역에 함께 참여하고 있었다. 그는 진료하는 일에 몹시 분주했지만, 목사님이 계시지 않을 때 모든 일을 추가로 감당하고 있었다. 교회에 모인 진지한 사람들에게 하나님의 말씀을 전하고 병원선교회의 목적과 비전에 대해 나눈다는 것은 그들이 가진 특권이었다.

사람들은 병원에 있는 동안 복음을 더 잘 듣고 쉽게 받아들일 수 있는 마음 상태가 된다. 의료계에 종사하는 그리스도인들은 전도하고 사랑을 베푸는 일을 통해 전인적으로 사람을 섬길 수 있는 좋은 기회를 가지고 있다.

모임 마지막 시간에, 전국 병원에 있는 믿지 않는 남녀 환자들을 구원해 달라고 간절하게 기도했던 그녀의 열정을 어떻게 잊을 수 있겠는가? 그것은 마치 그리스도를 모르고 영원한 지옥을 향해 가고 있는 사람들을 위해 드리는 성령님의 중보기도 소리를 듣는 것 같았다.

하나님께서는 세상을 치유하는 팀원으로 이와 같은 간호사들을 많이 주셨다!

또 다른 제한 지역을 여행하며 몇 명의 형제들을 만날 기회가 있었다. 그들은 자신들이 출석하는 교회에서 내가 말씀을 전하지 못한 것을 아쉬워했다.

"다른 지역에서 온 같은 교단 소속 회원들이라도 모임에서 형제처럼 인사할 수 없습니다."라고 한 목사님이 서글프게 말했다. 그리고 차분한 목소리로 "제도적으로 우리에게 종교의 자유가 있지만 그것은 눈가림일 뿐입니다. 우리에게는 종교의 자유가 없습니다."라고 말했다.

그는 자기 교회의 젊은 청년들에 대한 부담을 가지고 있었디. "그들이 어떻게 되겠습니까? 그들은 집권당에 속해 있지 않기 때문에 출세하기 어렵습니다. 어디서 공부하겠습니까? 그들에게는 미래가 없습니다. 오직 가난과 비참함이 있을 뿐입니다. 다른 사람들의 지속적인 조롱과 두려움에 눌려 산다는 것은 신경질적인 울부짖음을 낳을 뿐이지요. 전 정말 지쳤습니다. 정말요."라고 속삭였다.

전국에서 불행한 삶을 사는 동족들로 인해 그는 몹시 의기소침해 있었다. 장래가 촉망되는 젊은이들의 운명에 대해 깊이 생각하며 조용히 사색에 잠겨 있었다.

젊은이들이 어디서든지 공부할 수 있도록 외국에서 장학금을 조성하는 방법으로 돕겠다고 제안했을 때, 그는 두려워 떨면서 "나는 당신을 잘 모르는데 너무 많은 이야기를 했습니다."라고 말했다.

나를 믿지 못하겠다고 모함하는 편지를 많이 받았으므로, 그리스도의 몸의 한 지체로서 당신이 당하고 있는 박해를 진정 나의 것으로 삼고 싶다는 것을 그에게 확실하게 말했다.

"자유로운 세상에 사는 내가 환경의 감옥에 갇혀 사시는 목사님께 조언한다는 것이 주제 넘는 일이라고 생각합니다."라고 말했다. 밧모 섬에 귀양가 있는 사도 요한을 생각해 보았는가? 그는 하나님의 말씀과 예수 그리스도를 증거하기 위해 그곳에 버려졌다고 말했다. 요한은 "주의 날에 내가 성령에 감동하여 내 뒤에서 나는 큰 음성을 들었다."고 말했다. 그는 그곳에 포로로 있었지만 성령에 감동되었다.

"그를 지배하고 있는 환경은 외부적인 감옥이 아니라 커다란 음성을 들을 수 있게 해 준 내부의 영적 상태였다. 계시록이라는 놀라운 책은 유배지의 매우 각박한 상황에서 기록되었다. 바울의 여러 편지들도 감옥에서 기록되었다. 번연의 천로역정도 마찬가지다. 하박국서 마지막에 귀한 구절이 있다. 비록 무화과나무가 무성하지 못하며 포도나무에 열매가 없으며 감람나무에 소출이 없으며 밭에 먹을 것이 없으며 우리에 양이 없으며 외양간에 소가 없을지라도 나는 여호와로 말미암아 즐거워하며 나의 구원의 하나님으로 말미암아 기뻐하리로다(합 3:17-18). 그것은 마치 선지가가 모든 것이 잘못되고 나의 환경이 나를 구덩이에 빠뜨려도, 가난과 굶주림의 위협이 나를 멸망시켜도, 나는 주님 안에서 기뻐하리라. 나는 구원의 하나님 안에서 기뻐하리라. 라고 말하는 것 같다. 감옥에 갇혀 고통받고 있는 바울과 실라가 하나님을 찬양했고, 하나님께서 지진을 일으켜서 그들을 구해낸 시간은 한밤중이었다."라고 말을 이었다.

옆에 앉아 있던 형제가 우리의 대화를 듣고 욥기서 19장 25-26절을 읽으라고 권했다.

"말씀의 내용은 비슷했고, 거기에도 '그래도'(yet)가 있었다. '내 가죽이 벗김을 당한 뒤에도(yet), 내가 육체 밖에서 하나님을 보리라.' 어떤 환경에서도 나는 하나님의 자비와 사랑 안에서 승리할 것이다."

깨진 마음들이 영접하고 성령님이 치유와 소망을 주신 후에 이어졌던 기도 시간을 결코 잊을 수 없다. 나중에 목사님의 얼굴에 진정한 변화가 일어난 것을 보았다. 탈진된 모습 속에 역력히 나타났던 지친 기색이 사라지고 시편 34편 5절에 "그들이 주를 앙망하고 광채를 내었으니"라고 한 것과 같은 기쁨이 넘쳤다. 고난 받는 형제들의 감사가 나를 겸손하게 만들었고 그들에게 사역할 기회가 있어서 기뻤다. 그들의 슬픔 안에 "예수님 자신이 가까이" 계시고 그들은 감당 못할 억압과 싸우기 위해 새로운 용기를 얻는다.

수도에 있는 특출한 의사가 "복음은 인간 안에 있는 야수를 양으로 변화시킵니다. 그러나 현재 우리나라에 있는 무신론 사상은 양을 야수로 바꿉니다."라고 언급했다.

왕으로 태어난 아기를 죽이려고 했던 헤롯처럼 사람들과 악마들은 의료인들 사이에 새롭게 발족한 사역을 없앨 기회를 찾고 있었다. 그러나 믿음으로 우리는 이길 것이다.

외국인들이 교회에서 설교하거나 모 교회에서 온 인사도 전히지 못하도록 금지하는 법이 각자의 가정에 구속의 사랑의 메시지를 전하는 것을 막지는 못했다. 한번은 예수님이 갈보리에서 완성하신 사역과, 하나님의 말로 다할 수 없는 선물을 우리가 믿음으로 받아야 한다는 복된 소식을 설명했다. 식당에서 저녁을 먹기 위해 새로 만난 친구들을 초청했다. 이상하게도 선뜻 초청을 받아들이지 않았다. 나중에 나는 현지인이 외부인과 저녁을 같이 먹으면 다음 날 경찰로부터 취조를 당한다는 이야기를 들었다. 결국 한 사람이 저녁을 사러 나왔고 우리는 그들의 집에서 조용한 시간을 가질 수 있었다.

그 남자와 부인이, 구원의 선물과 하나님의 어린양이 자신들의 죄를 사해 주신 것에 감사해서 드리는 기도는 천국의 음악 소리 같았다. 한동안 이 부부에게 복음을 나누었던 그리스도인 형제가 계속해서 그들을 방문하여 믿음이 자라도록 도와주었다.

오명을 씌우는 철의 장막 뒤에서 가졌던 전도 집회! 강당은 차고 넘쳤고 뒤쪽 벽에 세 줄로 겹쳐서 서 있었다. 기대로 가득찬 얼굴과, 대부분 사람들의 진지한 표정에 감동을 받았다. 그러나 어떤 연유인지 거기에 잘못 온 것 같은 한 사람이 있었다. 그 무리에 "속한 것" 같지 않았다. 첩자인가?

자유를 주는 복음의 능력을 깨달아야 하기 때문에 특별히 그 사람을 향해 메시지를 전해야겠다는 생각이 들었다. 그 집회에서 변화가 일어났으며 근처에는 영적인 도움을 갈망하는 몇 사람들이 모여 있었다.

그들 중에 죄를 깊이 자각하는 모습을 가진 한 젊은이가 있었다. 그 사람에게 구원의 길을 설명한 후 기도하고 싶은지 물었다. 전혀 주저하지 않고 그는 무릎을 꿇었고 온 마음을 다하여 간절히 기도했다. 기도를 마치고 일어날 때 그는 하나님의 사랑하는 아들이 자신을 받아주셨다는 확신으로 인해 얼굴이 환하게 변했다.

젊은 의사인 통역자에게 부탁하여 새 신자에게 새 생명이 자랄 수 있도록 책을 주라고 했으며, 내 부탁에 놀란 통역자는 "책, 무슨 책 말입니까? 우리 나라에는 그리스도인들을 위한 책이 하나도 없습니다."라고 말했다. 그때 우리 마음에 비전이 생겼다. 이 젊은 의사가 자기 백성들을 위해 적당한 책을 찾아서 번역·출판하고 우리는 필요한 자금을 지원해야겠다는 것이었다. 그 당시 아는 바는 거의 없었지만, 이미 바퀴는 굴러가기 시작했고 삶을 변화시키는 자료들이 출판되면서 가속도가 붙을 것이었다.

교회에서 모인 마지막 모임은 놀라웠다. 찬양은 마음을 움직였고, 기도는 열정적이고 감동적이었으며, 복음에 대한 반응도 감당 못할 정도였다. 눈물을 흘리지 않은 사람이 거의 없었고 내 눈도 촉촉이 젖어 있었다. 성령께서 우리 모두를 보다 더 거룩한 삶으로, 내주하시는 성령님의 강력한 능력을 인정하도록 하는 한층 더 깊은 헌신의 자리로 데리고 갔다. 그분의 부활의 능력을 초월할 힘은 없다는 사실을 재확신함으로 우리는 앞으로 나아갈 수 있었다.

방문을 마감하면서 의사 친구는 우리가 와 주어서 고맙다면서 "그림 씨, 당신이 계획을 짜고 있을 때, 설교 허락을 받기도 어렵고 의료인들을 만나면 그 사람들의 인생이 어려워질 것 같아서, 우리는 어떻게 하면 당신의 시간을 극대화 할 수 있을지에 대해 생각하지 못했습니다. 의료인 및 관련 업종에 신자들이 별로 없고 활동적으로 전도하는 조직도 없습니다. 당신도 그렇겠지만 우리의 소망은 이런 작은 그룹들이 믿음에 굳게 서도록 격려하여 환자들에게 복음을 전하는 매일의 삶 가운데 주님 앞에서 진실하기를 바라는 것입니다."라고 말했다.

그리고 그는 천천히 진지하게 말을 이어갔다. "도시에 있는 대부분의 의료인들이 참석하는 우리 교회에서 당신이 몇 번의 말씀을 전하도록 허락을 받았기 때문만이 아니라, 보다 작은 가정 모임과 개인 상담을 축복하셨으니 하나님께서 우리에게 얼마나 자비를 베푸셨는지 모르겠습니다. 말씀을 들으러 온 많은 사람들의 마음에 갈급함이 있는 것을 보고 감동을 받았습니다. 우리를 이해해 주셔서 감사하고 우리 입장에서 하나님의 마음에 있는 바른 메시지를 전해 주셔서 고맙습니다. 많은 사람들이 우리가 받는 고통에 당신이 가까이 다가와 준 것에 대해 놀라움을 금치 못했습니다."

"사람이 마음속으로 무엇을 원하는지를 잘 아시는 그분께서 우리 모두를 가까이 이끄신 것이지요. 우리는 몸이신 그분의 지체이므로 서로를 챙겨줘야 한다는 히브리서 13장 3절이 생각났습니다. 어떤 상황에 처해 살든지 모든 신자들이 그리스도 안에서 놀라운 하나됨을 느꼈습니다. 당신은 나에게 진정한 영감이었고 이번 방문을 통해 나의 삶이 풍성해졌습니다."라고 대답했다.

주님께서 다른 사람들을 격려하기 위해 저희 둘을 준비하셨고 우리 모두를 지탱하시기 위해 자신을 내어 주셨다.

전임 사역자는 오로지 격려하는 일과 하나님의 보좌로 올라가는 많은 기도를 지속해야 한다는 것이 명백해졌다. 수년 동안의 침체 가운데 하나님께서는 당장 이 일을 할 수 있는 적임자로 독일어를 구사하는 젊은 간호사를 이미 준비하셨다. 한동안 헬가 펜존이 유럽 병원선교회의 간사로 섬겼으나 후에는 동부 유럽과 중부 유럽에서의 필요들이 엄청나게 늘어났고 사람들을 사랑하는 그녀의 사랑이 그녀의 모든 활동에 지워질 수 없게 각인되어 있었다. 곤고한 사람들에게 생명의 빛을 가지고 갈 현대의 나이팅게일이 있으니 얼마나 감사한 일인가! 나중에 그들은 그 빛을 다른 지역에도 가지고 갈 작정이었다.

⁕

"모임에 의사나 간호사들이 참여합니까?" 예배를 마치고 인사하면서 바르셀로나에 있는 작은 교회 목사님께 물었다. 나는 설교에서 가끔 나오는 "구원자"라는 말 이외에 다른 것은 하나도 알아듣지 못했다. 내 사역은 의료 전문인들이 잃은 자들을 찾아 기도와 교제로 하나되도록 하자는 소망을 가지고 시작되었다.

그분이 아직도 내 손을 붙잡은 상태이므로, 한 젊은이가 그냥 지나치려고 하는 순간 손을 뻗어 그 젊은이를 우리에게로 데리고 왔다. "내 생각에 사역에 문을 열어줄 의사에게로 당신을 데리고 갈 의과 대학생이 여기 있습니다.”라고 말했다.

데이비드 파브라 의사는 정말 우리가 찾던 바로 그런 사람이었다. 수천 킬로미터 떨어진 대륙에서 스페인에 도착한 이후 곧바로 장래의 지도자를 만나게 하시는 하나님의 정확성에 놀라지 않을 수 없었다. 마음에 뜨거운 열정을 품고 그는 자기 집에서 동료 의사와 간호사들을 위한 모임을 주선했다.

의료 전문직에 있는 소수의 그리스도인으로서 그들은 서로 연합하고 서로 격려해야 한다는 것, 특별히 박해의 바람이 힘을 얻고 있을 때는 그러해야 한다는 것을 깨달았다.

의사들 연합 모임에 간호사들과 응급 처치 요원들을 포함시켜야 한다는 소원을 표시했다. 또한 그들은 직업적 차원에서의 협력하는 것처럼, 환자들과 동료들에게 그리스도의 복음을 전하기 위해 팀으로 일하는 것이 자연스럽다는 것을 깨달았다. 파브라 의사는 이것을 회화적으로 묘사했고 나중에 이 그림이 여러 나라에서 사용되었다. 환자는 제자들로 구성된 다양한 의료 팀에 둘러싸인 중앙에 있었고 화살은 전문인들을 통해 환자에게 다가가시는 하나님의 사역을 나타내고 있었다.

마가복음 2장에서 중풍병자를 치료하신 기록을 보면, 설교하는 치유자가 갈릴리에 왔을 때 환자가 도움을 받도록 해 주겠다고 결심한 네 친구가 있었다. 그러나 무리들 때문에 예수님께 다가갈 수 없게 되자 친구들은 편법으로 환자를 지붕으로 데리고 올라가 지붕을 뜯고 놀라 쳐다보는 군중들 가운데로 환자를 침상 채로 내리는 데 성공했다. 그들의 용기, 주도권과 인내는 친구들을 그리스도에게로 데리고 올 모든 그리스도인들의 귀감이 될 만하다. 중풍병자는 군중들 앞에 사뿐히 내려졌고, 죄사함을 받고 몸이 나았을 때 즐거워했다. 놀라운 믿음의 모험을 위해 협력한 네 친구들 중, 한 사람은 치유 기적을 일으키는 예수님의 안수에 대해 들었던 의사일 수도 있고, 다른 사람은 “돌봐주는 사람” 혹은 간호사, 나머지 두 사람은 친척이나 친구일 수도 있다. 그들의 협력과 믿음이 모험을 성공시키는 데 많은 기여를 했다. 몇 년 후, 파브라 의사는 국제 컨퍼런스에서 다음과 같이 설명했다.

"그림 씨가 우리 나라를 방문하기 수년 전에, 우리는 그리스도인 의사들을 위한 연합 모임을 결성했지만, 흥미가 별로 없었고, 지속적인 모임도 활동도 없었습니다. 그분의 방문이 무기력한 우리를 깨워 주었습니다. 그분의 방문이 우리에게 얼마나 큰 의미가 있었는지 모르실 것입니다. 그것은 화약통 뇌관에 불을 붙이는 것과 같았습니다. 그분은 뇌관에 불을 붙여 우리의 마음에 폭발을 일으킨 성령님을 소개해 주셨습니다! 그때부터 우리들 가운데 하나님의 축복이 너무나 분명해서 우리 자신을 거의 인식할 수가 없었습니다. 성령님은 역사하셨고 우리는 단지 그분의 손에 붙들린 도구일 뿐이었습니다."

그 후로, "거룩하게 되어 주인의 용도에 맞게 된 도구들은" 목마른 수많은 환자들에게 생명수를 흘려보내는 통로가 되었다.

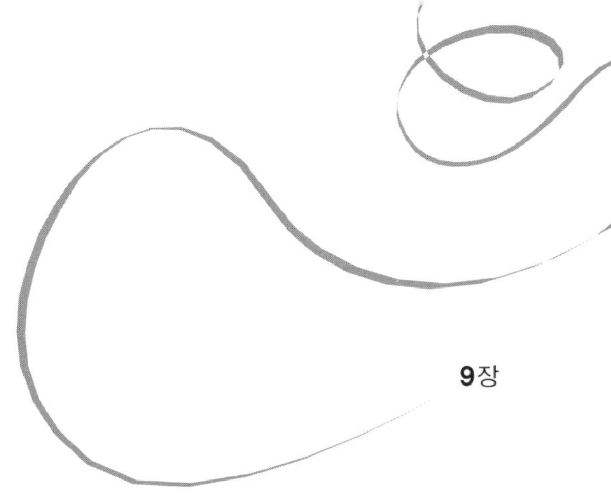

9장

세계의 교차로, 유럽

생동감이 넘치는 파리! 찬란한 빛들의 도시, 시원한 도로들, 장엄한 성당들, 화려한 건물들, 무수한 카페들과 우호적인 사람들. 하지만 그리스도인 방문자의 예리한 눈은 프랑스의 심장 깊은 곳을 갉아먹는 영적 기근을 금방 꿰뚫어 보았다. 프랑스 역사를 공부할 때 프랑스가 기독교 전파에 가치 있게 기여했음을 보면서 격려를 받았다. 지난 암울한 3세기 동안에도 하나님께서는 성장하는 복음주의 사회에서 지속적으로 타올랐던 복음의 불길을 지킨 당신의 신실한 증인들을 가지고 계셨다. 존 칼빈 및 여러 개혁자들을 배출한 나라에 지금도 횃불을 높이 들고 있는 사람들이 있었다.

병원은 어떤가? 프랑스에서 의료인들과 간호사들의 모임을 결성하자고 말했을 때 격렬하게 반대하는 사람들을 만났다.

좋은 의도를 가진 상담자가 "프랑스를 내버려 두세요. 불가능한 상황입니다. 위그노가 도망가고 볼테르가 불신의 흉악한 가르침을 반포했을 때, 프랑스의 모든 희망은 사라졌습니다. 시간, 정력, 돈을 낭비하지 마세요."라고 충고해 주었다.

상황의 본질은 "불가능해."라고 강력하게 말했다. 불신은 "불가능해."라고 슬그머니 설득했다. 이 논제에 대해 조용히 생각하면서 지상명령과 그분의 약속을 주의 깊게 관찰한 후에야 그분의 신실하심을 인정하고, 약속하신 분을 전적으로 의지할 수 있었다. 나는 스웨덴에서 불덩어리가 하늘로부터 서서히 모습을 감추는 석양을 바라보면서 "프랑스에 언젠가는 모임이 탄생할 것이다!"라고 외쳤다. 하나님께서는 이곳 사람들을 사랑하셨고 그들에게 복음을 전할 길을 여실 것이다. 하나님께서 우리가 문제라고 생각하는 것을 발판으로 삼으셔서 자신의 능력을 보여 주시는 경우를 우리는 자주 경험했다. 하나님께서 역사하실 것이고 우리는 그분의 인도를 따라가면 되는 것이다.

프랑스 의료계에 한치의 오차도 없이 서서히, "치료하는 광선을 발하는 의로운 해가 떠올랐다"(말 4:2). 1956년 11월 스코틀랜드 팀과 남아프리카 공화국 팀이 나와 함께 이 나라를 처음 방문하여 관련자들을 처음으로 접촉했다. 그 결과, 환자들을 위한 프랑스 복음주의 연합이 결성되었고 나중에 이것은 프랑스 의료인 및 응급 처치 요원 복음주의 연합이 되었다. 그 당시 만났던 세 명의 탁월한 지도자인 라그니 목사, 아둘 씨, 베쉐 씨 등이 비전을 마음에 품었다.

베쉐 씨의 말을 인용하면, "우리는 매우 바쁜 사람들이었기에 자신들의 열정 때문에 만난 것이 아니라 여기에서 하나님의 손길을 볼 수 있었기 때문에 만났습니다. 서로 이야기하면서 좀 더 매력적으로 변했으며, 이 프로젝트에서 처음 생각했던 것보다 훨씬 큰 어떤 것을 발견했습니다."

하나님께서는 한 걸음 한 걸음 인도하셨다. 1957년 성서 유니온 본부가 있는 궤브윌러에서 컨퍼런스가 열렸고 프랑스 전역에 있는 의료인들이 초청 받았다. 지니 카스카가 새로 결성된 모임의 전임 사역자로 부르시는 하나님의 부르심에 응답한 것이 바로 이곳이었다. 다른 사람들이 돕겠다고 자원했고 함께 모여 기도하면서 다음 단계의 할 일을 알게 되었다.

장미 꽃봉오리가 서서히 커 가는 모습을 본 사람들은 장미꽃이 눈에 보이지 않게 성장하다가 짧은 기간 동안 활짝 핀다는 것을 알 것이다. 봉오리가 돋아나고 세월이 지나면 프랑스에서 세상을 축복할 최상의 아들과 딸들을 배출할 것이라는 사실을 우리는 몰랐지만 하나님은 아셨다.

그들 중 한 사람이 세상에서 가장 어두운 지역들을 개척한 박력 있는 개척자 조세뜨 오르도비니였다. 자매는 오로지 의료인들에게 그리스도를 소개하기 위해 100여 개국을 방문했다. 병원선교회 국제 컨퍼런스에서 전임 사역자로 부르시는 하나님께 응답하여 봉사할 준비가 되어 있었지만 어느 특정 분야의 책임을 부여받지는 못했다. 의료인들을 위한 프랑스 캠프에 가면서 어떻게 조세뜨를 만날 수 있는지 물었다. 놀랍게도 그녀는 산에서 열릴 그 캠프에 어느 지역 대표로 참가한다고 했다.

프랑스어권 나라들, 특히 서부 아프리카의 엄청난 필요가 내 마음에 큰 부담이 되었다. 방해를 받지 않고 이야기할 기회가 있었을 때 나는 조세뜨에게 이 지역에서 할 일들을 설명했다. 자매는 그 일을 하고 싶어 했고, 얼마 후에 그 당시 병원선교회의 손이 닿지 않았던 서부 아프리카에서 사역을 개척하게 되었다. 가 보지 않은 길과 전례 없던 문제들로 인해 자매는 주님의 예비하심과 보호 및 인도에 전적으로 의존했다. 성령님의 임재로 인한 광채가 지속적으로 자매의 길을 비추고 있었다. "성령님은 최고의 조직자"라고 자주 말하는 자매의 말 속에 그분을 의지하는 자매의 간증이 잘 담겨져 있다.

나중에 오지에서도 자매를 오라고 불렀으며, 그 결과로 조세뜨의 여행 지역이 불어권 지역의 오지까지 확장되었다. 나는 이런 많은 지역들을 가 보지 못했지만 겁 없는 프랑스 간호사에 의해 이런 곳까지 복음이 전해진 것에 대해 하나님께 감사한다. 그리스도의 빛은 정글의 진료실이나 열악한 보건소 뿐 아니라 대형 현대 병원에서도 이교도들 및 궤변을 늘어놓는 이방인들의 어두움을 몰아낼 것이다.

수년 후 조세뜨가 나에게 이런 글을 보내왔다.

1980년 1월, 병원선교회에서 전임 사역을 시작한 것은 나에게 엄청난 축복이었습니다. 당신을 택하셔서 나에게 그분을 위해 어떤 분야에서 일해야 할 것을 보여 주신 하나님께 감사드립니다. '불어권 지역'이라는 나에게 전해 주신 소책자가 나에게 병원선교회를 위해 그런 지역들을 방문할 용기를 주었습니다. 주님의 은혜와 힘과 인도하심으로 병원선교회의 비전을 가지고 불어권 나라들을 최소한 한 번은 방문할 수 있었다고 감히 말할 수 있겠습니다. 뿌려진 씨앗과 만난 사람들로부터 하나님 나라의 열매가 맺히기를 기도합니다. 다음 단계는 지상명령의 두 번째 부분인 '제자 삼으라'는 말씀에 순종하는 것입니다.

의료계에서 복음이 급속한 진전을 이루었기 때문에 "밖으로 가장 멀리 비치는 빛이 집에서도 제일 밝다"라는 옛 격언이 프랑스에서는 맞는 말이었다.

프랑스 기독 의료인 및 응급 처치 요원회가 프랑스 의료계에 비전을 가지고 왔으며 이것은 의료업에 종사하는 신자들과 예수 그리스도를 섬기는 교회 전체에 축복이었다. 캠프와 컨퍼런스들을 통해 의료인들이 그리스도에게로 돌아왔고, 신자들의 믿음이 성장하면서 의료인들에게 새로운 장을 열어 주었다.

병원 원장들과 간호학교 교장들이 우리의 사역에 대한 비전을 듣고 고무되어, 우리가 그들의 사무실을 방문해서 함께 기도하고 복음을 전할 기회를 제공해 주었다. 간호사 및 여러 직종에 있는 사람들에게 신약 성경 수백 권을 배포했다.

… 프랑스 의료인 및 응급 처치 요원회의 기도 그룹이 여러 교회의 신

자들, 의료 전문인들과 모여 함께 기도하고 영적 전쟁에 대해 공부했다. 연합 기도의 결과로 몇몇 사람이 그리스도를 영접했고, 프랑스 의료계에 하나님의 나라를 건설하기 위해 그분을 전적으로 의지하기로 했다.

프랑스 기독 의료인 및 응급 처치 요원회의 전임 간사이며 국제 사회에서 중요한 위치를 차지하고 있는 엘리안 드로드가 위와 같이 분석했다. 초창기 프랑스에서 있었던 모임에서 간호대 학생인 엘리안을 통역자로서 만났다. 자매는 그리스도에 대한 헌신 및 병원선교회에 대한 충성심을 꾸준하게 유지했고 유럽 간사들을 돌본 자매의 사역은 귀감이 되고도 남았다.

유명했던 다른 여러 사람들의 이름을 거론하자면 프랑스 의료인 및 응급 처치 요원회에서 몇 년 동안 탁월하게 회장으로 섬겼던 피에르 버나드 의사, 크리스티안 클로펜스타인이 뒤를 이었고, 가치 있는 순회 사역뿐 아니라 여름 캠프 및 스키 캠프를 시작한 크리스타 거스는 《사랑과 섬김》이라는 잡지를 출간하는 데 큰 역할을 담당했었다.

스웨덴에서 말했던 석양의 독백을 하나님께서 들으셨다. 힘을 공급해 주시는 성령님의 빛이 프랑스 땅에 심겨진 씨앗들에 싹이 나고, 꽃이 피고, 열매가 맺게 하셨다. 하나님께 모든 영광을 돌린다!

～⌒～

"우리들 마음속에 각인되어 있는 '전도' 라는 암호를 가지고 새로운 세대로 넘어가자."

1970년에, 전 세계 의료인들을 복음화하고 수천 명의 환자들이 그리스도를 영접하도록 병원선교회에서 24시간 연속 기도를 하자는 제안이 들어왔다. "이 해가 새로운 세대를 시작하는 기점입니다. 시간의 십일조를 드립시다. 앞으로 다가올 10년이 시작되는 금년 한 해를 하나님께 기도하는 해로 드립시다. …” 전 세계 후원자들에게 안내서가 배포되었다. 후원자들이 할 수 있는 때에 기도할 시간을 표시하도록 하였다. 서쪽에서는 칠레에서부터 동쪽에 있는 한국까지, 눈 덮힌 북쪽 아이슬란드에서 남쪽 뉴질랜드까지 엄청난 호응을 얻었고 24시간 동안 끊임없이 기도가 이어졌다. 하나님께서 인도하시고 힘을 주신 것이 분명했다.

당연히 1970년은 엄청난 진보와 채우심이 있었던 해로 병원선교회의 역사에 기록되었다. 우리에게 주어진 많은 유익 중 하나는 유럽 사역을 다지기 위해 네덜란드 본부에 추가된 전임 간사들과 대륙 담당자로 남아프리카 공화국에서 금메달을 받은 간호사 레오노라 반 톤더를 얻은 것이었다. 유럽으로 부름 받은 것이 감동적이었다며 그는 다음과 같이 기록했다.

> 스페인에서 무르익은 옥수수 밭을 여행했던 날이 생각난다. 스페인 말을 몰라 기차 안에서 옆에 있는 여행자와 의사소통을 할 수 없었기 때문에 나는 하나님과 이야기했다. 창문을 내다볼 때 하나님의 음성이 들려왔다. ‘추수할 것은 많은데… 일꾼이 부족하다. 내 딸아, 유럽의 추수 밭에서 나와 함께 일하지 않으련?’ 무르익은 옥수수 밭이 끝도 없이 펼쳐졌지만 옥수수를 추수하는 사람은 한 사람도 없었다.

하늘의 비전은 레오노라에게 진정한 운명을 일깨워 주시는 그분의 부르심으로 이어졌다. 그것은 자매가 고귀한 일을 하도록 선택 받은 사람들의 반열에 들어가는 것이었다. 기다리고 있는 자매의 영혼에 하나님께서 조용하게 그분의 뜻을 말씀하셨다.

1969년 로마에서 열린 병원선교회 국제 컨퍼런스에서 위원회는 레오노라에게 유럽 사역의 책임을 질 것인지 질문했다. 그녀는 다음과 같이 열정적으로 대답했다.

"하나님의 말씀이 사명을 확인해 주셨습니다. '네 고향과 친척을 떠나 내가 네게 보일 땅으로 가라' (행 7:3). 하나님께서 나를 준비시키신 방법에 놀라움을 금할 수 없습니다. 이곳에 본부를 두고, 나는 이 대륙에서 하나님의 나라가 확장되도록 일하겠습니다. 나에게 주어진 임무는 만만치 않은 것이지만 하나님은 모든 상황을 다스리시는 분입니다."

"유럽의 관문"이라고 불리는 로테르담 시에 대륙 사무실을 열었다. 20년 동안 유럽 여러 나라에서 일했고, 유럽을 여러 번 횡단하면서 한 곳에 본부를 둘 필요가 있다는 것이 절실해졌다. 로테르담·전문가인 쟌텐 케이트가 너그럽게도 자신의 상담실 꼭대기층을 사용하도록 허락했고, 1970년에 지더블류 버거플레인 19번지가 유럽 모임의 공식 주소가 되었다.

레오노라는 도착하던 날을 이렇게 기억하고 있었다. "라운지에 들어설 때, 내 마음에 감사와 놀라움이 솟구쳤습니다. 카페트, 커튼, 걸상, 식탁이 있었고 심지어는 사랑스러운 화분들도 우리를 반기는 것 같았습니다. 부엌에는 페인트를 새로 칠했으며, 가스 스토브와 냉장고가 잘 갖추어져 있었습니다. 너그럽게도 우리 아버지께서 모든 것을 준비해 주셨고 로테르담에 있는 하나님의 자녀들이 시간과 물질을 투자해서 우리의 필요를 채워 주셨습니다."

로테르담은 유럽의 관문일 뿐 아니라 병원선교회가 네덜란드로 들어가는 열린 문이었다. 9월 세계 기도의 날에 처음으로 센터를 하나님께 드리기 위해 몇 사람이 모였다. 진정으로 드리는 감사가 그날의 주제였다. 이 방에서 수많은 사람들이 그리스도 안에 있는 새 삶을 찾고 쉼과 용기를 얻는 곳이 될 것이라는 사실을 믿음의 눈으로 보게 되었다.

한편 급속히 성장하는 사역으로 여행을 많이 하게 되면서 자동차가 절실하게 필요했다. 그때까지 레오노라는 기차로 여행하면서 무거운 책들을 들고 다녔고 무거운 가방을 힘들게 끌고 다녔다. 하나님께서 얼마나 너그럽게 기도를 들어주셨는지 에라스미아가 말했다.

"레오노라는 네덜란드의 아름다운 튤립 다발을 들고 스킬폴 공항에서 나를 만났습니다. 내 생각에는 자매가 좀 야윈 편이었고, 창백해 보였지만 열정은 여전했습니다. 버스를 타고 오면서 최근에 일어난 일들에 대해 이야기할 것이 많았습니다. 주님께서 자동차 기금을 더해가셨고, 최근에 네덜란드에 있는 친구로부터 받은 헌금을 더하면 자동차를 사는데 2,000길드만 더 있으면 된다고 했습니다. 우리도 모르는 사이에 그분께서는 말없이 우리를 놀라게 해 줄 일을 계획하셨습니다. 왜냐하면 자매가 그 액수를 말할 때 나는 남아프리카 공화국에 있는 친구로부터 받아온 2009 길드 헌금이 생각났고 그것으로 모든 필요가 채워진 것입니다. 너무 놀라서 말을 못하고 이와 같이 너그러운 방법으로 필요를 채워 주신 하나님께 감사드리기 위해 우리는 복잡한 버스 안에서 머리를 숙였습니다."

꽤 많은 사람들이 참석한 유럽에서의 모임과 1972년 호주에서 열린 국제모임을 챙기면서 장래의 간사들과 지도자들이 훈련을 받아야 할 필요가 있다는 것을 감지했다. 첫 번째 훈련은 지 더블류 버거플레인에서 열렸지만, 머지않아 숙소와 시설이 부족할 것이 분명했다.

더 큰 건물을 찾기 시작했다. 이 기간 동안 유명한 기독교 지도자 부부가 부르두이젠에 있는 어떤 건물이 기독교 단체의 것이 되어야 할 것이라고 기도하고 있었다. 그날 오후 산보 시간에는 그 건물 주위를 돌면서 그것이 주님의 것이라고 선포했다. 놀라운 방법으로 레오노라가 일 년이 넘게 비어 있던 이 저택에 대한 소식을 듣고 찾아가 본 결과, 훈련 센터에 필요한 모든 것이 그곳에 갖추어져 있다는 것을 발견했다. 이상이 실현되었다.

구입하기 위해서는 세 가지 조건이 필요했다.

  – 주인이 아직도 건물을 판다고 할 것
  – 제시한 가격에 주인이 동의할 것

- 계약 날짜에 선금이 마련될 것

레오노라의 열정은 병원선교회 위원들의 마음을 희망으로 불타게 만들었다. 기대를 잔뜩 가진 앤드류 의장이 전 세계에서 소식을 기다리고 있는 사람들에게 구입 가능성에 대한 소식을 전했다. 전 세계 병원선교회 가족들의 후원과 기도가 그 당시 힘의 원천이었다. 무엇보다 기다리는 기간이, 그분의 약속과 그분의 이름이 여호와 이레 즉 그분이 예비하신다는 지식으로 빛이 났다.

1974년 건물이 우리 소유가 되었을 때, 하나님의 위대하심과 우리의 무가치함에 압도당한 우리는 그분께 감사하는 마음을 쏟아 부었다. 르호봇(확장이라는 히브리어)은 진정 하나님의 신실성에 대한 기념비였다. 이곳에서, 지구 저쪽 구석에서 온 학생들이 환영을 받고 병원선교회의 기본 원리를 배웠고, 병원선교회의 목적과 사역을 알려 주는 성경 지식을 배웠다.

- 기도는 영적 활동에 필수라는 인식
- 전도의 중요성, 사람들이 잃어버린 자신들, 지옥과 천국의 실제성에 대한 깨달음
- 지상 명령에 순종하여 그리스도의 제자들을 훈련시킬 필요성

그 후 몇 년 동안 병원선교회의 훌륭한 간사들과 지도자들이 르호봇에서 훈련을 받았다. 그들은 영적·지식적으로 풍성해졌을 뿐 아니라 성령님의 역사에 의해 성품이 가꿔지고 성숙해지게 되었다. 그 후로 르호봇은 단순한 훈련 센터뿐 아니라 많은 사람들에게 안식처였고 용기를 얻는 곳이 되었다. 레오노라와 팀원들은 학생들에게 놀랄 만한 사역을 실시했다.

나중에 레오노라가 아시아에서도 병원선교회가 필요하다는 것을 감지했을 때, 크리스 스테인 의사를 국제 훈련 담당자로 임명했다. 크리스와 아내

엘리제는 6명의 자녀들과 함께 네덜란드에 근거를 두었고 얼마되지 않아서 완전히 "네덜란드화" 되었다. 스테인 의사는 국제 이사회에서 중요한 회원이 되었고 탁월한 가르치는 은사를 가지고 있어서 필요에 따라 세미나 강사로도 활약했다. 그는 나중에 대 유럽의 대륙 담당자로 임명되었고, 트리니다드에서 온 안젤리나 샌디와 함께 국제 훈련 책임을 맡았다.

성령님의 부드럽고 온화한 영향력에 나라가 하나씩 노출되면서 유럽 의료계에 잔잔한 성령의 바람이 불어왔다. 이 장에서 거론된 나라들 이외에 오스트리아, 벨기에, 독일, 지브랄타, 이탈리아, 말타, 모나코, 포르투갈, 스위스 등이 빡빡한 여행 일정에 한 몫을 했다. 이 나라들을 방문하는 데 몇 년이 걸렸으며 자주 가는 나라들도 있었다.

간사들과 지도자들이 부상하여 모임의 비전과 사역을 강력하게 밀고 나갔다. 이렇게 하기 위해서는 대가를 치러야 했지만 "한 알의 밀이 땅에 떨어져 죽으면" 하나님께서 풍성한 수확을 보장하셨다.

보다 강력한 모임이 다른 땅에서 드러나는 무지한 그룹들에 대해 기도하며, 관심을 가지기 시작하면서, 입양 계획이 여러 사람들로부터 좋은 반응을 받았다.

❧❧❧

이른 아침의 햇살이 흩어져 있는 구름 위에서 빛날 때 우리가 탄 비행기는 고적의 도시 아테네에 착륙하고 있었다. 우리는 그리스에서 특별히 성경 배포 사역을 놀랍게 실시하고 있는 동양 선교사회의 손님이었다. 약 200만 부의 성경 혹은 성경의 일부가 가정마다 비치되어 있었다. 아레오바고 언덕에서 사도 바울이 유명한 설교를 한 후 수천 년 만에 처음으로 이와 같은 일이 이 땅에서 허용되었다. 아크로폴리스 꼭대기에서 푸른 하늘을 향해 서 있는 판테온 신전의 웅장한 윤곽, 쉽게 잊을 수 없는 장면을 보았다. 이방신에게 바쳐진 이토록 웅장한 신전은 분명 세계적으로 장엄한 건축물이며 찬란한 그리스 문화의 건축물이었다. 인간에게 지나가는 모든 순간들처럼, 아름다움이 거짓 신과 함께 사라져 버렸다. 그들은 죽었고 아테네 역사의 따스한 햇살 가운데 사라져 버렸다.

작은 돌산에 불과한 그저 그런 아레오바고 언덕에서 사도행전 17장에 기록된 바울의 위력 있는 설교가 수백만의 그리스도인들의 가슴 속에 살아 있었다. 한 사람이 언덕 자락에 있는 돌판에 기록된 내용을 열심히 옮겨 쓰고 있는 모습을 보고 그 내용이 인쇄된 형태로 들어 있는 성경을 주기로 약속했다.

바울의 말이 기억났다.

하나님께서는 천지의 주재시니 손으로 지은 전에 계시지 아니하시고 또 무엇이 부족한 것처럼 사람의 손으로 섬김을 받으시는 것이 아니니 이는 만민에게 생명과 호흡과 만물을… 하나님을 금이나 은이나 돌에다 사람의 기술과 고안으로 새긴 것들과 같이 여길 것이 아니니라(행 17장).

데살로니가에 들어갔을 때 다음 일요일에 선거를 앞두고 있었기에 흥분과 긴장이 고조되었다. 그리스 사람들은 살아 있는 과거의 유산들로 인해 정치를 진지하게 받아들였다. 투표를 하지 않는 시민은 벌금을 내야 했다. 신문들은 선전으로 가득 찼고 상대방을 향한 비난으로 난장판이었으며 거리는 후보자들의 사진과 이름이 적힌 종이들로 어지러웠다.

교회에서는 종전대로 수요예배가 진행되었고 세 곳에서 설교 초청을 받았다. 다른 지역을 기준으로 본다면 참가자들은 양호한 편이었다. 더 중요한 것은 주님께서 가까이 계신다는 것이었다. 데모스테네스 캇사르카스 의사가 데살로니가에서부터 카테리니까지 동행하면서 친절하게 통역해 주었다. 그분과 아내인 에브니키의 우정과 지원에 감사했고, 우리가 알고 있는 비전이 그들의 가슴속에 불타고 있었다. 의과대학생이었던 데모스테네스는 이 나라에서 있었던 초창기 병원선교회 모임에서 비전을 받았고 그것이 자신의 영적 삶 및 의사로서의 삶에 전환점이 되었다고 말했다. 그의 관점에서는 의학은 단순한 과학이 아니라 예술, 즉 육신적, 정신적, 영적인 분야에서 사람들을 돕는 예술이었다. 그의 삶에 생기를 불어넣고 환자를 전인적으로 치유하는 복음 병원을 설립하는 것은 흔들리지 않는 목적이었다. 엄청난 역풍이 있었음에도 불구하고, 끊이지 않는 하나님의 파도가 그를 앞으로 밀고 나갔으며 데살로니가에 있는 성 누가 병원이 오늘날 사랑이 많으신 주님을 기념하면서 우뚝 서 있다.

카테리니는 베뢰아(행 17:10–11)에서 그리 멀지 않았고, 유명한 올림푸스 산 자락에 있었다. 그곳에 도착했을 때는 비가 내리고 있었는데, 낮은 구름 아래에 있는 유명한 산을 사진에 담으려 애써 보았다. 올림푸스의 또 다른 그리스 이름은 구름을 끌어당기는 산이라는 "네필리기레티스"이다.

경험적으로 볼 때 카테리니에는 언제나 프로그램들이 많았다. 이번에는 몇 시간마다 교회나 "텐트메이커" 성경학교, 혹은 젊은이들 중에 모임이 산재해 있었다. 세상에서 가장 큰 규모의 그리스 복음주의자 그룹이 카테리니에 집중되어 있다.

주일 아침 예배에 약 1,000명이 참석했고, 성경의 책장을 넘기는 소리가 마치 천사가 날개치는 소리 같았다. 나는 "랍비여 어디계시오니이까?"(요 1:38)라는 본문으로 말씀을 전했고 기념할 만한 그날 저녁에 주님과 동행했던 두 제자와 정말로 함께한 것 같았다.

예배 후 약 500명 정도가 강당에서 슬라이드를 보았고, 우리는 모임에 대한 비전을 나누었다. 아프리카, 유럽, 중동, 극동에서 많은 진전이 있다고 말해 주었다. 몇몇 사람들로부터 "지난 번에 당신이 이곳에 온 이후로 우리는 정기적으로 당신을 위해 기도했습니다."라는 말을 들을 때는 기쁨이 넘쳤다. 다른 여러 나라들에서 이룬 성과에도 이 중보기도가 결정적인 역할을 하지 않았는가?

지난 전쟁의 약탈 후에, 그리스 사람들은 고대 전통 문화를 가진 이 땅의 아름다움을 회복하기 위해 단호하게 일어섰다. 아테네에 인상적인 건물들이 들어섰고, 그것을 보는 우리의 마음도 상쾌했다. 그분의 영광을 위해 자녀들이 세우고 싶어 하는 살아 있는 돌들로 구성된 건물은 어떤가? 아테네 거리뿐 아니라 파리, 베를린, 암스테르담, 런던, 로마, 그리고 기타 유럽 도시에 있는 수천 명의 남녀들은 마치 목자 없는 양 같았다. 교회에 나오지 않는 무수한 사람들 이외에, 어떤 형태로든 예배에 참석하는 사람들이 많지만, 그들은 생명의 떡이 없어서 굶주리고 있었다. "문자 설교" 즉 실체가 아니라 겉과 그림자만 다루는 설교가 그들이 가진 전부이기 때문에 그들은 무지와 불신 속에 죽어 있었다.

앞을 보지 못할 정도의 눈보라와 눈사태의 두려움을 안고 여행하는 사람처럼 저 너머에 있는 집과 안식처를 보지 못하고, 길 잃은 땅에서 넘어지고 있었다. 그리스도가 없으면 소망도 없다. 그들의 절규가 이어진다. "내 영혼을 돌봐 주는 사람은 아무도 없습니다."

교회에 오는 사람들보다 의료 시설을 찾는 사람들이 더 많다. 잃어버린 영혼들은 숫자가 적어도 한 번 또는 그 이상 의료진들을 만나게 된다. 환자를 돌보는 사람들이 스스로 하나님께 가는 길을 발견했다면 영원한 생명을 주시는 분에게로 환자들을 인도할 수 있을 것이다. 그렇지 않다면 어떻게 되겠는가? 이 비전이 성취되는 것을 보기 위해 열정, 건강, 시간, 힘, 생명까지 주고 싶은 열정이 마음 속에서 솟아나왔다.

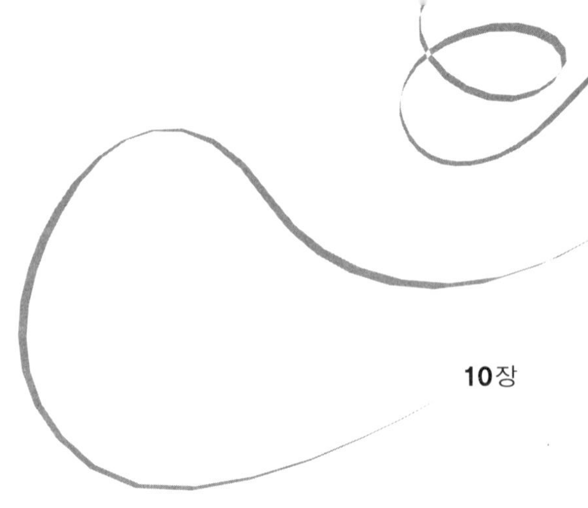

10장

로맨스

비서가 공항까지 나와서 배웅해 주었다. 그녀가 손을 내밀어 악수를 청했을 때 잠시나마 공식적인 관계를 잊은 그녀의 눈망울 속에서 아쉬움을 발견했다. 그녀는 눈으로 "당신이 돌아오기를 기다리겠어요."라고 말하는 것 같았다. 자매는 나의 모든 편지를 정성스럽게 관리했고, 나의 여행을 차질없이 계획했으며, 지난 22년 동안 함께 일하면서 없어서는 안 될 사람이 되었다. 내 편에서는 공식적인 인사 그 이상, 즉 개인적인 그 무엇은 없었는가?

"없었어. 할 일이 많은 내가 이런 개인적인 감정을 즐기면 안 되지. 40개국을 방문하려면 14개월은 여행을 해야 할 텐데, 이렇게 중요한 일을 위해 기도하며 생각해야지."라며 감상적인 생각을 뒷전으로 물려버렸다.

에라스미아는 관계가 좋은 가정 출신이었다. 아버지는 그리스 출신으로 전통적인 가계에 역사적으로 전해지는 고유의 가치관을 가지고 있었다. 존 조지 프란가키스는 음푸말랑가 지역의 개척자 중 한 사람이었고 학식이 있는 편이었으며, 일곱 아들에게 지식을 공급하는 샘이었다. 그는 인생이란

달력에 기록된 시간을 따라 살아가는 것 이상이라고 했다. 즉 이상을 실현하기 위해 최상의 노력을 경주하는 것이라고 강조했다. 그는 자녀들에게 지속적인 격려를 아끼지 않는 사람이었다.

그의 아내 마가렛은 따뜻한 마음으로 신실하게 가족들을 위해 기도하는 여성이었으며 나중에 세계병원선교회의 가족이 되기도 했다. "저의 어머니는 훌륭한 어머니인 동시에 가장 좋은 친구였습니다. 어머니의 기도가 나의 인생 여정을 붙들어 주었고 하나님과 동행하는 나의 발걸음을 든든하게 해 주었습니다."라고 에라스미아가 이야기하곤 했다.

사랑이 넘치는 가정에 남동생 마이클과 존 그리고 여동생 마가렛, 타쏘, 캐롤과 룻이 병원선교회를 위해 일하는 나를 전심으로 지원했다. 그들 모두가 하나님을 사랑하며 섬겼고 풍성한 너그러움이 그들의 삶 가운데 언제나 흘러넘쳤다.

사랑의 끈이 그들을 단단하게 묶고 있었지만, 17세의 나이에 전례 없이 하나님께서 에라스미아를 전임 사역자로 부르셨다. 그녀와 식구들이 어느 날 밤 농장에서 가졌던 모임이 생각났다. 나의 메시지는 이사야 6장이었고, 요한이 "추수 밭에서 부르시는 주인의 음성을 들으라"는 노래를 불렀다. "누구를 보낼꼬, 누가 우리를 위해 갈꼬?"라는 말씀이 자매에게 엄청난 확신과 함께 다가오는 것에 경외감을 금치 못했다. 그날 저녁 늦게 자매가 누가복음 10장 2절에 있는 "… 추수할 것은 많되 일꾼이 적으니 그러므로 추수하는 주인에게 청하여 추수할 일꾼을 보내 주소서 하라"는 말씀을 읽을 때 하나님께서 부르심을 확인해 주셨다. 그녀는 부모님의 보살핌을 받으며 따뜻한 방안에 앉아서, 추수하시는 주님께 일꾼을 보내시라고 기도할 수가 없었다. 새가 둥지 주변을 맴도는 한 날아오르는 감격을 맛볼 수 없다. 수영하는 사람이 얕은 물가에서 물장구만 치고 있으면, 바다의 파도를 타는 환상을 경험할 수 없는 것이다. "제가 여기 있습니다, 주님, 나를 보내소서."라는 것이 온 마음을 다한 그녀의 기도였다.

에라스미아가 어머니에게 거룩한 부르심에 대해 이야기했을 때, "나는 네가 태어날 때 너를 이미 하나님께 드렸고 하나님의 때에 하나님의 일을 하도록 너를 불러 달라고 기도했단다. 내가 이런 기도를 하고 있다는 것을 너에게 말했더라면 네가 억지로 순종해야 한다는 부담을 가졌겠지만 이제 는 네가 '내가 누구를 보낼꼬?' 라고 하시는 그분의 부르심을 직접 들었으니 내 마음이 한없이 기쁘구나."라고 대답하는 그녀의 음성은 부드러웠다.

하나님의 부르심에 응답은 했지만, 어디서 섬길 것인가? 사역과 선교에 관해 수많은 제안을 받았지만 젊은 그녀의 마음에 드는 것이 없었다. 기다 리는 동안 그녀는 호수에 비치는 그림자는 오직 호수가 전적으로 잔잔할 때 만 보인다는 것을 깨달았다. 이와 같이 하나님의 뜻도 자매의 욕망이 완전 히 사라졌을 때 분명해질 것이며 하나님께 전적으로 순종할 때 찾아오는 평 화에 대해서도 알고 있었다.

어느 날 병원선교회로부터 사무실에서 일할 사람이 급히 필요하다는 기 도 편지가 왔다. 그 자리에서 일하겠다는 지원서를 제출할 때 평안이 그녀 를 감쌌다. 전국 위원회에서 면접할 때, 한 여성 위원이 에라스미아가 너무 어리다면서 "열일곱 살 소녀가 어떻게 하나님의 부르심을 알 수 있겠습니 까?"라고 의문을 제기했다. 한 나이 드신 위원께서 "소녀에게 입증할 기회 를 줍시다."라고 호의적으로 받아넘겼다. 그녀는 당연히 받아들여졌다.

몇 년 동안 비즈니스 학교, 사무실 행정, 컨퍼런스 준비, 병원 전도 등에 대해 힘든 훈련을 받았다. 나중에, 국제 컨퍼런스 준비를 포함한 국제 사역 이 늘어남에 따라 더 많은 책임이 부여되었고 결국 나의 비서가 되었다.

비행기가 구름 위로 올라가면서 칠흑 같이 검은 머리, 장미빛 볼에 흰 옷 을 입고 공항 경계선에 서 있는 그녀를 알아볼 수가 없었다. 시간이 지나면 서 나는 왜 이 모습이 나에게 그토록 중요하게 되었는지 여러 번 자문해 보 았다. 이러는 과정에 만약 용감한 청년이 성큼 나타나서 그녀를 데려가면 어쩔 것인가? 이 부분에 대해서는 우주를 창조하셨을 뿐 아니라 자신을 따르는 사람들의 길을 아시는 그분의 손에 맡기는 수밖에 없었다. 하나님께서 모든 것을 계획하셨기 때문에 섣불리 내가 관여하게 될 순간을 만들고 싶지 않았다.

여정은 계속되었다. 넘치는 축복, 잃어버린 자들로 인한 아픔, 조용한 신뢰, 극도의 고독과 피로, 이 모든 것들이 향수에 젖은 합주곡의 선율처럼 흐르고 있었다. 연주의 지휘자는 하나님이시고 주제는 그분의 신실하심임을 깨달았다. 계획, 기도, 여행, 그밖의 것들이 있었지만, '하나님의 신실하심'이라는 박동치는 후렴이 나를 재촉하고 있었다. 선율이 부드럽기도 하고 슬프기도 하고, 열정적이기도 하고 감동적이기도 하듯 서로 다른 역할을 하는 중요한 움직임들이 있었지만 이 모든 것들은 언제나 하나님의 주권 아래 있었다. 주님께서는 "볼지어다 내가 세상 끝날까지 너희와 항상 함께 있으리라"(마 28:20)라고 하셨다. 그분의 강력한 임재가 점점 강해졌다.

45개국을 방문한 14개월의 여행이 끝났다. 마지막 방문국인 나이지리아에 비행기가 서서히 접근하고 있었다. 며칠만 묵는 것이 아니라, 전국 각지에서 참석할 의사와 간호사들을 위한 10일 동안의 컨퍼런스에 초청을 받았다. 성령의 놀라우신 바람을 타고 갈 때 엄청난 축복이 임했다.

드디어 집에 왔다! 공항으로 마중 나온 간사들 중에 장미꽃 같이 눈에 들어오는 사람이 있었다. 바로 에라스미아였다. 그녀의 이름은 "사랑받는 자"라는 의미였고 그녀는 지금 나에게 그런 존재였다. 태연한 척 하려고 노력했지만 반짝이는 눈빛, 홍조를 띤 그녀의 얼굴은 기쁨으로 충만한 자신의 감정을 숨기지 못했다.

내 마음에도 역시 기쁨이 있었지만 점점 나에게 사실로 다가오는 그녀에 대한 내 마음을 전할 적절한 시간을 기다려야 했다.

어느 화창한 가을 오후 태양이 서산을 향해 넘어가고 있을 때 함께 산책하자고 에라스미아를 초청했다. 에라스미아는 뜻밖의 초청에 다소 놀란 듯 했다. 태양이 지평선 아래로 사라지면서 둥근달이 떠올라 아련한 흰 빛으로 들판을 뒤덮을 때까지 우리는 한동안 걸었다. 부드러운 침묵이 세상을 둘러 쌌을 때 기회가 왔다는 느낌이 들었다.

내 마음이 어떠했는지를 들은 그녀는 잠시 동안 말이 없었다. 말이 없다 는 것은 내가 너무 늦었다는 의미인가? 다른 사람이 이미 사랑을 고백했는 가? 그러나 그녀의 침묵은 기도였다. 서로의 사랑을 확인한 이 순간이 말하 기에는 너무 거룩해서 단지 하나님께 감사하고 있었다.

바로 그날부터 2년이 지난 5월 4일, 우리는 서로를 향한 사랑의 닻을 올 렸다. 결혼 선서를 하면서 우리는 "이날이 주님께서 만드신 날"임을 알고 즐기며 기뻐했다. 우리는 오랜 친구인 H.D.A 듀 토 교수의 주례로 켐톤 공 원에서 결혼식을 올렸다. 행복한 순간을 축복하기 위해 약 500명의 하객이 참석했다. 로우 알버츠는 결혼식 책임자였다. 건배나 설교 대신에 세계병원 선교회 이사님이신 보키 반 데 스퓨이 교수와 나의 동생 칼 그림이 우리뿐 아니라 병원선교회의 국제 사역을 위해 기도했다. 게다가 신부의 요청으로, 내가 "어린양의 혼인 잔치"(계 19:5-9)라는 주제로 설교했다. 나는 천국 신 랑을(마 25:1-13) 맞이하기 위해 준비해야 한다는 것을 강조했다. "신부는 모든 족속과 방언과 백성과 나라들로 되어 있다"(계 5:9). 그래서 전 세계 각 국에 있는 의료팀 회원들에게 복음을 전한다는 병원선교회의 비전이 중요 한 것이다.

결혼 하객 중에는 병원선교회 간사들을 수년 동안 무료로 돌봐준 유대인 의사가 있었다. 어느 일요일에 그분이 자기 집에서 점심을 먹자고 우리를 초대했다. 식사 후에 그는 "저, 프란시스 선생님. 저희 가족들에게 복음을 전해 주시고 '어린양의 혼인 잔치'에 대해 좀 더 자세히 이야기해 주세요." 라고 말했다.

그들에게 그리스도를 전할 수 있는 얼마나 좋은 기회인가!

복음은 영원한 로맨스의 일부이다. 아득한 옛날, 하나님 아버지께서 아들을 위해 혼인 잔치를 준비하셨다. 삼위일체의 세 번째 분께서 신부를 예비시키는 사례에 대해 말하겠다. 방콕에서 통역하던 한 사람이 자신의 삶에서 역사하신 하나님의 독특한 일을 자신의 말로 설명했다.

"몇 년 전, 나는 통제할 수 없는 고통을 당했고, 내 자신의 죄 때문에 슬픔에 잠긴 비참한 사람이었습니다. 으깨진 영혼으로 다리에서 뛰어내려 내 인생을 물에 빠뜨리고 내 인생의 비참함도 물속으로 던져 버리려고 했습니다. 다리로 가면서 다 떨어진 청바지 주머니에서 약 1페니 정도의 돈을 발견하고 길거리에서 튀긴 바나나를 샀습니다. 바나나를 찢어진 성경에 담아 주었는데 거기에는 예수께서 군대 귀신을 쫓아낸 거라사의 남자 이야기가 있었습니다(막 5장).

철저한 불교 신자로서 성경을 읽어본 적이 없었기 때문에 '이런 일이 정말 있었을까?' 라고 자문했습니다. 희망이 희미한 새벽 햇살 같이 솟아나서 다리로 가지 않고 교회를 찾았습니다. 거기서 나에게 구원의 길을 이해하도록 도와준 성직자를 만났습니다.

그분이 나에게 갈보리 십자가에서 나를 포함한 세상의 모든 죄를 지시고 죽으신 구원자에 대해 말해 주었습니다. 그분의 속죄로 나는 죄와 허물로부터 자유로울 수 있고, 그분을 믿음으로써 소망과 새 삶을 얻을 수 있다는 것을 알았습니다. 나는 물에 빠진 사람이 지푸라기를 잡는 심정으로 기쁜 마음으로 이 진리를 붙들었고 그리스도를 나의 구주로 영접했습니다. 나에게 무슨 일이 생겼는지 설명할 수는 없지만 거라사인을 구원하신 그분이 나에게 동일한 일을 하셨다는 것은 확실하게 알았습니다."

자살하려고 했던 사람이 이제 절망에 빠진 사람들에게 소망의 메시지를 전하는 능력 있는 설교자가 되었다.

거룩한 염려에 대한 또 하나의 사례를 의사인 아내 도로시와 함께 태국에서 우리와 수년 동안 동역했던 에드먼드 로즈 박사가 이야기해 주었다.

병동을 향해 가면서 환자가 어떤 모습일지 궁금했습니다. 내가 아는 것은 마노롬 마을에서 온 68세의 태국 할머니라는 것뿐이었습니다. 전날 저녁 어려운 개복 수술을 도와달라는 연락을 받았을 때 할머니는 이미 마취된 상태로 수술포가 덮혀 있었습니다.

복부 패혈증이 있는 상태로 대 수술을 받았기 때문에 환자가 약하고 비참한 모습일 것이라고 예상하고 문을 열었습니다. 놀랍게도 자그마한 노인은 침대에 반쯤 기대어 있었고, 청명하고 밝은 눈으로 나를 똑바로 바라보았습니다. "유타이 씨 안녕하세요? 저를 모르시겠지만요, 저는 지난 밤에 당신을 수술했던 외과 의사입니다. 제 이름은 로즈입니다. 좀, 어떠신가요?"라고 먼저 말했습니다.

"어제보다 훨씬 좋습니다. 선생님 고맙습니다."라고 전혀 약하거나 흔들리지 않는 목소리로 대답했습니다. 사실은 할머니의 생기 있고 힘찬 목소리에 놀랐습니다. "저 있잖아요, 유타이 씨. 하나님께서는 당신을 사랑하시는 게 분명합니다." 내가 말을 이어가는데 할머니가 궁금한 표정으로 쳐다보았습니다. "어제 하나님께서 저를 1,400킬로미터를 달려 마노롬에 오게 하셨습니다. 당신을 수술하기 위해서였지요. 다른 이유가 없었습니다. 그분에 대해 더 듣고 싶으세요?" 유타이 할머니가 고개를 끄덕였습니다.

그래서 내가 그저께 그냥 북쪽에 있는 마노롬으로 가야겠다는 확신이 생겼을 때 어떤 일들이 생겼는지에 대해 할머니에게 말했습니다. 그때가 금요일이었고, 나는 태국 남쪽에 있는 송크라 남자 감옥에서 진료하고 있었습니다. 보수적인 데다 충동적이고 비이성적인 행동은 하지 않는 성격인 나는 계속 진료를 했습니다. 잠시 후 오전 11시경에 있었던 이상한 확신에 대해 재분석했습니다. 여전히 확신이 강하게 남아 있다면, 방콕으로 가는 비행기에 자리가 있는지 확인해 보고 싶었습니다. 확신은 여전해서, 11시 20분에 핫 야이에서 떠나는 비행기 표를 예약했지만 비행기가 12시 15분에 출발하기 때문에 서둘러야 한다는 말을 들었습니다.

비행기 표를 살 돈이 충분치 않아서, 돈을 찾으러 은행에 갔습니다. 당연히 금요일 아침 그 시간에는 동시에 서비스를 받으려는 사람들로 은행이 복잡했습니다. 기다리는 줄이 네 줄이 있었고, 나는 겨우 문 안으로 들어가 줄 맨 끝에 서 있었습니다. 그렇지만 하나님께서 함께 하셨습니다. 은행원이 저를 보더니 다른 사람들을 무시하고 "로즈 선생님, 어떻게 도와드릴까요?"하면서 저를 불러냈습니다.

"4,000 바트가 필요합니다."

그는 앞에 있는 서랍에서 돈을 꺼내면서 "여기 있습니다."라고 했습니다.

"통장은요?"라고 물으면서 통장을 들고 흔들어 보였습니다.

"걱정 마세요. 돈을 받았다고 여기다 사인만 하시면 됩니다. 통장은 나중에 정리하지요."라고 대답하더군요.

어떤 은행에서도 이런 일이 일어난 적이 없었고 심지어 돈이 급히 필요하다는 말도 하지 않았습니다. 은행에서 걸린 시간이 20분은 커녕 2분도 채 되지 않았습니다. 이런 일이 일어나도록 하신 분은 주님이라고 확신했습니다. 그날 내가 마노론에 가기를 원하신다는 것을 확인해 주셨습니다.

집으로 달려와서 필요한 물건 몇 개를 가방에 집어넣고는 비행기 표를 사기 위해 항공사 사무실로 행했습니다. 그때가 11시 40분이었습니다.

"서두르셔야 합니다, 35분 내에 핫 야이에서 비행기가 떠납니다. 아시는 대로 공항까지는 40킬로미터나 됩니다."라고 사무원이 말했습니다. 서둘러 차를 타고 아내와 함께 핫 야이로 향했습니다.

공항에 도착해 보니, 출발 수속하기에는 이미 늦었기에 출발 수속대로 가면서 수도 없이 미안하다고 했습니다. 그러자 "천만에요, 비행기 출발이 연기되어서 시간이 있습니다."라고 사무원이 우리를 안심시켜 주었습니다. 심지어는 비행기도 하나님의 주권 아래에 있어서 내가 탈 수 있도록 붙들어 두셨습니다! 방콕 공항에서부터 곧바로 북쪽 버스 정류장으로 가서 마론으로 가는 관광 버스를 탔습니다.

병원으로 들어가는 길 입구에서 버스를 내린 때가 금요일 저녁 8시 반이었습니다. 걸어가면서 내가 왜 여기에 왔는지 알 수가 없었습니다. 선교사님이 그 길로 오시다가 나를 보시고는 깜짝 놀라셨습니다.

"안녕하세요, 에드. 여기서 뭐하세요?"

"저도 모르겠습니다."라고 하고는 선교 병원 게스트 하우스로 향했습니다.

방에 도착해서 가방을 내려놓는데 밖에서 전화 벨 소리가 울렸습니다. 받았더니, 바로 나에게 걸려온 것이었습니다. 수술실에서 의사가 건 전화였습니다.

"에드, 방금 오셨다는 이야기를 들었는데 지금 수술실에 선생님이 필요합니다. 오실 수 있겠습니까? 저는 응급 개복술을 하려고 합니다. 제가 감당 못할 일이 환자에게 생기면 선생님이 오셔야 하겠습니다."

말할 필요도 없이, 곧 수술실로 가서 도움을 줄 수 있었습니다. 그 환자가 바로 당신, 유타이 할머니이셨고, 맹장염이 터져서 몇 일 지났기 때문에 응급 수술을 해야 했던 것입니다.

내가 마노론에 도착하게 된 과정을 설명하는 동안 유타이 할머니는 나에게서 눈을 떼지 않았습니다. "보세요, 유타이 씨. 하나님께서는 당신을 아주 많이 사랑하시는 것이 분명합니다. 보통은 매우 침착한 나를 그분이 흔드셨고 비정상적인 방법으로 일을 하도록 하시므로 나의 보수적인 태도를 흔들어 놓아야 하셨습니다."라고 결론을 내렸습니다. 정신이 나간 상태로 할머니는 고개를 끄덕였습니다.

"그분에 대해서 더 듣고 싶으세요?"라고 물었을 때, 할머니는 그러고 싶다고 대답했습니다.

그래서 나는 창조에서부터 시작해서 죄 많은 인간들을 위한 하나님의 구원 계획에 대해 설명해 주었습니다. 한번도 주위가 산만해지지 않고, 이따금씩 동의한다는 듯 고개를 끄덕였습니다. 마지막에 이런 하나님을 의지하고 예수 그리스도를 구주로 믿으시라고 할머니를 초청했습니다. 할머니는 주저하지 않고 주님을 영접했습니다.

그 다음 날 나는 버스로 마노론을 떠나 방콕으로 가서 남쪽으로 가는 비행기를 탔습니다. 3주가 지나서 유타이 할머니로부터 세 통의 편지를 받을 때까지 나는 할머니에 대해 아무 소식도 들을 수 없었습니다. 세 편지 모두 기본적으로 같은 내용이었습니다.

"에드, 당신은 유타이 할머니가 마을에서 어떤 사람인지 모르시겠지만, 우리는 그 할머니가 지난 25년 동안 복음과 관련된 모든 일에 반대한 사람이라는 것을 압니다. 그는 별나게 독실한 불교 신자였고, 기독교로 개종한 사람을 실족시키기 위해 항상 논란을 벌였습니다. 처음에는 과거의 경력 때문에 할머니가 주님께 돌아오는 것은 불가능한 일이라고 생각했지만, 우리는 이제 할머니가 불교를 떠나 기독교인이 된 것에 감사합니다."

유타이 할머니는 지금도 마노론에 살고 계시며, 남편과 뇌출혈로 46살 된 아들을 잃는 가족들의 불행에도 불구하고 주님을 향한 사랑이 식지 않고 있었다. 할머니 집에서 셀 그룹이 정기적으로 모이고 가끔 할머니를 방문하는 사람들이 주님께서 하실 수 있는 일을 보면서 용기를 얻고 있었다.

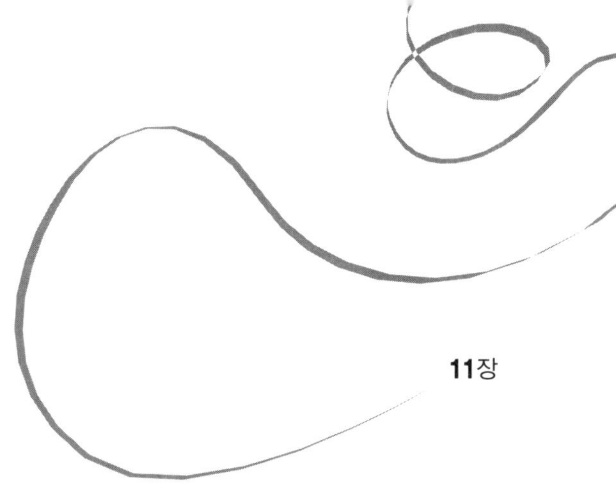

11장

이국적인 동부

1962년 성탄절 전날 밤에 나는 나만의 "약속의 땅"을 향해 가는 비행기에 앉아 있었다. 내리고 싶었지만, 그럴 수 있을지는 별개의 문제였다. 한번은 내가 비자가 없었기 때문에, 관리자들은 내가 타고 온 비행기로 즉시 자기 나라를 떠날 것을 명령했다. 내가 직면했던 난처한 상황을 모두 이해하기 위해 테헤란에 도착했던 금요일 밤으로 돌아가 보자. 나의 난처한 상황은, 병원선교회 연례 컨퍼런스에 나를 초청 연사로 초대한 두 나라에 입국할 비자가 없다는 것이었다. 테헤란은 지구상에서 가장 오래된 제국의 수도이다. 유명한 페르시아의 도시에서 두 개의 불확실한 비자를 받아야 했기 때문에 큰 기대를 가지고 그곳에 도착할 것을 기다리고 있었다.

고국의 여행사 직원이 전문가적인 미소를 지으며 초조해 할 필요가 없다고 안심시켜 주었지만 그것은 아무 도움이 되지 않았다. 내가 여행하는 도중에 비자가 발급되어 나를 기다리고 있어야 했다. 그러나 나이로비에는 비자가 없었다.

그쪽 여행사에서 고무 도장 찍는 절차를 신속하게 처리해 달라고 요청하는 전보를 보내겠다고 제안했지만, 우리가 이미 전보를 여러 번 보냈다고 말했다. 그럼에도 불구하고, 재확인하는 차원에서 또 한번 보냈다. 카이로에서도 그 작업을 반복했고, 베이루트에서도 반복했다.

"얼마나 흥미로운 여행이었는가!"라고 누군가 외치는 소리를 들었다. 사실이 그러했다. 영사관 사무실마다 걸어 둔 국무총리, 독재자, 왕들의 사진은 다양했지만, 내가 여덟 번에서 열 번 정도 전보를 보낸 후의 대답은 천편일률적이었다.

토요일 아침 일찍 비자를 받을 희망이 있는지 알아보기 위해 테헤란에 있는 관련 대사관에 전화를 걸었다. 여러 번 반복적으로 노력한 후에 접수 직원은 무덤덤하게 다음과 같이 대답했다.

"당신 이름이 기억나지 않지만 서류를 찾아 보겠습니다."

얼마 동안 그렇게 했지만 헛수고일 뿐이었다.

"몇 시간 내에 대사관 행낭을 항공으로 본부 사무실에 보내면서 당신의 상황을 이야기하겠습니다."라고 제안했다.

그렇게 해서 일이 해결된다면 얼마나 좋겠냐고 하면서, 신경써줘서 고맙다고 했다.

복잡한 기분으로 멀지 않은 다른 대사관으로 갔다. 여기서도 내 말을 들어 주지 않았다. 내가 보낸 모든 전보는 도대체 어떻게 된 것인가?

"대사님 좀 만나게 해 주세요."하고 강력하게 요청했다.

그건 너무 파격적이어서 중간 직원을 만나야 했지만 나는 높은 사람을 만나게 해 달라고 지속적으로 요청했고 마침내 대사 사무실에 들어가게 되었다. 대사는 동정심을 가지고 내 이야기를 듣고는 아무것도 해 줄 수 없는 것이 유감스럽다고 말했다.

"비자 없이 한번 들어가 보시지 그러세요? 일이 잘못 되더라도 기껏해야 다음 비행기로 돌려보낼 뿐일 텐데. 최소한 공항에서 간청할 수 있는 당당한 기회는 가질 수 있을 것입니다. 그래도 내가 그러더라고는 말하지 마세요. 나는 아무것도 모른다고 말할 테니까요."라고 그가 미소를 지으면서 말했다.

감사한 마음으로 악수한 후에 사무실을 나왔다. 그 대사관에서 일하는 보좌관들 중 절뚝거리며 걷는 외팔이 장로님이 한 분 계셨다. 친절한 마음씨를 가진 그분이 나의 난처한 입장을 알고 나를 여러 사무원들에게 안내해 주었다. 그리고는 모든 일이 잘 풀릴 것이라고 격려해 주었다.

"제 고향에 가셔서 선교 병원에서 일하시는 솔베이그 의사에게 안부를 전해 주셨으면 합니다. 그 여자 의사분께서 저를 수술해 주셨고 저를 많이 도와주셨습니다."

어쨌든 그분은 희망적이었지만 나는 아직 그분의 고향에 가지 못하고 있었다. 그러면서 그날은 지나갔고 지금 내가 여기서 잠시 이야기하는 일은 몇 시간에 걸쳐 일어난 것이었다.

다음 날 아침 혹시나 하면서 다시 찾아갔다. 이 나라에서는 일요일이 정상 근무일이었다. 아무 것도 접수된 것이 없었다. 미국 미션에 돌아와 점심을 먹고 있는 중간에 전화가 걸려왔다.

"비자가 나왔습니다." 상냥한 목소리였다.

얼마나 좋은 소식인가! 비자를 가지러 금방 가겠다고 말했다. 어느 곳에서도 느끼지 못했던 기쁜 마음으로 택시를 타고 대사관으로 갔다. 우연히 어디선가 테헤란 사람들이 "택시 승객들은 사고를 구경하기 위해 앞자리에 앉는다"는 내용을 읽었다. "여기서는 한 갤런에 6건의 사고를 당한다"고 비꼬듯이 말했다.

그러나 다른 나라에서는 아무 이야기도 없었다. 네덜란드 항공 사무실에서 받은 질문들이 비자 없이는 나를 받아줄 의향이 없음을 내비췄지만, 나는 승객 담당자에게 우리나라에 있는 네덜란드 항공사 지점에서 안내 편지를 쓰도록 해 달라고 간청했다. 이 편지에서는 나를 "존경하는 후원자 그리고 절친한 친구"로 묘사했다. 그가 편지를 주의 깊게 읽은 후 근무자세로 돌아갔다. 그 사람이 만약 네덜란드 항공사에서 일자리를 잃는다면, 성공적인 변호사가 되기에 전혀 문제가 없어 보였다. 내 사건을 무관심한 항공사에 진정하는 그의 태도에 놀라움을 금치 못했다.

그러나 나를 데리고 가지는 않았다. 그리고 그는 다른 항공사 사무실의 상대방에게 전화해서 유창하게 설명했다.

"확실하게, 그를 보내면 우리가 받겠습니다."라는 대답을 얻었다.

승객 사무실에 몇 분 정도 있었다. 시원시원하게 생긴 젊은 직원이 나에게 인사했다.

"저희들이 선생님을 확실하게 모시겠습니다. 손해배상 서류에 서명하시고 저녁 9시까지 공항으로 나오십시오."

그를 끌어안을 뻔 했다! 공식절차는 끝났고, 택시를 불러서 두르우드 부스 목사님이 의사와 간호사들을 위해 모임을 주선한 알보르즈 재단에 갈 시간이 충분했다. 은혜로운 모임이었고 모인 사람들의 호응도 좋았다. 그 후 통상적인 비자를 대신하는 금쪽 같은 손해 배상 서류를 가지고 공항으로 향했다. 떠나기 전에 공한 홀에서 부스 목사님과 함께 기도했다.

내가 탄 비행기는 밤 1시 30분에 착륙했고 잠시 후에 나는 엉덩이 뒷쪽에 큰 총을 차고 있는 화난 경찰과 대면했다. 그의 목소리가 수천 개의 비수 같이 나를 찔렀다.

"당신은 타고 온 비행기로 즉시 돌아가시오."라고 언성을 높이며 명령했다.

그러나 나는 외국에 있는 이 나라 대사로부터 이때가 바로 내가 당당하게 호소할 수 있는 기회라고 비공식적으로 조언을 듣지 않았는가? 그래서 그렇게 했다. 비자 문제로 이민국 담당자와 대면한 것이 이번이 처음이 아니었다. 몇 년 전에도 비슷한 곤경에 처했었고 금단의 땅에 나를 남겨두고 이륙하는 비행기의 엔진 소리를 들으면서 얼마나 신이 났었는지를 분명하게 기억하고 있었다. 대형 여객기의 이륙 소리를 들을 때 동일한 느낌이 들었다.

경찰과 관광객 사이의 토론이 거세게 붙었다.

한쪽에서는 거칠게 협박하고 있었고, 반대쪽에서는 이민국 측에서 나의 전보에 응답하지 않았다. 나는 정말로 이렇게 아름다운 나라를 방문하고 싶었고, 오늘이 우리 종교에서는 거룩한 성탄절이라 옛 친구들과 함께 시간을 보내고 싶다고 부드럽게 설명하고 있었다. 지난 며칠 동안 나는 느헤미야가 적을 만났을 때 그리고 아닥사스다 왕을 만났을 때 했던 것처럼 기도했다. 내가 이 땅의 어두운 지역으로 복음을 들고 갈 때 여러 사람들이 나를 위해 기도하고 있다는 것도 알고 있었다. 결국은 경찰이 나의 상황에 대해 자세한 경위서를 작성하라고 명령했다. 나는 즉시 경위서를 작성하면서 가능한 정중한 단어들을 사용했고 잘 이해할 수 있도록 썼다. 새벽 5시 30분 경에 심문하던 경찰이 보다 공손한 목소리로 다음과 같이 말했다.

"당신이 마음에 듭니다. 당신에게 유리하도록 말하겠습니다."

전쟁은 끝났다.

"매우 친절하게 대해 주셔서 감사합니다."라고 화답했다.

그 후 나는 벤치에 누워 두 시간 동안 잠이 들었다. 아침 7시 30분, 안전을 위해 현지인과 동행해야 했기에 시내에 있는 친구들에게 전화했다. 하나씩 차례로 전화하다가 마지막으로 성삼위 목사관의 털리 여사에게 연락이 닿았나. "자매가 와서 친구가 되어 줄 수 있을까?"하고 물었다.

"예, 그럼요. 30분 내에 공항으로 나가겠습니다."라고 털리 자매가 대답했다.

자매는 나에 대해 들어본 적이 없었고 공항은 시내에서 18킬로미터 떨어져 있었다. 나는 마태복음 10장 42절에 있는 "냉수 한 잔"과 상급에 대해 언급한 것이 기억났다. 하나님, 털리 여사에게 복을 내리소서! 모든 것이 정리되고 비자가 나오기까지 우리는 공항과 도시를 세 번이나 왕복했다. 결국 세 번째 갔을때, 내 짐 가방을 찾을 수 있었고 국내선으로 뮬탄에 가는 승객들에게 탑승하라는 안내 방송을 들었다.

내 좌석에 털썩 주저 앉아 안전벨트를 매고 나니 웃음이 나왔고 내 생각에는 눈물도 좀 흘린 것 같았다. 몇 개월 동안 그리고 24시간 전까지만 해도, 이 모든 것들이 불가능해 보였다. 그러나 여기 지금 내가 앉아 있고, 기독 의사회 컨퍼런스 전에 성탄절을 함께 보낼 선교사 친구들을 만나러 가고 있었다. 마음 속에서는 잠긴 문을 열어 주신 그분에게 그리고 매일 나를 위해 기도해 준 친구들에게 감사가 넘쳤다. 사도행전 12장에서는 베드로를 감옥에서 풀려나게 한 성도들의 기도에 대한 기록이 있다. 이상의 이야기는 성도들의 기도가 나를 어떻게 이 나라에 들어오게 했는지에 대한 이야기였다. 이 나라에 오기 위해 드렸던 기도, 정신적 긴장, 사용한 시간 및 돈에 걸맞는 방문 결과가 나올 것인가? 오직 하나님만 알고 계셨다.

이어지는 행사들로 인해 내가 이 나라를 여러 번 방문한 것이– 몇 주 후에 비자를 받아 방문한 것도 포함해서– 그분의 귀하신 아들의 나라를 확장하는 데 놀라운 방법으로 사용되었음이 입증되었다.

낙푸르에서의 마지막 밤에 선교 병원 직원들과의 만남, 대형 의과 대학 병원과의 약속, 그리고 그 사이에 쿡 박사와의 저녁 약속을 포함해 세 건의 약속이 있었다. 이후에, 마드라스행 야간 비행을 위해 홀가분하게 공항으로 갈 수 있을 것 같았다. 지리적으로 낙푸르는 인도의 중앙, 마드라스로부터는 동북쪽에 있었다. 내가 인도 기독 의사회에서 개최하는 연 2회 컨퍼런스에 말씀을 전해 달라고 초청받은 곳이 낙푸르에서였고, 이 초청을 시작으로 아시아 및 극동 아시아 30개국을 방문하는 8개월의 여행이 시작되었다.

놀랍게 이어지는 행사들 가운데 인도 기독 의사회 총무이신 제이 씨 데이비스를 알게 되었다.

어떤 분이 우리에게 인도 사역을 위해 상당한 양의 이름과 주소 리스트를 보냈고 나는 비서에게 우리 모임의 브로셔와 안내 편지를 각 사람에게 발송해 달라고 부탁했다. 그 당시에 사무실에는 전자 장비가 하나도 없었으므로 에라스미아는 편지 하나 하나를 직접 타자로 작성해야 했다. 자정이 훌쩍 넘어섰는데 데이비스 의사의 이름이 거의 마지막 부분에 있었다. 몇 시간 타자를 친 후, 미묘한 유혹이 그녀에게 다가왔다. "당신이 명단 중간 부분에서 그만 둔 것을 아무도 모를 것이다. 이미 지쳤고 할 만큼 했다. 나머지는 넘어가라." 그러나 "네 손이 일을 얻는 대로 힘을 다하여 할지어다"(전 9:10)라는 명령의 중요성을 인식하고 있었기 때문에 그녀는 끝까지 하기로 다짐했다. 이것이 모든 일을 끝까지 해야 한다는 정신 속에 들어 있었다. 게다가, 그분의 말씀에는 "무슨 일을 하든지 마음을 다하여 주께 하듯 하고 사람에게 하듯 하지 말라"(골 3:23)라고 권고하고 있었다. 그녀는 위원회를 위해 일하지도 않았고 리더를 기쁘게 하기 위해 일하지도 않았으며 오로지 주님을 섬기려고 했다. 그분에게는 모든 이름이 소중했다.

데이비스 박사는 내 편지에 답장을 보낸 사람 중 한 명이었고 그 사람으로부터 친절한 초청장을 받게 되었다. 아시아 및 극동 아시아의 지도를 펴 놓고, 인도를 넘어 여행할 것을 결정했으며 이것이 1963년에 여행을 하게 된 계기가 되었다. 만약 데이비드 의사에게 보냈던 편지가 없었다면 어떻게 되었을까? 선교 병원에서 간호사들을 만났던 모임으로 돌아가 보자.

입구에서 나를 만난 영국 간호사가 요한나 엔젤라와 내가 1951년 영국 미들섹스 병원에서 강연할 때 우리를 만났다고 말했다.

강의실이 가까워지면서 아름다운 인도풍 찬송의 선율이 흘러나왔고 거기에는 약 20명의 의사와 간호사들이 카페트 위에 둥그렇게 앉아 있었다. 오늘 전할 메시지는 '내가 좋아하는 것으로서 세상에서 가장 위대한 일에 관한 것'이라고 말했다.

"그게 뭔지 아십니까?" 물었고 잠시 후, 고운 색의 사리를 입은 간호사가

"하나님의 사랑"이라고 대답했다. 자신이 그리스도인이라는 무언의 증거가 환한 얼굴에 나타났다.

"맞습니다. 사도 요한이 그의 첫 번째 서신에서 말하기를 하나님은 사랑이시라고 했습니다. 이것이 성경에서 유일하게 하나님을 정의한 것입니다. 사람이 하나님의 형상으로 창조되었다는 것을 명심합시다. 인간은 그토록 아름다웠던 상태에서 타락했고 죄와 두려움이 수백만의 사람들을 지배하면서 국제적으로, 인종적으로, 사회적으로, 개인적으로 갈등과 긴장을 일으키고 있습니다." 그리고 "당신들이 사랑 이상의 것을 추구한다면 이미 과녁을 놓친 것입니다."라고 말하며 추종자들로부터 거룩한 설교자라고 칭송받았던 존 웨슬리에 대해 말해 주었다. 그리고 말을 이었다.

사도 바울은 웅변을 높이 평가하는 고린도 성도들에게 편지하기를, 말을 잘하는 천부적인 능력을 가지고 천사의 말을 해도 사랑이 없으면 소리나는 구리와 울리는 꽹가리와 같다고 했다. 예언의 능력이 있고 하나님의 비밀을 알고, 우주의 모든 지식을 가지고 있고, 산을 움직일 만한 믿음이 있다 해도 사랑이 없으면 아무것도 아니라고 했다. 심지어 가난한 자들을 먹이기 위해 자신의 모든 것을 나눠주고 자신의 몸을 불태우는 최고의 희생을 치러도 사랑이 없으면 아무 유익이 없다고 했다.

그렇다면 사도 바울이 기술한 사랑의 속성과 특성을 자세히 살펴보자. 사람이 거울을 보는 것처럼 그것들을 살펴보았다. 우리의 삶 가운데 엄청난 잘못과 찌꺼기 같은 것들이 드러났다. 고린도전서 13장은 분명 완벽을 보여 주는 수정 같이 맑은 거울이다. 오래 참는 것 온유한 것, 남을 배려하는 것, 남의 유익을 구하는 것이 얼마나 아름다운가! 사랑 안에는 인내와 영원이 들어 있지 않은가!

우리가 사랑의 삶을 살아야 하지 않겠는가?

하나님의 사랑이 "우리 마음에 부은 바 됨이니"(롬 5:5) 이런 삶을 사는 것이 가능하다. 주 예수 그리스도를 각자의 구주로 영접할 때 이런 일이 일어날 것이다. 그분은 갈보리 십자가 위에서 우리의 죄를 사하시기 위해 죽으실 때 자신의 영원한 사랑을 나타내셨다.

기도로 모임을 마칠 때 방 안에는 거룩한 침묵이 흘렀고 사랑이신 하나님께서 가까이 계시다는 것을 느꼈다.

곧 우리는 의과 대학 병원으로 향했고 거기서 간호부장의 영접을 받았다. 베란다를 걸으면서 간호부장이 "간호사들이 기다리고 있습니다. 예수님에 대해 말씀해 주시고 좋은 자매들이 되라고 말씀해 주세요."라고 말했다.

나는 몇 명의 선택된 중견 간부들이 모인 작은 모임일 것이라고 짐작했다. 대형 홀에 들어서는데 놀랍게도 150여 명이 기립 박수로 환영하는 것이 아닌가! 간호부장이 나의 세례명과 성을 정확하게 발음하면서 나를 소개했다. 자주 있는 일이 아니었다.

그날 밤의 슬라이드에는 성지의 내용이 들어 있었고 나는 대부분이 힌두 교도들인 청중들에게 그리스도는 죽었다가 살아나셨다는 것을 상기시켰다. 그분은 제자들에게 전 세계로 가서 사랑과 구원의 복음을 모든 사람들에게 전하라고 명령하셨다. 그래서 내가 인도에 왔으며, 이 메시지는 여러 분들 모두에게 해당되는 것이라고 말했다.

모임을 마치면서 간호부장이 자기 아파트에서 차를 마시자고 초청했다. 차를 마시면서 다신론을 가진 힌두교에 대해 설명했다. 그들은 여러 신과 절대적인 망각과 무존재 즉 궁극적인 열반을 숭배한다. 이 모든 것들이 비인간적이고 추상적이라고 생각했다. 반면에 그리스도는 우리의 죄값을 완전하게 치르시고 죽음에서 부활하신 살아 있는 인격체이며, 다른 신들처럼 동일한 일을 반복해야 하는 분이 아니다.

그분을 믿는 자들은 인간적인 연합과 인격체이신 하나님과의 교제를 즐긴다. 인격체만이 인격체에게 만족을 줄 수 있다. 수백 명의 간호사들에게 지대한 영향을 줄 수 있는 사람에게 그리스도를 전할 수 있어서 감사했다.

곧 나는 공항에 도착했고 비행기는 자정 경에 이륙했다. 별들이 박힌 인도의 하늘을 날면서 하나님의 사랑과, 사람들을 구원하기 위해 영화롭게 준비하신 것을 다시 한번 생각했다. 시편 147편은 별들의 숫자를 세시고 각 별의 이름을 부르시는 그분이 상한 마음을 고치시고 상처를 싸매시는 분임을 생각나게 했다. 저 밑에 있는 인도의 도시와 마을에는 그분의 치유와 구원의 위로가 필요한 사람들이 수억 명이나 있다. 누구를 보내며 누가 그분을 위해 갈 것인가?

이런 부담에 대한 한 가지 해결책이 몇 년 후에 젊은 원목이 되었던 브이오 체리안의 글 속에 나타나 있다.

저는 스물여덟 살이며 기혼자입니다. 미약하지만 제가 전국 병원선교회를 결성하고 간사로 일할 수 있는지 알고 싶습니다. 제 사역이 기독의과 대학과 루드히아나 병원 신우회와 연관되어 있기 때문에 주님께서는 제가 의료인들, 의료 보조인들, 간호사들 및 환자들에게 사역하는 경험을 쌓게 하셨습니다. 저는 케랄라 대학에서 이학사 학위를 취득했고 에오트말에 있는 유니온 성경 신학교에서 신학사 학위를 받았습니다. 1972년 3월 신학교를 졸업하고 저는 루드히아나에 있는 병원선교회 센터에서 특별히 대학생들을 위해 간사로 섬겼습니다.

체리안과 그의 아내인 프라이스키는 네덜란드 병원선교회 본부에서 훈련 받은 후, 인도에서 놀라운 사역을 시작했다. 수도 없는 장애에도 불구하고 수년 동안 인내하며, 기도와 전도로 인도뿐 아니라 외국에까지도 병원선교회의 비전을 확산시키고 제자훈련을 실시했다. 그들의 신실함과 식을 줄 모르는 열정이 간사팀에 합류한 여러 사람들의 마음에 동일한 불이 일어나게 하였다.

⟲ ⟳

우리는 습기가 많은 마드라스에 밤 3시 30분에 도착했다. 호텔에 가기에는 너무 늦은 시간이었기에, 새로운 친구들을 만나는 새 날을 시작하기 전에 나는 인도 항공 대기실에서 몇 시간 쉬었다.

동료들과 환자들에게 그리스도를 소개하기 위해 모든 간사들이 협력해야 할 필요성에 대해 강조한 곳이 마드라스에 있는 고급 병원이었다. 말씀을 마친 후 의사 한 분이 나와서 모임에 대해 이야기했다.

"저는 진심으로 이 비전을 추천합니다. 우리 병원에서 가장 성공적인 전도자들 중 한 사람은 미화원이었습니다. 청소 도구를 들고 병동에 들어가서 바닥을 닦는 가장 낮은 일을 시작하면서, 자매는 옆에 있는 환자에게 말을 겁니다. 주제는 예수님이었습니다. 대부분 환자들은 자매를 무시하고 신경쓰지 않지만 가끔씩 반응을 보이는 사람들도 있었습니다. 계속 바닥을 닦으면서, 병동 안으로 계속 들어가면서 환자들이 들으라고 목소리를 높입니다. 곧 다른 사람들이 가담하고 조금 있으면 열띤 토론이 벌어지고 수많은 질문에 대답하기 위해 원목이 불려옵니다. 이런 방식을 통해 많은 사람들이 그리스노에게 돌아왔습니다."라고 열정적으로 말했다.

그 의사는 "나는 정기적으로 미화원을 위해 기도합니다."라는 충격적인 말로 이야기를 마감했다.

인도 병원선교회 컨퍼런스에서 강연을 마친 후, 럭나우에서 인도 복음주의협회 컨퍼런스를 위해 2일을 보내야 한다는 느낌이 들었다.

이렇게 하려면 델리에서 1,600킬로미터를 날아가야 했다. 그러나 거기서 만난 인도 선교사들이나 사역자들은 차치하고라도 기대하지 못했던 사람을 만났기 때문에 거기에 간 것이 잘한 일이라고 생각했다. 그 사람은 일본 새 생명 리그의 프레드 박사였다. 1951년 잉글랜드에서 만난 후 이번이 처음이었다. 동쪽으로 여행할 것이라는 나의 계획을 들은 후, 나에게 "도움이 되는 주소들"을 자발적으로 건네주었다. 프레드 자비스는 내가 유럽에 대해 아는 것보다 극동 아시아에 대해 더 잘 알고 있었다. 선교사 게스트 하우스 연락처, 기독교 사역자들 그리고 내가 4만 8,000킬로미터를 여행하는 데 매우 긴요하게 필요한 교회들의 주소를 주었다. 일본에 대해, 자비스 박사는 몇 가지 중요한 지침을 주었고 자기 사무실을 쓰도록 내어 주었다. 내가 거기 가서 그분을 만난 것이 얼마나 다행인지 몰랐다. 하나님께서 나를 위해 "예비하신" 만남이었다.

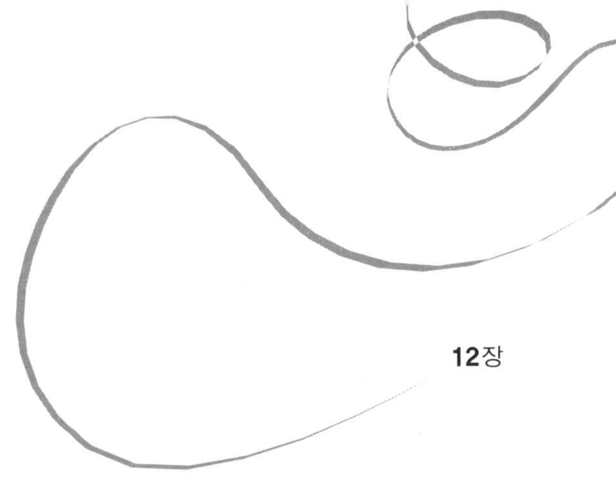

12장

최고봉

내가 다르질링을 방문한 데는 여러 가지 이유가 있었다. 일차적으로 병원에서 일하는 사람들에게 복음을 전하는 것이었지만, 세상에서 가장 높은 웅장한 히말라야를 보고 싶은 것도 이유였다. 공교롭게도 히말라야라는 말은 '눈의 고향'이라는 뜻이었다. "힘"은 '눈'이고 "알라야"는 '집'이나 '거하는 곳'이라는 뜻의 접미사이다. 정확한 발음은 "힘-알라야"(Him-Alaya)이다.

나르질링에 미무는 동안 히말라야는 안개 속에 감추어져 있었다. 도착했을 때 마치 여행자들이 요청하는 부분에 장막이 걷힐 것처럼 내가 어느 방향으로 보고 싶은지 물었다. 그러나 완전히 보여 주고 싶어 하는 것 같지 않아서 며칠을 기다려야 했다. 그러던 어느 날 아침 홀연히 안개가 걷히고 눈으로 된 빛나는 망토를 걸친 가첸운가를 보았다. 숨이 멎는 것 같았다! 말로 표현할 수가 없었다. 그 모습은 항상 거기에 있었지만 안개 속에 숨겨져 있던 것이다. 때로는 우리의 인생도 무료해지고 흥미가 없어져서 "찬란한 비전"을 잃어버린 것 같은 때가 있다. 이런 때에는 비록 "보이지는" 않지만 그것이 여전히 그곳에 있다는 것을 명심해야 한다.

그리스도인들은 보이는 것이 아니라 믿음으로 살아야 한다. 나이 많은 모세처럼, "보이지 않는 그분"(히 11:27)을 볼 때 우리는 인내할 수 있는 것이다.

이번 여행에서 나는 다르질링에 있는 등산 연구소에서 텐진 느르가이를 만났다. 그는 겸손하고 아주 편한 사람이었다. 세계에서 가장 높은 산봉우리를 최초로 정복했던 에드먼드 힐러리 경과 에베레스트 정상에 올랐을 때의 기분이 어떠했는지 물었다. 과거에 많은 사람들이 시도했던 것을 해내서 그저 기뻤다고 대답했다. 실제로 누가 먼저 정상에 도달했는지도 물었다. 그는 그냥 미소를 지을 뿐이었다.

유명한 네팔인 등산가와 이야기하고 있는 동안, 우리의 대화를 영적인 수준으로 끌어올려 달라고 속으로 기도했다. 갑자기 영감이 떠올라서 이렇게 말했다.

"저도 등산에 관심이 많습니다."

"정말이세요? 당신도 등산에 관심이 있다고요?"라며 반갑게 소리쳤다.

"예, 영적인 등산이요."라고 말을 이었다.

"도대체, 영적인 등산이 뭔데요?" 시선을 집중하며 물었다.

"첫 번째 발걸음은 그리스도를 믿는 것입니다."라고 설명했다.

중요한 것은 첫 발을 내디디는 것임을 강조했다. 그리고 나서 위로 올라가는 과정을 분명하게 설명했다. 등산하는 과정에서 그리스도가 안내자이시며 동행자라고 말해 주었다.

그는 아무 말없이 정중하게 듣고 있었다. 에베레스트 정상을 정복할 용기를 가졌던 사람과 이야기한 것이 영광이라는 마음을 가지고 악수했다.

인도에 있는 동안 컨퍼런스에서 강연해 달라는 초청을 받고 파키스탄을 잠깐 방문했다. 며칠 동안 인도를 떠나기 위해 외국인들은 델리에서 "귀국에 문제가 없다"는 허락을 받아야 했다. 게다가 이웃 나라에 가기 위해 비자가 필요했지만 본국 사무실에서 허락이 떨어지지 않았다. 인도에서의 일정이 빡빡해서 더 이상 요청할 시간적 여유가 없었다. 컨퍼런스에서 정시에 강연을 하기 위해 이웃 나라로 나를 데려다 줄 비행기가 델리에서 목요일 오후 2시 45분에 출발하기로 되어 있었다. 수요일 저녁에 델리로 돌아와서 "귀국에 문제가 없다"는 증명서를 받고, 그 다음 날 아침에 비자를 받을 계획이었다. 그날이 어떤 힌두 성인을 기념하는 공휴일이라는 사실을 알게 된 목요일 아침에 내가 얼마나 황당했는지 상상해 보라. 외국인 등록 사무실이 공식적으로 휴무이고 몇 사람의 직원들이 당직근무를 하는 정도였다. 그 정도의 직원들은 도저히 이렇게 중요한 서류를 발행할 수 없었다.

외국인들을 위해 마련된 커다란 의자에 앉아서 좁은 창문으로 비치는 인도의 푸른 하늘을 바라보고 있었다. 마음으로 기도했다. 잠시 후, 전화가 걸려왔다. 한동안 사무실을 떠나 있었으므로 혹시나 해서 "우연히" 사무실에 전화했던 그 부서의 책임자였다. 그 사람이 나의 답답한 이야기를 듣고 아래 직원들에게 즉시 그 허가서를 발행해 주라고 지시했던 것이었다.

파키스탄 사무실에서는 내가 보낸 전보와 신청서에 대해 아무런 대답이 없다고 말했다. "담당자가 윗사람에게 내 여권을 가지고 가는 동안 기다려도 되겠는가?"라고 물었다. 30분 정도 기다린 후, 여권을 가지고 간 사람이 무엇을 하는지 알고 싶어서 사무실을 나왔다. 그 사람은 소중안 나의 여권을 움겨진 채 잔디에 앉아서 햇볕을 쬐고 있었다. 바로 그 순간 잘 차려입은 노년의 신사가 옆에 있는 사무실에서 나와서 어디론가 가려 하고 있었다.

급하게 그 사람 뒤를 쫓아가면서 "실례합니다."하고 불렀다. 걸음을 멈춘 신사가 나의 설명을 듣더니 사무실로 돌아갔다.

"당신이 신청한 것과 전보에 대해 아무런 응답을 받지 못했고 비자 발급 허가가 나오지 않았습니다. 그러나 내가 직접 해 보겠습니다." 그러더니 나를 쳐다보면서 "하나님의 축복이 있기를"이라고 덧붙였다.

"하나님의 축복이 당신에게도!"라고 응답했다.

오후 2시 45분 컨퍼런스에 참석하기 위한 나의 여행이 시작되는 첫 단계
로 들어가고 있었다. 피곤했지만 하나님 아버지의 인자하신 돌보심으로 인
해 기뻤다. 왜 그 담당자가 외국인 사무실에서 전화를 걸었으며, 왜 막 사무
실에서 나오는 파키스탄 직원을 바로 그 순간에 만났는가? 하나님께서는
분명하게 당신의 목적을 이루시고 계셨다. 감사와 경배의 마음으로 그분 앞
에 머리를 숙였다.

스웨덴에서 에마 잉이 나에게 보낸 편지가 늦게 도착했다. 분주한 봄베
이 어느 거리에서 친구들과 이야기하고 있는데 수줍어 보이는 유럽 여성이
우리에게 다가오고 있는 것을 발견했다.

"무엇을 도와드릴까요? 혹시 길을 잃으셨나요?"라고 물었다.

"저는 네팔에서 사역하는 스웨덴 선교사인데, 몇 년 전 스톡홀름 근처 보
르겐에서 의사와 간호사들을 위한 컨퍼런스에서 선생님을 뵈었습니다. 저
를 기억 못하시겠지만, 제 이름은 에마 잉입니다."라고 대답했다.

자매는 스웨덴에서 온지 얼마 되지 않았고 그날 저녁 네팔로 갈 참이었
다. 매우 복잡한 도시 봄베이의 길거리에서 수많은 사람들 가운데 우리가
만난 것이었다. 차를 함께 마셨다. 저녁을 먹으면서 떠드는 사람들과, 시끄
러운 동양 음악의 소음 가운데 우리는 환자들을 돌보는 사람들 중에 역사하
시는 그리스도의 사랑과 그분의 인자하심에 대해 이야기를 나누었다. 하나
님의 복되신 임재 가운데 소굴 같은 장소에서 우리는 함께 기도했고 주님
안에서 힘을 얻었다.

인도 방문 지역 중 마지막 도시로 캘커타가 들어 있었다. 배당된 시간이 짧았지만 최대한 활용하고 싶었다. 숙소가 정해지기 전에 보통 나는 공항과 도시 사이를 버스로 이동했다. 그러나 유명한 호텔이라고 다 좋은 것이 아니었기에 이번에는 공항에서 카레이 침례교회에 계시는 콜렛 목사님께 전화해서 적절한 호텔을 추천해 달라고 부탁했다.

"목사관에서 저희들과 함께 지내시면 어떻겠습니까? 저는 막 기독인 사역자 연합회 컨퍼런스에 가려는 참인데요, 지체하지 마시고 시내로 들어오시면 저와 함께 가실 수 있겠습니다."라고 대답했다.

공항 직원이 시내로 가는 버스가 곧 출발한다고 소리를 질러서 수화기를 되돌려 놓을 경황이 없었다. 잠시 후 우리는 콜렛 목사가 나를 기다리고 있는 터미널에 도착했다. 우리는 곧 사역자 컨퍼런스 장소에 도착했고 난데없이 참석자들에게 이야기하라고 나를 불러세웠다. 기독교 사역자, 일반 성도 및 목회자들이 청중들이었기에 매우 가치있는 그룹이었다. 인도, 파키스탄, 미얀마, 스리랑카의 도시 교회 사람들도 있었다. 도움이 되는 여러 사람들을 만났다.

내가 방문하는 동안 이런 컨퍼런스가 열렸고, 모임이 있을 때 비행기가 도착했고, 도시가 아닌 공항에서 전화할 수 있었고, 나와 동행하기 위해 콜렛 목사님이 기꺼이 기다려 주신 이 모든 것들이 얼마나 놀라운 일인지 알 수가 없었다. 우연이라고? 그 이상의 것, 즉 하나님의 예비하심이었다!

⌘

뉴델리 쟌파스 호텔 방에 있는데 전화벨이 울렸다.

밤 2시 30분이었다. 랑군행 비행기를 타기 위해 깨워 달라고 부탁한 접수처의 직원이 정확한 시간에 전화를 건 것이었다. 가방을 이미 싸 두었기 때문에 택시를 타기까지 시간이 얼마 걸리지 않았다. 쾌적한 아침에 조용한 거리를 달리는 동안 택시 안에서 열대 지방의 신선한 아침 공기를 마시며 기분 좋게 공항으로 향했다. 탑승권, 세관, 여권 검사의 일상적인 과정이 끝나고 출발 대기실에 앉아 30분 정도를 기다리고 있었다. 벌써 30분이 지났나! 기술적인 문제로 인해 비행기 출발이 한 시간 연기되어 5시 45분에 출발할 것이라고 영국 항공 직원이 발표했다.

그러나 이것도 하나님께서 준비하신 것이었다. 기다리는 동안, 비행기들마다 머나먼 지역으로 데려다 주기 위해 거대한 진공 청소기처럼 사람들을 다시 끌어 모을 요량으로 탑승객들을 토해내는 모습을 바라보고 있었다. 이렇게 토해낸 승객들 중에서 한 사람이 대기실 저편에서 나에게 다가와서 "안녕하세요, 그림 형제님!"이라고 명랑하게 인사했다. 어디서 본 것 같긴 한데 누군지 알 수가 없었다. 자신이 테일러이며 캄보디아 선교사인데 방금 베트남에서 오는 길이라고 설명해 주었다.

"24시간 동안 랑군을 방문하신 후 어디로 가실 계획입니까?"

"방콕으로 갑니다."

"안토니 딥이 방콕에 있는 크리스천 얼라이언스 게스트 하우스에 있는 것을 아십니까?"

"안토니 딥이라고요!"

"맞습니다. 당신을 만나고 싶어 할 것입니다."라고 미국식으로 말했다.

금방 "하늘에서 내려와" 잠깐 동안 소중한 소식을 전해 준 사람과 악수하고 헤어졌다. 비행기 출발이 연기되었기 때문에 이런 일이 일어날 수 있었다. 말할 필요도 없이 방콕에 도착해서 얼라이언스 게스트 하우스에 예약했다. 나를 처음으로 영접한 사람이 안토니 딥이었다.

자신의 여행 계획이 변경되었다고 설명했고 며칠 후에 캄보디아와 베트남으로 갈 것이라고 말했다. 중동에서 나와 함께 동역한 소중한 사람이었기에, 극동 아시아 전체에서 급하게 만나고 싶은 사람은 안토니 뿐이었다. 불타는 비전을 가슴에 품은 채 그는 복음이 전해지지 않은 이들 나라에 있는 의료인들 중에서 도움이 되는 사람들을 만날 기회를 찾고 있었다.

클롱이라고 알려진 메남 채오 프야 강의 꾸불꾸불한 지류들 위에 도시가 건설되었기 때문에 방콕을 "동양의 베니스"라고 부른다. 다양한 색깔의 떠 있는 시장들과 수백 척의 배들, 여러 가지 모양과 다양한 크기의 대나무 뗏목들이 물길을 따라 왕래하고 있었다.

내 여행 계획에 관광은 거의 없었지만, 이번에는 강에서 하루를 즐기기로 했다. 수상 상점에 있는 여행 안내원은 예의바른 젊은이였고, 여행자들을 즐겁게 하기 위해 최선을 다했다. 지나가는 배에서 바나나를 사서 승객들에게 나눠주기도 했다.

여러 개의 절이 있는 것을 보고 종교에 대해 이야기하는 것이 자연스럽다고 느꼈다. 지나간 수천 년 동안 이 절들에서 불공드린 사람들을 생각하고, 불교 정신이 교육, 사회, 문화, 정치 및 사람들의 가정 깊숙이 들어와 있다는 것을 기억하면서, 지속적인 영적 암흑이 느껴져 서글펐다. "사람의 마음 속에서는 항상 평화와 사랑을 갈구하지만 불교에서는 찾을 수가 없다." 나는 예수 안에서 발견한 깊고 영원한 평화에 대해 안내원에게 알려주었다. 그는 몇 가지 질문을 한 후, 목적지에 도착하면서 "하나님을 발견하고 싶습니다."라고 진심으로 고백했다.

다행히 나에게는 멋진 성경 구절을 기록한 '하나님께서 알려 주고 싶은 4가지 일' 이라는 제목의 태국어로 된 선교 소책자와 전도지가 있었다.

이것들과 함께 팁을 받고 기뻐하는 안내원이, 전도지를 가리키면서 "나에게는 돈보다 이게 더 중요합니다."라고 말했다.

노를 저어 멀어지는 그를 보면서 내가 기도해 주겠다고 약속했다.

이전에 태국에 와서 만났던 의료인들과 다시 만나 친분을 쌓고 한 달 동안 많은 새로운 사람들을 만나게 되어 즐거웠다. 중요한 네 곳의 센터에서 25차례의 모임을 가졌고 병원선교회가 결성되었다. 하나님의 말씀에 응답하는 태국 사람들을 발견했다. "그러므로 인자가 너희를 자유롭게 하면, 너

희들은 진정으로 자유를 얻을 것이다.”라고 말씀하신 그분의 메시지가 “자
유의 땅”(타이는 자유라는 뜻임)이라는 이름을 가진 이 곳에 선포될 수 있었
다.

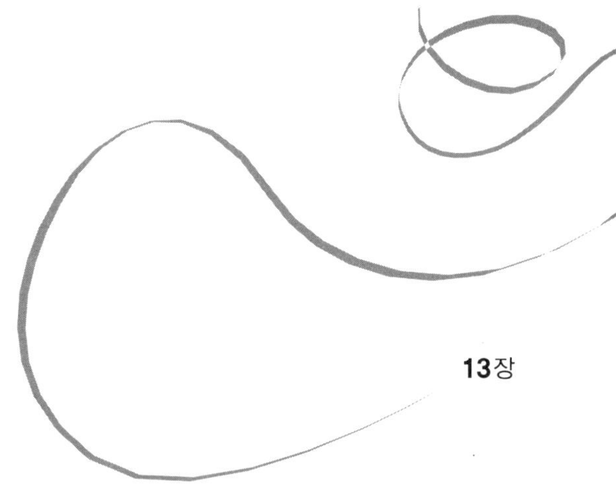

13장

음악, 꽃 그리고 친절한 사람들

인도네시아가 국가적으로 내세우는 것은 "브히네카 퉁갈 이카" (Bhinneka Tunggal Ika)로서 "다양성의 연합"(Unity in Diversity)이라는 의미가 있는데 다양성에는 언어, 종교, 의상, 문화, 관습 및 예술이 포함된다. 결혼 예식만 보더라도, 너무나 다양해서 책에서는 몇 가지만 소개될 정도이다. 예를 들면 발리 동쪽에 있는 람복 섬에는 가장 보편적인 결혼 형태가 연애결혼이다. 종종 있는 중매 결혼은 품위가 떨어지는 것으로 되어 있다. 젊은 남자가 처가 부모님들에게 가서 딸의 손을 잡게 해 달라고 요청한다면 "우리 딸은 짐승이 아니라 사람인데, 물건 주듯이 그렇게 달라는 말인가?"라는 말과 함께 푸대접을 받게 된다. 그러므로 연애 과정을 통해 정확하고 적절한 절차를 밟아야 한다.

인도네시아는 세계에서 다섯 번째로 인구가 많은 나라이다. 인도네시아는 12개 정도의 주요 지역 및 인도양, 태평양에 떠 있는 3,000개 이상의 작은 섬들로 구성되어 있다. 기후는 열대성이며 공용어는 인도네시아어, 네덜란드어, 중국어 그리고 영어이다.

그밖에 800여 개의 방언들이 있다. 바다와 산들의 절묘한 조화로 인해 나라가 아름답고 농산물이 풍부하며, 야생 난초밭과 논이 끝도 없이 널려 있다. 대부분 아시아인들과 마찬가지로 인도네시아 사람의 대부분에게 생명과 쌀은 동의어로 사용되고 있다.

이 나라에서 처음 방문한 지역은 가장 흥미로운 곳이었다. 여행을 계획할 당시에는 반둥, 팔렘방, 수도인 자카르타 같은 이름들이 생소했지만 이런 지역으로 가는 비행기표를 살 때 하나님께서 분명하게 인도하셨다는 것을 알게 되었다. 그분은 내 갈 길을 가르쳐 보이고 훈계하신다고 약속하셨기에(시 32:8) 나는 그분의 명령에 단순하게 순종하면서 앞으로 나아갔다.

선교사 친구는 나에게 자카르타에 있는 호텔 인도네시아에서 묵으라고 제안했다. 저녁 늦게 도착했으므로 친구의 충고를 따르는 것이 현명할 것 같았다. 아주 좋은 호텔이었지만, 단 한 가지 후회는 일찍 잠을 자지 않았다는 것이었다. 몇 시간 잠을 자기 위해 엄청난 돈을 지불한 것이었다. 난생 처음으로 시간당 최고가의 잠을 잤다!

두꺼운 순모 이불 속 같은 더위가 도시 전체를 덮고 있었다. 하루 종일 태양은 지칠줄 모르게 열기를 뿜어댔고 밤이 되어도 휴식이 없는 것 같았다. 시간조차도 지친 듯 마지못해 흘러가는 것 같았다.

자카르타는 경제 도시인 듯했다. 이렇게 많은 은행이 있는 도시는 처음이었다. 루피화의 가치는 매우 유동적이었다. 도시를 드나드는 동안 미화 1달러 당 루피화의 가치가 45에서 2200까지 움직였다. 여행객들을 위한 공식 환율은 179였다. 내가 있던 호텔이 매각 시장에 나와 있는 것을 알게 되었다.

내 가방을 호텔 방까지 가져다 주고 전등 스위치 및 방안에 있는 기구 사용법을 설명해 준 사람이 "아저씨, 여행, 미국 사람?"이라고 어설픈 영어로 물었다.

"아닙니다. 제가 미국 여행객처럼 보입니까?" 라고 되물었다.

"미국 돈 바꾸고 싶어요? 호텔에서는 179인데, 나는 250 줍니다. 루피 필요하지요, 아저씨?"

필요 없다고 말했고, 돈 거래는 하고 싶지 않았다. 도와줘서 고맙다고 말한 후, 잘 자라고 돌려보냈다. 준비된 프로그램에는 수도 및 그 지역 다른 곳에서의 모임이 들어 있었다. 며칠 후 서남쪽 자바의 주요 도시인 반둥으로 갔다.

자카르타에서 탄 버스는 자동차들의 소음과 더위에 지친 상인들이 외치는 소리가 뒤섞인 요란한 도시를 벗어나면서 다른 풍경을 보여 주었다. 수십 킬로미터에 걸친 초록 들판이 물결치고, 저녁이 되면서 태양의 열기가 식어 숨통이 트이는 것 같았다.

"여보세요, 저는 그림이라는 사람입니다. 제가 방금 반둥에 도착했습니다. 잠시 병원을 방문해도 괜찮은지 해서 전화드렸습니다."

"프란시스 그림 씨인가요?" 전화를 받은 여성이 분명하게 대답하면서, 오시는 것을 환영한다고 했다. 전화를 받은 분은 그레이 여사였다. 남편은 의사이고 자신은 간호사였다. 두 사람 모두 뉴질랜드 출신이었다. 나는 뉴질랜드 사람들과는 언제나 잘 지내는 편이었고 이번도 예외가 아니었다. 집에서 따뜻하게 맞아주었지만 그들에게는 내가 불쑥 찾아온 손님이었다. 그레이 여사는 기독 간호사회에서 내가 자기 나라를 방문한다는 소식을 듣고 기뻐했다.

"뉴질랜드에 오시면 환대하겠습니다."라고 그레이 여사가 말했다. 이미 뉴질랜드와 편지를 주고 받았으며 곧 방문할 것을 기대하고 있다고 대답해 주었다.

반둥의 모임은 신선했다. 그레이 씨 부부 이외에도 네덜란드 말을 유창하게 구사하는 인도네시아 병원 원목을 만났다. 그래서 사람들과 쉽게 사귈 수 있었다. 주일 저녁 나는 임마누엘 병원 직원들, 간호사들, 의사들 부부 및 자녀들 그리고 몇 명의 환자들에게 말씀을 나눌 기회가 있었다.

청중들은 열심히 들었고 반응도 좋았다. 예배를 마치면서 영적인 도움이 필요하여 상담 받으실 분들은 남으시라고 말했더니 몇 명의 젊은이들이 남았고, 저녁 늦게까지 이들과 상담했다. 그들 중 한 명이 성경을 달라고 재촉했다. 그들 모두에게 그레이 의사가 인도하는 오후 성경 공부에 나오라고 권면했다.

❧

"왜 하필이면 팔렘방인가?" 친구가 질문할 때 나에게도 의문이 생겼다. 접촉된 사람도 없고, 신자들을 만날 수 있는 선교 병원도 없었다. 가장 큰 문제는 비행기 노선이 불규칙하다는 것이었다.

"그곳에 도착하시면 돌아오실 수 없다는 것을 아시게 될 것입니다. 왜 수라바야로 안 가세요? 거기는 시내에 큰 선교 병원이 있고 근처에 또 하나가 있습니다. 팔렘방에는 아무것도 없습니다."

그러나 수라바야로 가는 길이 열리지 않았다. 최근 발리에서 일어난 지진에서 나온 먼지들이 수천 명의 목숨을 앗아갔고, 육지와 바다를 건너 멀리까지 날아왔으며, 이것으로 인해 수라바야 공항이 일시적으로 폐쇄되어 있었다. 팔렘방으로 가는 비행기 표가 해답이었다. 인도네시아에서 무엇을 찾을 수 있을지에 대해 불분명한 상태에서 5개월 전에 구입한 비행기표가 갈림길에 서 있는 나에게 방향을 제시하는 것 같았다.

팔람방 공항에 도착해서, 제복을 입고 카운터에 있는 사람에게 시내로 가는 방법에 대해 물었다.

"택시"라고 대답했다.

"값은요?"

"600루피"

그리고 나서 내 짐이 없어진 것을 알게 되었다. 경찰 공무원이 실수로 가지고 갔다는 것이었다.

"그 사람은 높은 사람입니다."라고 한 여직원이 귀띔해 주었다.

"이름표도 확인하지 않고 짐을 가지고 나갈 정도면 당연히 그렇겠네요."라고 대꾸했다.

약 30분 동안 전화하며 기다린 후에, 경찰이 가방을 가지고 나타났다. 불편을 끼쳐서 미안하다고 공항 직원이 사과했다. 가루다 항공 자동차로 시내로 갈 것인가 아니면 경찰차로 갈 것인가? 경찰과 함께 가기로 결정하고 떠나면서 이렇게 말했다. "나, 높은 사람이 된 것 같아!" 그래서 목적지인 탄펭 안이라는 중국 사람의 집까지 공짜로 가게 되었다. 그 사람은 학교를 소유하고 있는 부동산 업자였고, 주택 건축도 했으며, 한때는 다이아몬드에도 손을 대기도 했다.

"다이아몬드는 지금 회전이 너무 느립니다. 가르치는 것을 좋아하지만 취미 정도로 하고 있습니다."라고 털어놓았다.

그리고 다른 사람들이 학교에서 가르칠 수 있도록 월급을 주고 있었다. 게다가 그곳 감리교회에서 오르간을 연주하고 있었다.

"저희 집이 비었으니 괜찮으시면 여기서 묵으셔도 됩니다."라고 그가 제안했다.

"샤워실이 있습니까?"라고 물었다. 할 수만 있으면 하루에 예닐곱 번씩 샤워를 하고 싶었기에 이것은 중요한 것이었다. 이 정도의 더위와 습도는 겪어봐야만 믿을 수 있었다. 팔람방은 수백 킬로미터의 빽빽한 정글, 숲, 늪으로 둘러싸여 있었다.

그는 오른손으로 바가지를 잡고 물통에서 물을 퍼서 머리 위에 붓는 시늉을 하면서 대답을 대신했다. 이것이 바로 동남아 및 인도네시아에서 샤워를 하는 방법이었다. 큰 항아리에 물을 받고 한 바가지씩 물을 퍼서 샤워를 하는 것이었다.

새로 만난 친구의 제안을 기꺼이 받아들였고 가구가 몇 개밖에 없는 집

안으로 들어갔으며, 이곳이 팔람방에 있는 동안 나의 거처가 되었다.

"경비원이 필요하신가요?" 주인이 물었다.

잠시 머뭇거리다가, 그렇다고 대답했다. 알게 모르게 위험이 도사리고 있기 때문이었다. 그러나 다음 날 밤에 잠을 못잘 정도로 경비원이 코를 심하게 골아서 그를 돌려보냈다.

저녁에 탄이 나를 행정 요원에게 데리고 갔으며 그 사람이 다음 날 아침 누구를 만날 것인지에 대해 많은 도움을 주었다. 주님께서 길을 정확하게 열어주셔서 곧 우리는 국립병원 원장실에 앉아 있게 되었다. 그 사람이 신자라는 것을 알고 얼마나 기뻤는지 모른다. 잠시 후 행정부장이 들어왔는데 그 사람 또한 주일 학교 교사라는 것을 알고 기쁨을 감출 수가 없었다. 의사에게는 영어로 행정부장에게는 네덜란드어로 이야기했다. 나의 사역을 설명하고 그날 저녁 병원 직원들과 모임을 가질 수 있는지 물었다. 당연하다고 대답한 후에 모임을 주선했다. 은혜가 넘치는 모임을 가졌다. 팔람방에서 보낸 36시간은 풍성한 열매가 넘치는 시간이었다.

자카르타로 돌아오는 길에 공항에서, 영광스럽게도 해군 소장이며 안수받은 목사로 알려진 다르마 앙쿠와 및 부인 마가레타를 만났다. 나중에 우리는 지키니 병원에서 유익한 만남을 가졌는데 여기서 다르마 목사님이 통역해 주셨다.

풍성한 초록빛의 섬들, 음악, 꽃 그리고 친절한 사람들이 나에게 매우 소중하게 다가왔다. 이런 특이한 것들이 한동안 나의 기억 속에 남아 있었고 하나님께서 자신의 것들을 사용하셔서 인도네시아 전역에 복음의 빛을 비추시도록 기도했다. 몇 년 동안 드러나지 않았기 때문에 그 당시에는 몰랐지만, 하나님께서는 의료계에 지대한 영향을 미쳐 나의 기도가 이루어지는데 공헌할 헌신된 간사들을 준비하고 계셨다.

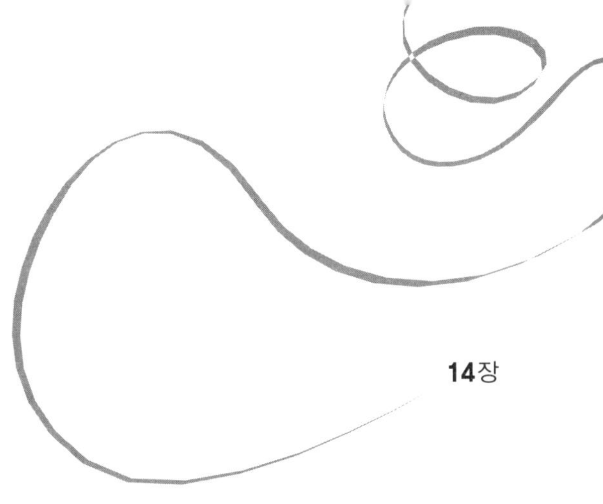

14장

숨은 천사

비행기는 부르네이로 향하고 있었다. 뒤엉킨 밀림과 빽빽한 정글을 내려다보면서 나도 모르게 "부르네이의 헤드헌터"를 생각했다. 이것은 정탐 여행의 일부이므로, 그 나라에서 만나기로 미리 약속된 사람은 없었다. 다만 하나님께서 길을 예비해 주실 것이라는 사실에 대해 의심 하지 말고 가라는 하나님의 명령에 순종할 뿐이었다.

나를 데리고 창공을 날던 금속으로 만들어진 거대한 새가 부르네이행 소형 비행기로 갈아탈 외로운 공항으로 서서히 하강하고 있었다. 몇 분 기다리는 동안 흰 옷을 입은 훤칠한 키의 중국 신사를 만났고 잠시 대화를 나누는 중에 내 사역의 목적에 대해 나누었다.

그는 "부르네이에 있는 동안 잭슨 씨를 꼭 만나라"고 추천해 주었다.

바로 그때 탑승하라는 방송이 나왔다. "잭슨 씨를 꼭 만나라는" 말이 아직 귀에 쟁쟁한데 우리는 어느덧 하늘을 날고 있었다. 사람의 모습을 한 "주님의 천사"를 만났다는 생각이 들었다.

도착해서 택시로 호텔에 도착했다. 방으로 들어가기 전에, 접수하는 사람에게 혹시 잭슨 씨를 아는지 물었다.

"금시 초문입니다."

"그러시면 우체국, 시청, 경찰서에 연락해서 그 사람이 어디 있는지 확인 좀 해 주세요."

잠시 후 나는 전화로 잭슨 씨와 통화하게 되었다. 그 사람이 자기 집으로 오라고 초청했고 그날 저녁에 지역 병원에서 모임을 주선해 주었다. 그가 그 도시에서 나를 도울 수 있는 유일한 사람임이 확인되었다.

다음 날 떠나기 전에 간호사 몇 명이 기발한 내용을 담은 봉투를 들고 우리를 찾아왔다.

"다른 나라에 복음을 전하는 데 이 선물이 도움이 될 것입니다."

하나님의 형용할 수 없는 선물에 대해 말하는 것으로 화답했고, 그들 중 일부를 그리스도에게로 인도했다. 부르네이에서 몇 시간을 보내는 동안 너무나 많은 일들이 일어났다.

'난데없이' 중국 신사를 만나도록 계획하신 하나님이 얼마나 자비로우신지!

"병원선교회가 서울에서도 발족되었다." 이토록 반가운 소식에 용기를 얻어 "조용한 아침의 나라"인 한국을 방문했다. 하나님께서 심각한 질병으로 병원에 누워 있는 한 젊은 생화학실 기사의 마음을 흔들어 놓으신 것을 알게 되었다. 의사들도 포기했지만 그는 불가능이 없으신 분에게 매달렸다. "주님, 낫게만 해 주신다면 평생 당신을 섬기겠습니다."라고 울부짖었다. 갑자기 몸에 따뜻한 기운이 느껴졌고 깊은 평안이 온몸을 감싸는 것을 느꼈다. 며칠 후 퇴원하게 되었고, 약속을 지키기 위해 황찬규 씨는 진료 요원들과 환자들에게 복음을 전하기 시작했다.

얼마 되지 않아서 다른 병원의 의사들이 비전을 가지게 되면서 의사 오상백 박사가 회장을 맡은 병원선교회가 발족하게 되었다.

이 한국 사람들을 만난다는 것이 매우 기뻤으며, 황 선생님이 병원선교회에 전임 간사로 부르심을 받았다는 것도 알게 되었다. 그는 야간에 생화학실에서 근무하고, 낮 시간의 대부분은 병원선교회 일을 했었지만, 이제는 한국에서의 비전을 확산하기 위해 전임 사역자로 일하고 싶어 했다.

서울 공항에서의 영접은 특이했다. 병원선교회 회원들이 "환영, 프란시스 그림"이라고 기록된 현수막을 들고, 나에게는 영어 가사를 주고 본인들은 "주 날개 밑 내가 편안히 쉬네…"라는 찬송을 한국말로 부르기 시작했다. 기도와 찬송을 마친 후 한 마디 하라고 초청했다. 이런 시작과 함께 앞으로 엄청난 축복이 있을 것을 기대했다.

공항을 나온 나는 직원들의 모임이 주선된 월드비전 병원으로 갔다. 노르웨이 병원장인 로리스 새바레이드가 6년 전에 서울에서 나를 만났고 그 당시에 들은 우리의 말씀과 비전이 한국에 잘 맞을 것 같다는 생각을 했다면서 지역 모임을 전적으로 지원하겠다고 확인했다.

서울과 다른 도시들에서, 교회의 차임벨이 이른 새벽에 성도들을 기도 모임으로 불러들였다. 수천 명의 성도들이 새벽 기도에 참석했다. 금세기 초에 놀라운 영적 부흥이 한국에서 일어났으며 축복의 물결이 전국적으로 퍼져나갔다.

"오늘 저녁에 산 기도원에서 저희들과 함께 기도하시겠습니까?"라고 한국병원선교회의 한 사람이 제안했다.

"예, 하고 싶습니다."라고 대답했다.

밤 10시에 황찬규 씨와 친구인 방규오 씨가 호텔로 찾아와서 나를 서울 근교로 데리고 갔다. 다른 사람들은 이미 도착해 있었고, 반갑게도 병원선교회 일부 회원들이 산 입구에서 우리를 기다려 주었다. 15명 정도가 손전등을 들고 산으로 올라갔다. 이들 중 일부는 염소처럼 재빠르게 움직였고,

다들 고맙게도 나를 도와주었다.

모두들 잠시도 쉬지 않고 올라갔으며, 나는 비록 도움을 받았지만 목적지에 도착하니 숨이 막힐 지경이었다. 그때 나는 일부 그룹들이 산에서 철야 기도를 한다는 것을 알게 되었다.

중간 중간 "할렐루야"라는 소리와 함께 우렁찬 찬양이 머리 위에 울려퍼지는데 한쪽에서는 "눈물 섞인 애절한 울부짖음"과 함께 하나님을 애타게 부르는 소리가 터져나왔다. 사랑이 풍성하신 하나님을 찬양하는 감미롭고 부드러운 찬송이 상쾌한 밤 바람을 타고 들려왔다. 내가 보기에는 대여섯 그룹이 동시에 예배하고, 찬송하고 중보기도 하는 것 같았다.

바위 위에 모인 사람들에게 간단하게 말씀을 전해 달라고 요청을 받고, 다 함께 이사야 59장의 말씀을 나누었다. "여호와의 손이 짧아 구원하지 못하심도 아니요 귀가 둔하여 듣지 못하심도 아니라" 찬송을 부른 후 다윗이 "기도를 들으시는 주여 모든 육체가 주께 나아오리다"(시 65:2)라고 말한 그분과 교통하기 위해 각자 흩어졌다.

나중에 보니 내가 가운데 바위에 혼자 있었고 밤 공기가 차가웠는데 담요를 덮어준 친구가 고마웠다. 찬양, 예배, 간구, 찬송, 중보기도하는 주변 사람들의 영향력이 나에게 잊을 수 없는 감명을 주었다. 한동안 군중들의 소리를 듣고 있다가 나도 목소리를 높여 내 마음을 하나님께 올려드렸고 밤하늘 별빛 아래에서 이런 거룩한 상황이 지속되고 있었다.

달이 떠오르는 것을 보고 기뻤는데 반달이었다. 달은 교회의 상징이라면서 "달 같이 아름답다"라고 묘사한 아가서의 구절이 생각났다. 달의 반이 보인다는 것은 달과 태양 사이에 지구가 끼어들어와 달의 나머지 반이 어두움 속에 감추어져 있다는 의미이다. 이것이 그리스도의 신부인 일부 회원들과 기름 없는 등불을 가지고 졸고 있는 성도들의 세속적인 모습을 보여 주는 것은 아닌가? 내가 그들을 위해 기도하는 동안 내 마음속에서부터 주님께서 우리가 빛 가운데 살 수 있도록 은혜를 베푸셨고 당신의 날개 위에 치유의 능력을 가지고 부활하신(말 4:2) 분의 의로운 태양 빛을 비추도록 은혜를 주셨다는 찬양이 터져나왔다. 새벽 4시경에 황 선생과 다른 한 명이 기도하는 사람들 가운데 왕래하면서 그들을 대신해서 하나님께 간절히 기도하는 모습을 보았다. 그러더니 황 선생이 내 옆에 와서 앉았다.

그리고는 "저를 위해 기도해 주세요."라고 부탁했다.

어깨를 끌어안고 놀라운 축복이 황 선생과 부인 및 자녀들에게 그리고 병원선교회 회원들에게 임하도록 기도했다. 그리고 우리는 다른 지역에 있는 한국병원선교회를 위해 함께 기도했으며, 특별히 독일과 미국에 있는 사람들을 위해 기도했다.

새벽 4시 30분에 우리 모두가 다시 바위에 모여 마침 기도를 한 후 계곡을 따라 하산했다. 그날 저녁 이후 나의 기도 생활이 한 단계 올라간 것 같았고 그날 밤 하나님을 만난 감동이 아직도 나에게 뚜렷하게 남아 있다.

한국 교회는 100년 정도 밖에 되지 않았고, 불과 얼마 전에 역사상 가장 큰 교회-약 250만이 모이는-가 "기도원"에서 멀지 않은 곳에 생겼다. 우리의 기도 생활에 한국의 본보기가 얼마나 큰 도전이 되었는지 모르겠다.

1948년 한국이 분단되면서, 이산 가족들이 많이 생겨났지만 편지를 포함한 기타 어떤 방법으로도 소식을 주고 받을 수 없게 되었다. 남한에서 만난 한 그리스도인 의사는 이런 사실을 통해 사랑은 영원하다는 것을 배웠다고 했다. 그는 재혼하지 않은 상태였는데 그럴 마음이 없다고 했다. 16년 동안 아무 소식도 듣지 못했고 아내의 생존여부도 모르지만 그는 여전히 아내를 사랑하고 있었다.

치밀하게 짜여진 계획 속에 서울에서, 부산에서, 원주에서, 대구에서 모임을 가지도록 되어 있었으며 하루에 한 번 이상 모임을 가지는 경우가 많았다. 병원에서 효과적으로 전도하는 것을 보고 감명을 받았다. 어느 날 손님 한 분이 저녁 식사에 오셨다.

"그림 씨, 어느 나라에서 오셨습니까?"

"남아프리카 공화국에서 왔습니다."

"거기서 출생하셨습니까?"

"예, 거기서 두 번 태어났습니다."

"거기서 두 번 태어나셨다고요?"라며 못 믿겠다는 듯이 반응했다.

"예, 거기서 두 번 태어났습니다. 처음에는 육신적으로, 두 번째는 영적으로. 설명해 드리겠습니다."

이렇게 시작된 대화는 저녁 식사 후까지 이어졌고 결국에는 손님 및 그 집에 있던 두 명의 한국 사람이 그리스도를 영접하게 되었다.

서울에 있는 의과 대학생들에게 강연할 기회가 있었다. 연단에 올라서면서 "여러분은 그리스도인들입니까?"라는 질문으로 이야기를 시작했다. 학생들이 불교 신자 혹은 유교 신자들일 수도 있었기 때문에 이렇게 묻는 것은 타당한 질문이었다.

"예, 우리 모두는 그리스도인들입니다."라고 합창했다.

"반가운 소식입니다. 그렇다면 그리스도인의 정의부터 내려봅시다. 책상에 다리가 네 개인 것처럼, 그리스도인들을 확실하게 지지하는 네 개의 기둥이 있습니다."

"첫째, 자신의 죄가 용서 받았다는 확신이 있어야 합니다. 현대에는 모든 것이 상대적입니다. 절대적인 것은 없습니다. 그러나 이 사안에 대해서는 반드시 절대적인 확신이 있습니다. 그리스도인들은 자신이 하나님의 자녀가 되기를 소망하는 것이 아니라 자녀입니다. 요한일서에 보면 '너희 죄가 그의 이름으로 말미암아 사함을 받았음이요' (요일 2:12)라고 말씀하고 있습니다.

"둘째, 모든 그리스도인들이 예수 그리스도가 분명하게 마음 속에 내주하신다는 것입니다. 사도 바울이 고린도 성도들에게 보낸 두 편의 긴 편지 마지막 부분에서 제시한 것입니다. '예수 그리스도께서 너희 안에 계신 줄을 너희가 스스로 알지 못하느냐' (고후 13:5)라고 질문합니다. 요한복음 1장에는 '영접하는 자 곧 그 이름을 믿는 자들에게는 하나님의 자녀가 되는 권세를 주셨으니' (요 1:12)라고 되어 있습니다.

"셋째, 하나님의 말씀에 의하면 그리스도인의 이름은 어린양의 생명책에 기록되어 있습니다. 내가 사람들에게 그리스도인인지 물을 때, 사람들은 나에게 자신들의 이름이 교회에 등록되어 있다고 대답합니다.

그러나 교회에 등록된 많은 이름들 중에 천국에 등록되지 않은 이름들이 있다는 것을 알 수 있습니다. '너희 이름이 하늘에 기록된 것으로 기뻐하라' (눅 10:20)고 예수님께서 제자들에게 말씀하셨습니다.

"넷째, 그리스도인들에게 확실한 것은 오늘 죽어도 천국에 간다는 것입니다. 사도 바울이 빌립보서 1장에서 자신의 간증을 하면서 이것을 강조하였습니다."

이 부분에서 청중들의 반응을 기다리며 잠시 멈추었다. 한 사람이 소리 질렀다.

"만약 그게 그리스도인이라면, 저는 아닙니다."

이와 같은 솔직한 진단이 자신들의 모습을 분명하게 설명해 주었기 때문에 몇 사람들이 자기들도 아니라고 했다. 장래가 촉망되는 젊은 의과대학생들과 몇 시간을 더 보내면서 그리스도 안에서 확신을 가지도록 도와주었다.

얼마 후에 엄청난 도서관을 관람하는 중에 학생 한 명이 "지식을 얻고 기술을 연마할 수 있는 책들이 이곳에 많이 있지만 선생님께서 말씀하신 주제에 대한 책은 없습니다."라고 말했다.

그들의 관심 사항을 진지하게 반영해서 적절한 책이 적절한 과정을 거쳐 출간될 수 있도록 하겠다고 약속했다. 의료 전문인들에게 그리스도를 효과적으로 전하는 기술에 관해 기록된 『치유하는 말씀』(*The Healing Word*)이라는 책이 나오면서 그 약속을 지키게 되었다. 그 후에 이 책이 한국어, 스페인어, 프랑스어, 네덜란드어, 영어 및 기타 언어들로 번역되어 전 세계적으로 의사들, 간호사들, 의료 보조원들의 손에 들려지게 되었다.

우리는 일본 오사카 기차역에 있는 워킹 벨트를 타고 허겁지겁 움직이고 있었다. 우리가 벨트 마지막 부분에 이르렀을 때 에라스미아의 구두 뒷굽에 갑자기 이상이 생긴 것을 발견했다.

다행히 그녀가 넘어지지는 않았지만, 구두 뒷굽이 부러졌다. 젊은이가 팔꿈치로 길을 만들어 군중들 속으로 지나가는 사이에 나는 그것을 고치려고 애를 썼다.

"구두 수선공의 도움이 필요하신가요?"

"그래야 할 것 같네."

에라스미아를 역에 남겨두고, 구두를 수선할 곳을 찾으러 나갔다. 서둘러 퇴근하고 싶은 표정으로 구두를 수선하고 있는 젊은이에게 결혼했는지 물었다.

"안 했습니다. 사실은 산하고 결혼했어요."라고 대답했다.

대답이 더 궁금해서 설명해 달라고 부탁했다. 아름답게 묘사된 산들에 관한 책을 가지고 나오면서, 자신의 삶에서 최고의 기쁨은 등산이라고 말해 주었다. 곧 네팔 원정을 떠날 참이라고 했다.

"몇 년 전에 텐징 노르가이를 만났습니다."

"그분을 만나셨다고요!" 놀라며 소리치는 그의 음성에는 경외심마저 담겨 있었다.

"예, 다르질링에서였습니다. 에베레스트 산을 정복한 유명인사와 개인적으로 이야기할 수 있는 기회를 가져서 기뻤습니다."

역으로 돌아오면서 일본 친구의 친절함을 다시 한번 생각하면서 그 사람의 주소를 알려 달라고 요청했다. 다음 날 아침 일본 선교 사역자 한 명이 그 사람에게 일본어 성경을 가져다 주었고, 얼마 후에 다음과 같은 편지를 받았다.

"성경을 받게 돼서 매우 기뻤습니다. 아직은 그리스도인이 아니지만, 이번 기회를 통해 성경의 세계로 들어가 보고 싶습니다. '즐거운 여행' 되시기 바랍니다.

추신: 이번 여름에 몽블랑을 등정할 계획입니다."

"성경의 세계로 들어가"는 것은 하나님의 나라로 들어가 그리스도 안에서 성숙하는 믿음의 산을 꾸준히 올라가는 것을 의미한다고 생각했다.

일본의 교회, 병원, 간호 학교에서 여러 번의 모임을 가졌다. 그 중에서 제복을 입은 300명의 간호사들이 복음을 듣기 위해 큰 강당에 모인 모습을 보면서 감명을 받았다.

다른 모임에서 창조의 신비와 보다 더 신비한 거듭나는 재창조에 대해 설명하고 그리스도를 개인의 구주로 영접하라고 호소했을 때 25명의 간호사들이 그리스도를 영접했다. 그들 중 성경을 가진 사람이 아무도 없었기 때문에 다음 날 아침 각자에게 성경을 가져다 주는 것이 매우 기뻤다.

도쿄 대학에서 학생 시위로 인한 파손을 점검한 후 일본 총리가 일본은 "영적 파산" 상태라고 말했다. 추가로 일본 사람들의 영적 가치관이 제2차 세계대전에서 항복하는 순간 파괴되었다고 말했다. 이런 공백을 메우기 위해 물질주의를 추구했지만 그것은 전적으로 맞지 않았다. 거대한 공백 속에 살면서 아직도 무엇인가를 찾고 있었다. 국가 지도자의 솔직한 인식은 그리스도인들에게 분명한 요청으로 다가왔다.

2차 세계대전 후 맥아더는 방송을 통해 일본인들의 상황에 대한 예리한 통찰력이 담긴 메시지를 발표했다. 히로시마 사건 이후 "신적인" 일본 천황이 폐위되었다. 국민들은 전쟁에 졌을 뿐 아니라 신을 잃은 것이었다. 맥아더가 요청한 수백만 권의 성경과 신약 성경이 전국에 배포되어 국무 총리가 예리하게 지적한 "영적 파산"에 대처했다. 성경과 신약 성경이 도착했지만

1억 명에게 충분한 분량은 아니었다.

네일과 페기 베르웨이의 초청으로 일본 선교 본부에서 지내게 되었다. 네일이 어느 병원에 있는 환자가 불교의 특이한 종교의식에 빠져 있다는 이야기를 들려주었다. 그는 방의 이쪽에서 저쪽까지 걸어간 후 가운데로 내려오면서 십자가 모양으로 걷고 있었다. 그 사람이 이런 행동에 몰두하고 있는 것 같아서 잠시 관찰한 후 네일이 그 사람에게 무엇을 하고 있는지 물었다. 진정한 하나님은 십자가의 하나님이라고 들었고 이렇게 함으로 그분을 기쁘시게 해서 은총을 받고 싶다고 대답했다.

친절한 그분이 주님에 대해 알고 있었더라면 이 사람에게 십자가의 하나님에 대해 이야기해 주지 않았겠는가? 며칠 후 네일이 주선한 모임에서 이 환자는 십자가의 주인을 만났고 그분의 은혜로운 선물인 영생을 선물로 받았다.

시코코 섬에서 돌아올 때, 선착장에서 마중 나온 네일의 얼굴은 무척 기뻐 보였다.

"태풍을 만나셨지요? 라디오 및 신문에서 온통 그 소식 뿐이었습니다. 안전하게 돌아오시게 돼서 정말 다행입니다."라고 말했다.

우리가 타고 온 배는 2,000톤급이었기에 바람과 파도에 좀 시달렸을 뿐이었다. 서쪽으로 여행할 때, 북태평양에서 발생한 폭풍이 왼쪽에서 우리를 덮쳐서 거대한 파도가 배에 부딪힐 때마다 때때로 뱃머리에서 뒷부분까지 흔들렸다.

어느 순간 다른 배가 오른쪽에서 우리의 물길을 지나 폭풍 속으로 들어갈 때는 성난 폭풍으로 발생한 거센 물결이 그 배를 삼켜버릴 것만 같았다. 이런 소용돌이 속에서도 시편 107편을 읽으면서 위안을 받았다.

여호와께서 행하신 일들과 그의 기이한 일들을 깊은 바다에서 보나니,

여호와께서 명령하신즉 광풍이 일어나 바다 물결을 일으키는도다 그

들이 하늘로 솟구쳤다가 깊은 곳으로 내려가나니 그 위험 때문에 그
영혼이 녹는도다 그들이 이리저리 구르며 취한 자 같이 비틀거리니 그
들의 모든 지각이 혼돈 속에 빠지는도다 이에 그들이 그들의 고통 때
문에 여호와께 부르짖으매 그가 그들의 고통에서 그들을 인도하여 내
시고 광풍을 고요하게 하사 물결도 잔잔하게 하시는도다 그들이 평온
함으로 말미암아 기뻐하는 중에 여호와께서 그들이 바라는 항구로 인
도하시는도다 여호와의 인자하심과 인생에게 행하신 기적으로 말미
암아 그를 찬송할지로다(시 107:24-31).

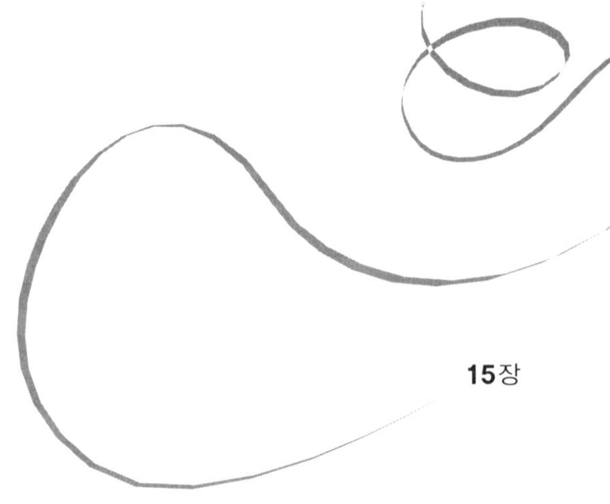

15장

동양의 밀리언스

기차가 산 속의 미로로 기어올라 스리랑카 북쪽에 있는 칸디로 갔다. 찜통 같이 북적거리던 도시 콜롬비아를 저 아래에 두고 떠났고, 시원한 바람과 주변 언덕과 계곡에 풍성한 초록 식물로 인해 생기가 돌았다.

랑카 병원선교회가 프리드스로 진료 센터에서 모임을 주선했고 몇 달 전에 만든 "기도의 집"도 볼 수 있었다. 이곳에서 신실한 중보 기도자들이 오랜 시간 동안 드리는 기도가 이 지방 사역뿐 아니라 아시아 전역, 나아가서는 세계 사역에 영향을 주고 있었다.

하지만 그 모든 기도와 이미 우리를 포함한 여러 사람들을 축복하고 있는 이런 계획의 중심에는 누가 있는가? 몇 년 전 세계병원선교회의 사역 확장 부서에서 보내온 편지를 통해 "천사 의사"라고 알려진 아룰 안케텔을 소개받았다. 1972년 오스트리아 쿼센에서 열렸던 국제 컨퍼런스에 그를 초청했었지만 건강이 좋지 못해서 젊은 의사를 대신 보냈었다. 이것은 우연한 기회가 아니었고, 의사 란짓 존은 구원의 확신을 가지게 되었으며 그리스도를 위한 열정과 열심을 가지고 고국으로 돌아가게 되었다.

1975년에 퀘센에 왔을 때에는 복잡한 컨퍼런스 홀에서 50명이 병원선교회에 전임 사역자가 되겠다고 일어났다.

전국적으로 유명한 운동 선수였던 아룰 안케틸 의사도 그중 한 사람이었다. 유망한 전문인으로서 소아과 석사 학위 공부를 하고 있었지만 하나님께서 부르실 때 이 모든 것을 내려놓았다. 그의 세상적인 욕망이 지금 그의 앞길을 비추고 있는 보다 밝은 빛 아래에서 사라졌던 것이었다.

"예, 주님, 제가 가겠습니다." 그는 이렇게 겸손하게 응답했다. 의과 대학생 시절 이후로 준비해 온 마음에 꼭 들어맞는 결정이었다.

"스무살의 나이로 걱정 없이 살면서 열정적으로 운동을 좋아하는 사람이었습니다. 그러나 마음 한 구석에는 죽음과 심판에 대한 두려움이 있었습니다. 찬송가를 좋아했지만 내가 예수님께 전적으로 헌신하지 않았기 때문에 하나님은 두려운 분이었습니다.

"저는 정상적인 기독교 가정에서 자랐지만, 1964년경 저희 부모님은 새로운 방향으로 주님께 나아갔습니다. 부모님의 변화는 가정에 변화를 가져왔고 이것이 나를 그리스도에게로 인도하는 가장 결정적인 계기가 되었습니다.

"1966년 의과 대학에 들어가기 직전에, 많은 갈등을 겪으면서 삶의 의미와 목적을 열심히 찾고 있었습니다. 그때 친구가 기독 청년(Youth For Christ) 모임에 나를 초청했습니다. 그 모임과 거기에 온 친구들의 삶이 나에게 깊은 감동을 주었으며 거기서 주님을 나의 구주로 영접하는 결단을 내렸습니다. 내가 처음으로 예수님께 돌아간 것은 지옥이 두려웠기 때문이었습니다.

의과 대학에서 공부하는 것이 흥미로웠고 즐거웠으며 의료 선교사가 된다는 생각으로 꽉 차 있었습니다. 그러나 환자들의 엄청난 고통과 주님에 대한 전적 헌신을 거부한 것이 내적 반항과 갈등을 심화시켰습니다. 이때 나는 크리켓 시합을 위해 인도에 갔습니다.

스리랑카에 돌아와서 전염성 간염에 두 번이나 걸리면서 6개월을 앓게 되었습니다. 이 기간 내가 용서와 평안을 얻기 위해 그분과 씨름하는 동안 주님께서는 철저하게 나의 마음을 탐색하셨습니다. 병원에서 퇴원한 후 어느 날 저녁에 Back to the Bible 방송에서 탕자의 노래를 듣게 되었습니다.”

난생 처음으로 주님께서 내 죄를 사하신 것과 새 생명에 대한 확신을 주셨습니다. 주님은 구원자이실 뿐 아니라 내 삶의 주인이셔야 한다는 것을 알게 되었습니다. 주님에 대한 사랑이 되살아난 시기에 세계병원선교회 사역 확장부에서 편지를 처음 받고 그분을 위해 섬기겠다는 욕구가 생겼습니다.

그 후로, 남아시아 병원선교회 지역 담당자 및 국제 이사회의 중요한 이사로서, 아룰은 자기 나라뿐 아니라 다른 나라에서도 사역을 확장해 가고 있었다. 아룰은 그들에게 빛과 소금이 되었고, 거룩한 근심으로 의료 전문인들에게 일터에서 그리스도의 살아 있는 편지가 되라고 촉구했다. 아룰의 이 모든 노력을 뒷바라지한 사람은 헌신된 아내이며 동료 중보기도자였던 란지였다.

젊은 불교 신자인 의사가 에라스미아에게 믿지 못하겠다는 듯이 “당신 세 사람이 상의하지 않고 ‘용서’에 대해 설교하고 노래한 것이 사실입니까?”라고 물었던 곳이 바로 스리랑카였다.

“예, 두 여성들과 우리가 모임에서 동일한 주제를 강조하자고 합의하지 않은 것은 이번이 처음이었습니다. 이것이 살아 계신 하나님의 영께서 자신이 원하시는 메시지를 우리 마음에 심어주실 때 역사하시는 방법입니다.”

이것은 병원선교회 모임에서 일어난 일이었고 그 의사는 진리를 찾기 위해 진심으로 노력하고 있었다. 그날 저녁 늦게 그녀는 주로 의사들이 모이는 다른 모임에 남편을 데리고 왔고 이어진 대화는 진리를 추구하는 그들에게 간증이 되었다. 하나님께서 결국에는 그들을 예수 그리스도 안에서 구원에 이르게 하셔서 그들의 고생스러운 진리 탐구가 끝나도록 하실 것으로 믿는다.

"버스로 여행하실 때 언제나 전도지를 돌리십니까?" 병원선교회의 간사 중 한 사람이 모임에서 집으로 돌아가는 길에 젊은이에게 물었다.

"아닙니다, 이번이 처음입니다. 오늘 저녁 프란시스로부터 지옥에 관한 이야기와 자신의 책에서 읽어준 끔찍한 시를 듣고, 당장 이웃들에게 복음을 전해야겠다고 결심했습니다. 나는 더 이상 동료들의 영생에 무관심한 사람들의 대열에 내 이름을 올려놓고 싶지 않습니다."

지옥으로부터의 절규

우리는 이웃으로 오랫동안 지냈지.
꿈도, 기쁨도, 눈물도 함께 나누었지.
내가 필요할 때 도와주는,
당신은 나의 진정한 친구였어.

너를 믿는 나의 믿음은 강하고 확실했지.
우리의 이러한 신뢰는 영원할거야,
우리 사이에는 어떤 충돌도 없었지.
유유상종이라고 했던가.
친구야, 한 가지 슬펐던 것은 결국
네가 그렇게 친절하지 않았다는 것이었어.
나의 인생이 끝나는 날
네가 신실한 친구가 아님을 알았어.

이 땅에서 보냈던 그 숱한 날들 동안,
거듭남에 대해서는 한 번도 말하지 않았어.

내가 잃어버린 영혼이라는 것을 알려주지 않았고
나를 온전케하는 그리스도를 소개하지 않았지.

지금 잔인한 지옥 불에서 마지막으로 애원하지만,
친구가 할 수 있는 것은 아무 것도 없다네.
어떤 말로도 나를 풀어줄 수 없어.
하지만 친구, 다시는 실수하지 말게.
사람의 영혼을 위해 할 수 있는 모든 것을 다하시게.
지금 당장 진지하게 그들에게 호소하시게.
그들이 나처럼 지옥에 오지 않도록.
－『천국에서 지옥으로』(프란시스 그림 지음)

처음 필리핀을 방문한 것은 1975년이었다. 분명하게 기억하는 한 가지는 나중에 동료들을 모아서 모임을 주선했던 의사와의 면담이었다. 그 당시에 자신은 "만족한 고객" 역할이었기에 친구들을 불러 비전의 말씀을 듣게 했다고 말했다.

이와 같은 초기 접촉자들은 당시에 별로 중요하게 등장하지 않았지만, 그들이 나중에 사역 발전에 중요한 역할을 감당할 사람들과 함께 후속 모임을 주선했다. 나는 비전에 반하여 확실히 비전을 붙잡은 그리스도인들을 만났다. 처음 만난 사람들 가운데 나중에 필리핀 병원선교회의 열정적인 회장을 지낸 그레이스 (루디) 라미네즈 의사가 있었다. 헌신된 간사팀 및 동료들과 함께 그들은 병원 전도에 괄목할 만한 일을 해 냈다. 병원선교회의 친구가 다음과 같이 감동적인 내용을 회상했다.

"할아버지는 오늘 오후, 오늘 밤, 아니면 내일 돌아가실 것입니다. 더 이상 살아 계실 것 같지가 않습니다."라고 친구인 자키가 괴로워하며 조용하게 속삭였다. 열대 지방 정오의 열기 아래 기도하려고 무릎을 꿇었을 때 그 말이 뇌리에서 떠나지 않았다. 가족들로부터 사랑을 많이 받았던 그녀의 '할아버지'가 질병의 마지막 단계에 도달한 것이었다. 중보기도를 하는데 소망 없이 영원을 바라보는 할아버지 옆에 내가 서 있는 것 같았다. 그분이 이제까지 예수님을 만나지 못했으니 죽은 후에 주님과 함께 있을 것을 어떻게 기대할 수 있겠는가?

'주님, 그분이 지금 돌아가시면 안 돼요!' 나는 일이 너무 다급하게 됐다고 느끼고 큰 소리로 기도하며 울부짖었다. "제발, 누군가가 당신에 대해 할아버지께 말하기 전에는 그분을 데려가지 말아 주세요." 기도하면서도 가슴이 철렁했다. 누가 전할 수 있을까? 가족들 중에는 주님을 구주로 아는 사람이 아무도 없는데, 오직 가족들만 면회가 허용되는 상황이었다. 그분의 상태가 위중해서 다른 사람들의 병문안을 허용하지 않았다.

그분에게 전도할 사람이 아무도 없는가?

대낮의 습기가 나를 짓눌렀다. 싸움에서 지는 것 같은 중압감으로 인한 내 마음의 무게와 일치하는 것 같았다. 병원선교회 일꾼이면서 방문자인 룻이 기도에 가담했다.

"주님, 불가능한 상황 같습니다만 저희들은 포기하지 않겠습니다. 당신께서 다스리십니다. 지금 당장이라도 당신께서는 할아버지가 당신을 구주로 깨닫도록 하실 수 있습니다."라고 내 옆에서 기도했다.

나는 "아멘"으로 화답했다. 그래도 의문이 떠나지 않았다. 누가 그에게 말할 것인가? 시간이 거의 없었다. 지금 당장에라도 죽을 수 있는 상태였다. 3일 후 룻이 밝은 얼굴로 인사하러 왔다.

"방금 병원에서 돌아오는 길입니다. 할아버지가 아직 살아 계십니다. 희망이 보입니다!"라며 기쁜 소식을 전해 주었다. 그날 오후 룻은 할아버지가 입원한 바로 그 병원에 정기 방문을 했고 거기에 있는 병원선교회 사람들과 시간을 보냈다.

"아, 그래요. 그 환자가 어디 있는지 압니다. 병원선교회 간호사가 그
날 밤 그분 담당으로 지정받았다. 오늘 밤 우리를 위해 기도해 주세요.
자매가 근무하는 시간에 그분의 병실을 찾아갈 것입니다. 주님께서 허
락하시면 그분에게 복음을 나눌 것입니다."라는 이야기를 들었다.

우리는 그날 밤 기도했고 의사의 예상에도 불구하고 할아버지에게는
목숨이 붙어 있었다.

"놀라운 일입니다! 이해할 수가 없습니다. 의사들은 모두 할아버지가
이렇게 오래 살아 있을 수 없다고 했습니다. 할아버지가 무엇인가 붙
들고 있는 것 같습니다. 그런데 그게 뭔지 모르겠습니다."라고 가족들
이 믿지 못하겠다는 듯이 보고했다.

"아마 당신이겠지요, 주님?" 들으면서 내가 속으로 중얼거렸고 더 강
하게 기도하겠다고 결심했다. 그렇다, 예수님이었다! "병원선교회 팀
이 그분을 세 번이나 방문했습니다."라고 잠시 후에 룻이 보고했다.
세 번째 찾아갔을 때 할아버지는 예수 그리스도를 확실하게 영접했다.
간호사들이 확인했다. 할아버지는 이전에 가지지 못했던 평안을 가지
셨다고 그들이 말했다.

동일한 평화가 가족들에게도 임했다. "할아버지에게 무슨 일이 생긴
게 분명합니다. 할아버지에게는 예전에 보지 못했던 평안이 있었습니
다. 그분은 찾기 시작하면 무엇이든지 찾으시는 분인데 이제는 쉬시는
것 같습니다."라며 그들이 희망적으로 말했다.

그리스도를 영접한 지 2일 만에, 할아버지는 새로 만난 구주가 계시는
고향으로 돌아가셨다. 십자가의 강도처럼, 인생의 자정이 오기 5분 전
에 구원받게 된 것이었다. 십자가의 강도처럼, 그 시간은 그리스도와
함께 영원한 삶을 보장 받을 수 있는 충분한 시간이었다.

그에게 말할 사람이 아무도 없다고 생각했었다. 그러나 틀렸다. 보살

피고 기도하는 병원선교회 팀이 있었고, 그들을 통해 하나님께서는 죽어가는 사람의 마음에 당신의 영원한 사랑의 풍성함을 부어 주셨다.

"왜 섬을 한 바퀴 도시면서 다른 병원들도 보시지 않으세요?" 대만의 대형 병원 원장인 사무엘 누르드호프 박사가 우리에게 질문한 내용이었다. 제안을 받아들였더니 친절하게도 원장님께서 대만 일주 여행을 주선하셨다. 모임들은 은혜가 넘쳤고 8일간 방문하는 동안 6개 도시에 있는 병원에서 집회를 가졌다.

수도로 돌아오는 길에 빽빽한 정글 위를 비행하고 있는데 엔진 소리가 불규칙하다면서 에라스미아가 놀랐다. 그녀에게는 이것이 낑낑거리며 언덕을 올라가는 낡은 트럭의 무기력한 엔진 소리처럼 들렸다. 승무원을 손짓으로 불러서 초조하게, "이 비행기 아주 오래된 것입니까?"라고 물었다.

"예, 아주 오래된 비행기입니다, 손님." 손님이 언제나 옳다는 듯 정중하게 인사하면서 승무원이 대답했다!

홍콩 항구는 분명 세계에서 가장 아름다운 항구 중 하나임이 분명했다. 화물선들, 돛단배들, 소형 목선들, 원양선박들로 가득 차 있었다. 홍콩 섬과 구룡 반도를 오가는 여행이 즐겁기만 했다. 홍콩 인구가 약 400만인데 수천 명의 사람들이 편리하게 자주 다니는 여객선을 이용하고 있다.

어느 날 오후 YMCA 숙소에 돌아와보니 책상 위에 우리의 결혼 1주년을 기념하는 카드와 함께 아름다운 장미 꽃다발이 놓여 있었다. 며칠 전 직원들에게 말씀을 전했던 결핵 병원인 "소망의 항구 가족"이라는 서명이 있었다. 5월 4일에 대해 친구들로부터 사랑과 축하를 받는 것이 이번만이 아니었다. 그레이스 윙, 파울라 초이, 그리고 네테르솔 병원의 간호부장, 간호과장으로부터 더 많은 꽃을 받았다. 타국에서 받는 애정과 배려의 표시는 두 배나 더 감격스러웠다.

윙 여사가 우리를 위해 정부, 교회 개인 병원들에서의 전체 프로그램을 주선했다. 그리스도인 의사들 및 간호사들이 환자들의 영적 전쟁에 관해 근본적인 관심을 보이는 것에 대해 감명을 받았다.

싱가포르에서도 성령의 바람이 불었다. 어느 날 아침 싱가포르에서 병원 선교회가 막 발족되었다는 것을 알리는 로빈 존슨의 활기찬 전화가 걸려왔다.

전국 행동 팀이 보이 미 렝 박사와 함께 급속히 성장하는 모임을 열심히 정성껏 돌보기로 했다. 오래지 않아 국경을 넘어 다른 나라에도 진출했으며, 은사와 재능이 아름답게 잘 어우러져서 전국적으로 축복이 되고 있었다. 이렇게 하여 하나님 손에 인도를 받으면서 배가되는 과정이 지속되고 있었다.

이 여행에서 우리는 수천 킬로미터를 비행기, 배, 기차, 버스, 자동차를 이동했으며 바다 위로, 아래로, 땅 위로 하늘로 여행했다. 수도 없이 다른 침대에서 잠을 잤으며 나라마다 다른 음식, 매운 것 혹은 싱거운 것 때로는 향을 넣은 것 등 여러 가지를 먹었다. 기후와 기온이 서로 다른 것처럼 문화와 우리가 만난 사람들의 성격도 각양각색이었다.

정부, 교회, 개인 병원들에서 복음을 전하는 모임을 수도 없이 가졌으며 많은 사람들이 그리스도 안에서 믿음을 가지게 되었다. 각자의 마음속에 성령님께서 역사하셨고, 환자를 돌보는 사람들이 자신의 일터를 하나님을 섬기는 장소로 볼 수 있도록 영감을 주시고, 동기를 부여하시고, 도전하셨다. 우리가 가는 곳마다 위로부터 내려온 축복의 산들바람이 항상 불었다.

이들 정탐 여행 가운데 나타난 하나님의 신실하심은 너무 많아서 다 기록할 수가 없다. 성령의 바람이 엄청난 인구를 가진 동쪽 땅, 명목상의 그리스도인들을 찾기도 어려운 땅으로 우리를 자주 데리고 갔다.

비전에 사로잡혀, 사람들이 하나님의 부르심에 화답하기 시작했고 병원 선교회 사역에 진심으로 헌신하고 봉사하겠다고 삶을 드렸다. 용감한 젊은 이들이 활활 타오르는 횃불을 들고 목표를 향해 전진하고 있었다. 일부 사람들은 내가 한번도 가 보지 못한 중국, 몽골, 티베트, 베트남, 라오스, 캄보디아 같은 나라에까지 진출했다. 그러나 어려움은 여전히 남아 있었다. 헌신한 남녀 모두가 복음을 전혀 듣지 못한 동쪽 사람들에게 주님의 복음을 전해야 하는 문제가 남아 있었다.

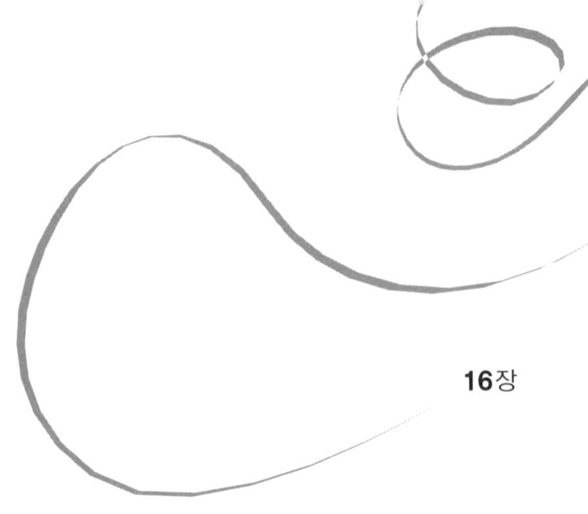

16장

새로운 세상

또 한 장의 비행기 표! 아니, 비행기표 뭉치라는 말이 어울렸다. 나는 카리비안, 중·남미에 있는 새로운 30개국을 방문하도록 되어 있었다. 미국, 캐나다, 유럽으로 가기 전 예루살렘에서 중요한 컨퍼런스가 있었다.

마침 독자층이 넓은 잡지에 내가 가려고 하는 나라에 대한 흥미로운 기사가 실렸다.

"아르헨티나에서는, 아르투로 일리아 대통령이 연속적으로 위기에 직면해 휘청거리고 있다. 에콰도르에서는, 좋은 의도를 가지고 있지만 종종 압제하는 4명의 군사 위원회에 대한 반대가 급속도로 증가하고 있다. 군사 위원회가 계엄을 선포했다. 베네수엘라에서는 라울 레오니 대통령의 군대가 카스트로 주의자들의 게릴라와 문제가 있다. 과테말라에서는 테러리스트들이 폭탄을 터뜨리고, 경찰들을 죽이고 작은 도시들을 공격한다. 지난 주 볼리비아에서는 내전이 발생했다. 콜롬비아에서는 좌익 폭동이 지속되고 있으며 일부 각료들은 경고의 암시를 보내고 있었다. 도미니카 공화국에서는 추악한 내전이 두 달째로 접어들었다."

또 다른 출판물에서는 페루에서 학생 시위가 있다고 했으며 우르과이에서는 공산당의 쿠테타가 임박했다는 소문이 지속적으로 돌고 있었다.

무신론 사상이 남미 전역으로 퍼진다는 위협들을 보면서, 이번 여행이 중요하며 짧은 장래에는 다시 여행하지 못할 것 같다는 생각이 들었다. 문이 아직까지는 열려 있지만 언제까지 그럴 것인가?

지난 몇 달 동안 도미니카 혁명으로 3,000-4,000명이 죽었는데 그들 대부분은 시민이었다는 소식을 들었다. 이 나라로 가는 비행기 표를 구입했을 때 내 생각에는 내가 그 곳에 도착할 즈음에는 문제가 해결되어 싸움이 끝나 있을 것이라고 생각했다. 그러나 리스본에서 본 신문에는 도미니카 공화국에서는 아직도 총격전이 있으며 아이들이 싸우는 것을 말리려는 형님인 양 사건에 관여하는 미국인들을 죽인다는 기사가 있었다.

리스본에 있는 남아프리카 공화국 대사관에서는 살고 죽는 문제가 아니면 아직도 혁명의 총소리가 난무하는 그 나라에 가지 말라고 권고했다. 내가 가지고 가는 그리스도의 메시지는 바로 삶과 죽음에 관한 것이었기 때문에 그의 충고를 듣고 거기에 가야겠다고 마음을 굳혔다. 그분을 영접하는 사람에게는 영생이 주어지지만 그분을 거부하는 사람에게 주어지는 영원한 죽음뿐이었다.

평상시에나 전시에나 세상에 있는 교회보다, 병원이나 진료 시설에 더 많은 사람들이 방문한다는 말이 기억났다. 어떤 나라에서는 선교사나 전도자들의 활동이 금지되고 교회가 문을 닫아야 할 때도 이런 진료 센터에서는 계속해서 그리스도를 증거할 수 있었다. 그러므로 병원 직원들을 그리스도에게로 인도한다는 우리의 임무는 긴박하고 엄청난 것이었다. "묵시(비전)가 없으면 백성이 방자히 행하거니와 (망한다)"(잠 29:18)라고 했기 때문에 누군가는 비전을 제시해야 한다.

푸에르토리코에서는 얼마 전에 산토 도밍고에 다녀온 한 목사님이 도미니카 사람들이 미국 사람들을 미워하는데 '당신은 미국 사람처럼 생겼다'

고 나에게 알려 주었다. 그 나라에서 까무잡잡한 사람들 가운데 성급하지 않은 반군들이 내 여권을 보자고 요청할 것이며, 참을성이 없고 방아쇠를 당기기 좋아하는 저격병들에게는 키가 크고 머리가 노란 당신이 쉬운 목표물이 될 것이라고 지적했다. 불안했지만 내 자신이나 환경에 초점을 맞추지 않고 기록된 말씀과 주님께 시선을 고정시켰다. 그분의 조용한 평안이 내 마음에 충만했다.

도미니카 공화국으로 떠나는 날 아침 나는 시편 91편을 읽었다. 5절에서 7절까지의 말씀이 특별하게 다가왔다. "너는 밤에 찾아오는 공포와 낮에 날아드는 화살과 어두울 때 퍼지는 전염병과 밝을 때 닥쳐오는 재앙을 두려워하지 아니하리로다 천 명이 네 왼쪽에서, 만 명이 네 오른쪽에서 엎드러지나 이 재앙이 네게 가까이 못하리로다."

시편 91편은 그분의 날개 아래에서 신뢰를 얻는, 전능자의 그늘에 대해 상기시켜 주었다. 이곳만이 나의 피난처였다. 내가 과거에 경험했던 그분의 인자하신 보호하심을 상기하고 확신을 가지고 앞으로 나갈 수 있다는 것을 알았을 때 내 마음에 감동이 일어났다.

산토 도밍고 공항에 도착한 나는 번쩍이는 총들을 보고 분위기가 살벌하다는 것을 알 수 있었다. 수도 없는 질문을 퍼붓고 서류들을 세심하게 검토했다. 택시를 잡아 타고 곧 시내로 향했다. 산토 도밍고에 온 적이 없었기 때문에, 어디로 가야할지 몰랐지만 엠바자도르라는 호텔 이름을 알고 있었기에 운전 기사에게 그곳으로 데려다 달라고 부탁했다. 놀랍게도 그 곳이 미군 사령부로 변해 있었다. 바로 옆에 헬리콥터들이 있었고 머리 위에서 끊임 없이 들리는 달그락달그락하는 소리가 갈등이 지속적으로 심해지고 있다는 것을 상기시켜 주었다.

호텔 홀에 있는 신문에는 혁명이 막다른 골목에 이른 것 같이 보이고 별 일이 없는 것 같지만, 실제로는 몹시 불안하게 하는 어떤 일들이 진행중이라고 했다. 숲속에서 일어난 일련의 사건에 대한 수사가 시작되었다. 사상

자 발생에 어느 누구도 책임이 없다고 양측이 완강하게 거부했다.

통상적인 방법으로 모임을 가질 수 없었기 때문에 전화를 걸었다. 상당수가 두절됐지만 가끔 통하기도 했다. 한 목사님은 호텔로 나를 만나러 와서 자신은 의사들의 모임을 주선하려고 노력했었다고 말했다. 선교사의 이름을 주길래 나중에 전화를 걸었다. 이번에는 30분짜리 통상적인 전화 통화가 아니었다.

전화를 받는 상대방 그리스도인의 마음에는 하나님의 따뜻한 사랑이 넘쳤다. 이전에 목소리도 들은 적이 없었지만 주 안에서 영감이 넘치는 교제였다. 우리는 동일한 주님을 사랑하며 섬겼고 그분의 풍성하심에 공감하고 있었다. 수화기를 내려놓으면서 우리가 주님의 임재 안에 있었고 예수님께서 가까이 오셔서 우리의 마음을 따뜻하게 하셨다는 사실을 깨달았다.

이번 통화에서 얻은 또 하나의 결과는 아무와도 접촉이 없었던 이웃 나라에 계시는 선교사에게 그 나라를 방문할 일정을 전해 준 것이었다. 이분이 그 나라에서 접촉해야 할 핵심 인물임이 밝혀졌다. 다른 일도 많이 있었지만, 도미니카 공화국에 와서 그 사람의 주소를 받은 것만으로도 이곳을 방문한 목적을 달성했다고 할 만큼 중요한 사건이었다.

돌아가기 전 호텔 마당을 거닐면서 근무중인 두 명의 젊은 군인과 이야기를 나누었다. 혁명, 집, 철군에 대해 이야기했다. 내가 하고 있는 일에 대해 이야기할 때 한 군인이 주머니에서 신약 성경을 끄집어냈다.

"충분히 읽지 못했습니다."라고 고백했다.

하나님 말씀을 묵상하면서 매일 힘과 영감을 얻는다고 말하면서 어떤 구절들을 읽어야 할지 제시해 주었다.

"일리노이에 있는 형제를 꼭 좀 방문해 주세요. 기독교인인데 당신을 만나면 반가워할 것 같습니다."

이 젊은이에게는 집에서 기도하는 형제가 있다는 뜻으로서 의미 심장하게 들려왔다.

내가 탄 비행기는 트리니다드의 스페인 공항에 자정 즈음 도착할 예정이었다. 그 시간에 나를 마중나올 사람이 있을지 의문이었는데, 미소를 지으며 마중나온 20명의 간호사 및 친구들과 악수한다는 것은 놀랍고도 즐거운 일이었다. 얼마나 정성스럽고 열정이 넘치는 환영의 표시인가!

주님께서 우리를 특별한 방법으로 축복하실 것을 확신한다고 말했는데, 1965년 첫 번 방문에서 가졌던 모임들 위에 주님께서 확실하게 축복하셨다.

지도자들 중 한 자매가 보낸 편지에는 다음과 같이 기록되어 있었다. "당시의 방문은 우리에게 영적 신선함을 많이 가져다 주었습니다. 바울이 나이 들어서 빌립보 성도들에게 편지할 때, '여러분들을 기억할 때마다 하나님께 감사드린다' 고 기록한 것처럼 말입니다. 화요일 간호사 모임에서 자신들의 삶에서 받은 풍성한 축복을 나누는 사람들이 많았습니다."

참석자가 많았던 어떤 모임에서는 보건부 장관이신 아이 유 테샤 여사께서 참석해 나를 진심으로 환영해 주셨다. 그중에서도 장관은 이렇게 말했다.

"트리니다드를 처음 방문하신 프란시스 그림 씨를 공식적으로 환영할 수 있도록 초청해 주셔서 영광입니다. 제게 보내 주신 팜플렛을 흥미롭게 읽었고, 국민들의 건강을 돌보는 기관에 깊은 영성을 가진 간호사들이 있다는 것이 얼마나 중요한지 이해할 수 있었습니다. 환자들을 돌보려고 노력할 때에는 항상 인간이 당하는 고통과 비참함의 문제들이 있을 것입니다. 마음속에 그리스도의 사랑을 가진 사람들 그리고 다른 사람들을 향한 참된 사랑을 가진 자들만이 불쌍한 사람들에게 위로와 힘을 줄 수 있습니다."

"이 부분에서 특별히 간호사들을 언급했습니다만, 병원, 보건 기관에서 일하는 모든 분들이 환자들을 도울 때 적절한 동기를 가지고 있어야 한다는 점은 모두 동의하실 것이라고 생각합니다. 하나님을 믿는 깊은 영적인 신앙에서 솟아나오는 동기는 사랑의 행동과 봉사의 모습으로 드러날 것이며 동료를 향한 애정으로 표현될 것입니다."

나중에, 일련의 사건을 거쳐서 열정적인 젊은이로서 샌 페르디난도에서 병원 간부들과 모임을 가지고 있었던 케네스 라구나스를 만나게 되었다. 전도에 대한 그의 열정은 식을 줄 몰랐고 곧이어 성경 학교에서 하나님의 말씀을 공부하고 있었다. 1969년 로마에서 열린 세계 컨퍼런스에 초청받은 케네스는 병원선교회의 전체 모습을 파악했고 비전이 젊은이의 마음을 사로잡았다. 나의 내적 갈등에도 불구하고, 그는 모든 것을 버리고 믿음으로 병원선교회의 전임 사역자로 나섰다. 나중에는 캐리비안 지역 책임자를 맡았고 핵심 동료로서 최초로 국제 이사회의 이사로 선임되었다.

캐리비안해를 건너서, 많은 사람들에게 "잊혀진 대륙"으로 알려진 광대한 라틴 아메리카로 여행하게 되었다.

베네수엘라를 일주일 밖에 방문하지 못했지만, 수도인 카라카스에서 모임을 가졌고, 바르퀴시메토로 장거리 버스 여행을 했으며, 국내선 비행기를 세 번 탔다. 이 여행 중에 세계전도단(WEC) 선교사들 그룹을 만나서 라디오 인터뷰를 했으며, 주일 오전에는 설교를 했고, 의료인들 및 간호사들 여러 그룹을 만났다.

그 나라를 떠나기 직전에, 40명의 법조인들, 교사들, 의사들 및 기타 전문직업인들에게 말씀을 전했다. "진리를 찾는 사람들"이라는 유명한 법조인이 이끄는 모임에서는, 그들이 진리를 "찾았다"고 고백하지는 않았다. 이런 사람들에게 "우리는 메시아를 만났다"(요 1:41)는 말씀과 그분이 직접하신 말씀인 "우리는 아는 것을 말한다"(요 3:11)는 내용을 전한다는 것은 큰 특권이었다. 그 후 몇 년 동안은 산유국들을 방문했다.

네덜란드 말을 사용하는 네덜란드 안틸레스에서는 고향에 온 것처럼 느껐다. 네덜란드 개혁 교회 목사님들, 감리교 지도자들, 혹은 어느 선교사도 병원 직원들 중 주님을 영접한 사람이 있는지 아무도 몰랐다. 큐라샤오에 가기 위해서는 기도가 많이 필요했다.

하나님께서 기도를 들어 주셔서 수년 내에 놀라운 그리스도인들, 믿음이 확실한 사람들이 병원선교회에 지도자들로 부상했다.

영국령 가나에 있는 친절한 사람들, 흰색을 칠한 집들과 웅장한 성당들은 잊을 수 없는 감동을 주었다. 영어를 사용하는 또 다른 나라는 자마이카였다. 그곳 병원에서 몇 명의 신자들을 만났고 몇 번의 모임에서 말씀을 전했다.

수리남은 "홀란드의 메아리"라고 불릴만 했다. 여기에는 성령의 바람이 특이하게 불었다. 유일하게 알고 있었던 이름은 캄씨로 영국령 가나에서 전화를 걸었던 사람이었다. 잘 들리지 않는 무선 전화기로 공항에서 만나자고 한 것 같았는데 다행히 공항에 나와 있었다. 나는 곧 그 사람이 내가 만나고 싶어 했던 사람과 형제임을 알게 되었다. 결국에는 "엉뚱한" 캄씨였지만 임자를 만난 셈이 되었다! 그는 택시업을 하고 있었고 밤낮 무료로 택시를 사용하도록 조치해 주었다. 초면인데도 나를 자기 집에 머물도록 초청했다.

수리남에서의 시간이 제한되어 있었으므로, 일분일초라도 아껴야 했다. 무질서하게 뻗어 있는 수도 파리마리보 시에서 어디든지 나를 데려다 주기 위해 택시가 대문 앞에 대기하고 있었다. 나중에 캄씨의 형제가 나에게 택시와 숙소를 제공할 입장이 아니었다는 것을 알게 되었다.

귀아나스 바로 뒤로 브라질이 희미하게 보였다. 브라질은 엄청난 아마존 강과 지나가기조차 힘든 정글 및 숲의 미로를 가진, 세계에서 네 번째로 큰 나라이다. 동부 해안에 있는 리오데자네이로가 세상에서 가장 아름다운 도시라고 알려져 있었다.

이 나라에는 모든 것이 대규모인 것 같았다. 세계에서 커피가 가장 많이 생산되고, 5,000만 두의 소가 사육되고 있으며, 빅토리아 여왕의 이름은 본 딴 수련들은 세계에서 가장 컸으며, 깜짝 놀랄 만큼 큰 날개를 가진 매우 아름다운 나비들, 모든 것들이 내가 이전에 본 것들보다 큰 것 같았다. "엄청난 시멘트 정글"인 상파울로는 서방 세계 어느 도시보다 급속도로 팽창하는 것으로 유명했다.

무엇보다, 남아메리카 인구의 반 이상이 이 도시에 살고 있었고 그들 때문에 이곳을 방문하게 된 것이었다.

광대한 나라 브라질은 엄청난 영적 필요를 가지고 있었고 수백 명이 나를 위해 매일 기도한다는 것을 생각하니 감사했다. 한편으로는 괄목할 만한 방식으로 성령님께서 역사하시는 것에 놀라지 않았다. 극도로 짧은 시간에 중요한 분들을 만났고, 하나님께서 마음도 여시고 기회의 문도 여셨다. 모임과는 별개로, 개인적으로 이야기할 기회가 있었고 은혜로우신 구주를 소개할 수 있었다. 그분께서는 믿음으로 드리는 기도를 들으시고 불가능한 일을 이루시는 것을 즐기시는 것 같았다! 가장 신실한 중보 기도자들 중에는 내 형제 칼의 네 자녀들, 칼, 프란시스, 로렐레, 그라함이 포함되어 있다.

그들은 나를 위해서, 다른 나라의 어린이들을 위해서, 소중한 것들이 들어 있는 "삼촌의 작고 검은 가방"의 안전을 위해서 지속적으로 기도하고 있었다. 이것이 수년 동안 지속되고 있었다.

어느 도시에서 많은 참석자들이 모인다는 집회에서 말씀을 전해 달라는 초청을 받았다. 충분한 크기의 홀을 빌렸는데 도착해 보니 불과 몇 사람이 앞 줄에 앉아 있었다. 통역할 사람도 준비되지 않았고 청중으로부터 나온 4명의 자원 봉사자들은 상황을 복잡하게 만들 뿐이었다.

분위기가 상당히 굳어졌기 때문에 참석한 사람들의 사기를 높여 주기 위해 농담 반으로 치과 의사는 환자에게 복음을 전할 독특한 기회를 가지고 있다고 말했다. 환자의 귀에 가까이 있고, 치아를 고치고 있는 동안에는 무슨 말을 해도 환자가 반박할 기회가 없다. 그러나 나의 노력이 풀이 죽은 청중들을 웃기기에는 역부족이었다. 무슨 수를 써도 가라앉은 분위기를 변화시킬 수가 없었다.

그날 저녁 늦게 기가 푹 죽어서 호텔로 돌아왔지만, 나의 피난처이신 반석으로 달려가 모든 것을 주님께 내려놓았다.

며칠 후 교회에서 설교를 마친 후에 한 젊은이가 흥분해서 다가왔다.

"저는 치과 의사인데 며칠 전 저녁 모임에 참석했었습니다. 저는 환자에게 주님을 전해 본 적이 없었는데 어제 한 사람에게 복음을 전했습니다. 그리스도에 대해 이야기하면 할수록 그 사람은 더 알고 싶어 했습니다. 나중에 우리 집에 찾아왔고 기쁘게도 저는 그분을 구주께로 인도했습니다."라고 말했다.

"놀라운 소식입니다! 저는 그날 저녁 모임은 전적으로 실패했다고 생각했습니다."라고 대답하자 그는 "그 모임은 저의 삶의 방향을 완전히 바꾸어 놓았습니다. 치과 의사인 저의 직업에 한 차원을 추가시키게 되었습니다. 우리 나라에 와 주셔서 고맙습니다."라고 말했다.

～∞～

브라질 공항에서였다. 비행기에 탑승하라는 방송이 나왔고 나는 줄 맨 끝에 서 있었다. 카메라 가방을 어깨에 메고, 한 손에 가방을 들고, 수채화 그림 뭉치를 겨드랑이에 낀 채 여유 있게 어슬렁거렸다.

공항 건물을 떠나 도로를 건너가고 있는데 어떤 남자가 갑자기 내 뒤에서 나타나 면전에 브라질 수표 뭉치를 흔들면서 달려왔다. 그리고는 그림을 가리켰다. 공항 직원이 이상한 듯 쳐다보고 있었다. 순간적으로 그림 뭉치를 열어 그림들을 보여 주었다. 어느 것을 구입할지는 별로 신경쓰는 것 같지 않았다. 멋진 남아프리카 공화국의 석양 그림을 건네주었다. 그는 특이한 브라질식 포옹으로 축복했다. 우리 둘 사이에는 공통 언어가 없었다. 바로 그때 공항 직원이 포루투갈 말로 뭐라고 했는데 번역하자면 "지금 탑승하세요!"라는 의미였다. 풀어헤쳐진 그림을 들고 탑승했다. 좌석에 앉아서 돈을 세어 보니 정확한 그림 값이었다. 며칠 동안 그림을 팔지 못했기에 이 것은 유쾌한 순간 세일이었다.

지구 상에서 가장 현대화된 도시 중 하나인 브라질리아에 있는 호텔에 투숙했다. 다음 날 아나폴리스로 갈 버스표를 사 오라고 사람을 보냈다. 내 방으로 돌아온 그 사람은 문이 열려 있었는데도 정중하게 노크했다. 내가 표를 점검하고 있는 동안 그는 책상 위에 있는 성경 본문 카드에 시선을 고정시키고 있었다. 이것들은 택시 기사, 방 청소해 주는 사람, 짐을 날라 주는 사람들을 위한 것이었다. 팁과 함께 이것을 주면 좋아했다.

"믿는 사람인가요?" 그 사람이 진지하게 물었다.

"그렇습니다만, 당신은요?" 밝은 표정으로 고개를 끄덕였다.

그때부터 호텔이 달라보였다. 믿는 동료를 만난 것이었다. 대부분의 호텔에서는 성경보다 술병을 구하기가 더 쉬웠고 영적인 분위기라고는 전혀 풍기지 않았다.

사도 바울이 빌립보인들에게 보낸 편지에 기록한 짧지만 중요한 구절이 생각났다. "모든 성도들이 너희에게 문안하되 특히 가이사의 집 사람들 중 몇이니라"(빌 4:22).

로마 제국의 엄격한 법률에는 모든 로마인들은 황제를 숭배하고 황제만 숭배하라고 선포했다. 어기면 경기장에서 잔인한 죽음을 당할 뿐이었다. 하지만 여기서 바울은 시저의 가까운 친척으로부터의 문안을 전하고 있다.

특정 병원에서 복음주의 그리스도인들이 그리스도를 증거할 수 없다는 이야기를 가끔 듣는다. 상부에서 금하든지 아니면 다른 이유로 인해 못하게 한다는 것이었다. 정말 불가능한가? 아니면 초대교회 성도들만큼 용기와 확신이 없고, 지혜가 부족하기 때문인가? "예수의 이름으로 말하지도 말고 가르치지도 말라"고 명령 받았을 때 베드로와 요한의 대답은 "우리는 보고 들은 것을 말하지 않을 수 없다"(행 4:18-20)는 것이었다.

베드로는 편지에서 "너희 속에 있는 소망에 관한 이유를 묻는 자에게는 대답할 것을 항상 준비하되 온유와 두려움으로 하고"(벧전 3:15)라고 권고했다. 우리 주님의 약속은, "오직 성령이 너희에게 임하시면 너희가 권능을 받고 예루살렘과 유대와 사마리아와 땅 끝까지 이르러 내 증인이 되리라"(행 1:8)는 것이다.

모임 후에 어떤 분이 "우리가 복음 병원을 지을 때까지 기다려 주십시오. 거기서는 그리스도를 증거하는 데 문제가 없을 것입니다."라고 언급했다.

우리 믿는 자들은 가까운 장래에 곧 다가올 기쁜 날, 즉 우리의 "복음 병원을 가지는 때"를 기다리는 동안 복음을 전하지 말아야 하는가? 전혀 그렇지 않다! 나는 복음 병원 설립을 전적으로 지지하는 사람이지만, 동시에 우리가 어디에 있든지 지금 복음을 전해야 한다고 믿는 사람이다.

한 그리스도인 간호사가 얼마나 단순하게 노인 환자로부터 궁금증을 불러일으켰는지 생각난다.

"왜 당신은 언제나 행복해 보입니까?" 노인 환자가 물었다.

"그리스도가 내 안에 살아 계시고 그분의 사랑에 만족하니까요."라는 것이 간단한 대답이었다.

환자는 더 질문했고 이것은 간호사가 구원의 길을 설명해 줄 수 있는 절호의 기회를 제공했으며, 결국 간호사는 그 환자를 주님께로 인도하게 되었다. 이 모든 것이 종교적 토론에 대해 엄격한 규칙이 적용되는 병원에서 일어난 일이었다. 규칙이 아무리 엄격해도 질문에 대답하는 것을 제한할 수는 없지 않은가!

이번 여행에서 그리스도의 놀라운 사랑에 깊게 감동 받은 사람들이 있었다. 죄인들이 눈물로 그분의 용서를 구했다. 그리스도인들은 각성하고, 나음을 입었다. 우리 모두를 돌보시는 그분의 사랑이 여러 모양으로 나타났다.

정열적인 브라질 사람들이 비전을 받고 모임을 만들기 시작했으며 이 모임들이 결국에는 전국에 있는 동료들과 환자들에게 축복의 통로가 될 것이다. 하나님의 심정을 따르는 지도자들이 그분의 부르심을 받아 컨퍼런스를 열고 문서들을 출판하는 데 애를 쓰고 있었다. 그 후로도 열정은 식을 줄 모르고 이어졌으며 이제는 라틴 아메리카에 있는 다른 나라에까지 영향을 미치고 있다.

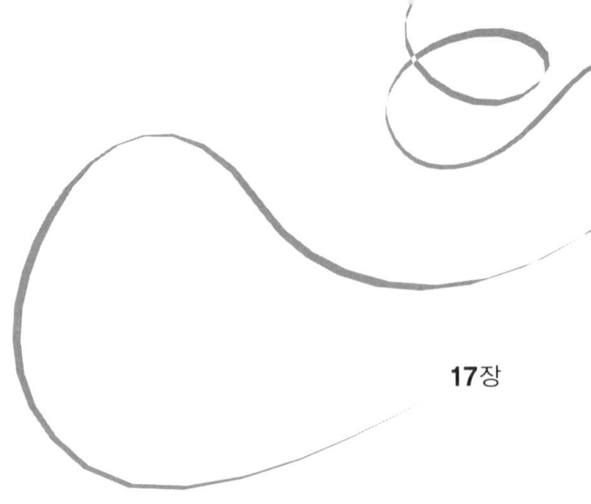

17장

석양의 불빛

나의 99번째 방문국은 프랑스령 가이아나였다. 98번째로 방문한 지구 저쪽에 있는 나라들은 크기, 기후, 고도들이 각양각색이었다. 어떤 나라들은 적도에 있고, 어떤 나라들은 북극에 있고, 어떤 공항은 수면 높이에 있었고, 다른 공항은 해발 4,000미터 높이에 있었으며, 국가적인 종교도 불교, 힌두교, 이슬람, 로마 카톨릭, 그리고 개신교들이었고, 정부 형태도 민주주의에서부터 "부족 통치", 독재 및 공산주의까지 다양했다.

프랑스령 가이아나는 조그만한 나라였다. 정치적으로는 프랑스의 해외 부서였고 수도는 케이엔이었다. 남아메리카 대륙에 있고 적도에서 5도 북쪽에 위치해 있으면서 연중 평균 강우량이 4미터이다. 적도에 아주 가깝기 때문에 기후는 덥고 습하며, 일 년 내내 섭씨 27-32도 정도이다. 수출품은 금, 목재, 자단 추출물 및 발란타 고무이다.

얼마 동안 케이엔에 있는 선교사와 편지를 주고 받았다. 편지에는 다음과 같이 기록되어 있었다.

"당신의 보고서와 회람을 흥미롭게 읽었습니다. 프랑스령 가이아나 병원의 선교 활동에 관해서 말씀드리겠습니다. 케이엔에 국립 병원이 하나 있지만, 의사나 간호사들 중에 믿는 사람이 있는지 모릅니다. 나머지 두 병원은 카톨릭 수녀들이 운영하고 있습니다. 무슨 하실 말씀이라도 있습니까? 남미 대륙에 오실 기회가 있으시면 프랑스령 가이아나를 꼭 들러주십시오. 그리스도인들이 거의 오지 않기 때문에 그리스도인들이 오기만 해도 외로운 형제들에게 큰 힘이 됩니다."

거의 잊혀진 지역에 있는 외로운 신자들을 만난다는 것이 얼마나 기쁜 일인가! 게다가 의료인들에게 직접 복음을 전할 가능성도 있었다. 전략적으로 볼 때 그들은 현대 사회에서 가장 중요한 위치 중 하나를 점유하고 있었다. 국가 원수로부터 노동자에 이르기까지 이러저러한 이유로 의료인들의 도움을 받지 않은 사람이 거의 없었다.

우리 주 예수 그리스도께서는 공생애 사역을 완성하시기 위해 32년밖에 사시지 않았지만, 대부분의 시간을 고통 받는 사람들과 함께 보내셨다. 사람들에게 무엇이 필요한지 살피는 일은 그분을 따르는 자들이 더 큰 폭으로 계속하고 있다. 세상 어느 종교보다, 기독교 메시지는 애정, 친절, 온유와 사랑이 들어 있다. 의사, 간호사 및 기타 환자를 돌보는 사람들의 삶속에 들어 있는 이상적인 덕목들은 고통 받는 사람들에게 "길리아드의 향유"같은 것이다.

엄청난 아마존 강 위를 하참 동안 날아서 목적지인 프랑스령 가이아나에 도착했다.

"그림 씨입니까?" 카이엔 공항 건물에 들어서는데 빨간 머리의 젊은이가 물었다.

"가이거 씨인가요?"

악수할 때 미소를 지으며 고개를 끄덕였다. 곧 가이거 부인과 그 나라에서 수년 동안 사역한 동료 선교사인 모렛 씨를 만났다.

"아이들은 선생님이 오시기를 손꼽아 기다리고 있습니다."라고 가이거 부인이 말했다.

그러나 조종사가 짐 나르는 기구의 열쇠를 가지고 나가버렸는데 그가 어디 있는지 아무도 몰랐기 때문에 짐 찾는 시간이 상당히 지연되었다. 마침내 문제가 해결되어, 우리는 수도로 향하게 되었다. 가는 길은 열대지방의 풍성한 나무들과 새들이 있는 정글을 통과하는 길이었다. 꿉꿉한 공기에 바람 한 점 불지 않았다.

딸 셋, 아들 둘 모두 다섯 명의 귀여운 아이들이 우리를 기다리고 있었다. 이층 침대가 두 개 있는 침실이 남아프리카 공화국에서 온 손님에게 주어졌다. 그 방이 바다 쪽을 향해 있어 산들바람이 불어옴에 감사했다. 카이엔은 그렇게 더울 수가 없었다.

가이거 여사가 어릴 때 가졌던 꿈은 간호사가 되는 것이었지만 환경이 허락하지 않았다. 열세 살 난 첫 딸은 일반 병원 환자들을 정기적으로 방문하고 있다고 했다. 놀랄 만한 열정을 가지고 그 일을 하고 있었다.

"딸에게 그 일을 해 달라고 아무도 요청하지 않았어요. 방문 시간이 되기도 전에 그 아이는 준비를 마치고 환자들을 매우 보고 싶어 합니다." 라고 어머니가 말했다.

딸의 생기있고 밝은 표정이 외롭게 고통받는 사람들에게 기쁨을 줄 것이 분명했다.

프랑스령 가이아나에서는 형제회가 유일한 복음주의 그룹이었다. 그들과 교제하고, 병원에서 일하는 사람들을 그리스도에게로 인도하는 노력을 함께할 수 있어서 즐거웠다. 그 나라의 의료계 및 간호계에는 복음주의 그리스도인들이 거의 없었고 형제회 신자들이 전도 사역을 마음에 품고 기도하고 있었다. 주말에 네 번의 집회가 있었는데 모두 큰 은혜가 임했다.

프랑스령 가이아나 연안 근처에 악마의 섬이 있었다. 1852년과 1952년 사이에 악명 높은 이 섬과 가장 오래된 프랑스 식민지인 프랑스령 가이아나가 프랑스의 교도소였다. 그 기간 동안 약 7만 명의 죄수들이 그곳으로 보내졌다. 교도소의 원래 목적은 범죄 예방, 재활, 격리, 식민화 네 가지였다.

그러나 몇 년 후, 이런 이상적인 생각은 성공을 거두지 못했다. 구세군이 올 때까지 감옥은 남아 있었다.

알빈 페이론이 1928년 젊은 부하인 찰스 피안에게 그 감옥을 "이 땅의 지옥"이라고 묘사하면서 "피안, 자네를 그 곳으로 보내기로 결정했네."라고 말했다.

피안은 악마의 섬에 살면서 구원의 메시지를 전파했고 교도소 폐지 운동을 벌였다. 8년간의 구세군 장교 경험을 가진 젊은이에게는 벅찬 임무였다.

수년 후 엄청난 임무를 마감했을 때, 찰스 피안은 "훈작사"라는 별명을 얻었다. 『악마의 섬을 정복하다』라는 책에서 그는 시작하는 조건은 어디서나 마찬가지라고 말했다. 케이엔에는 광장에도, 길에도 죄수들이 있었다. 마나, 시나마리, 라프로나쥐에는 죄수들이 더 많았다. 오야폴크에서 마로니 강까지, 브라질에서 바다까지 일부 사람들은 감시를 받고 있었고, 나머지 사람들은 자유인 아니면 탈주자들이었다. 그들은 도시를 돌아다니거나, 숲 속에 숨기도 하고, 금광에서도 일하고, 훔치고, 죽이고, 욕하고, 죽기도 했다. 그 감옥은 프랑스의 6분의 1정도 크기였다. 통과할 수 없는 정글이 간수 역할을 하고 있었고, 죽음을 가져다 주는 숲, 늪지대 그리고 바다와 상어들이 있었다.

죄수였던 장 밥티스트 씨를 내가 처음 만난 곳은 그가 환자로 있던 케이엔에 있는 국립 병원이었다. 주일에는 형제회에서 실시하는 성찬식에 참여할 수 있도록 특별허가를 받아서 가이거 가족의 집을 방문했고, 그곳에서 관심을 제일 많이 끌었던 것은 딸 수잔이었다. 이것은 보통의 우정이 아니었다. 왜냐하면 장은 67살, 수잔은 6살이었기 때문이었다!

이 우정은 수잔이 태어나기 전부터 시작되었다. 가이거 가족은 휴가로 미국에 있었는데 출산일이 가까워서 남편은 케이엔으로 가고 가이거 여사는 거기에 남아 있었다. 이곳에서 그는 밥티스트를 만나게 되었고 쟌은 최근에 그리스도를 영접했다.

두 사람은 자주 만나 기도했으며 곧 태어날 아기를 위해서도 잊지 않고 기도했다. 3개월 후, 아버지와 장에게 기쁨을 줄 어린 수잔과 어머니가 케이엔에 도착했다.

장은 삶의 새로운 흥미를 가지게 되었다. 그는 매일 수잔을 유모차에 태워 나가고 싶어 했고, 다른 아이들을 돌보느라 엄마가 바쁠 때는 음식도 먹여 주었다.

그러던 어느 날 갑자기 어두운 날들이 닥쳐왔고, 죽음이 어두움 속에 숨어 있었다. 극심한 질병으로 장은 삶의 의지를 잃었고, 다음 날 햇빛 볼 것을 기대할 수가 없게 되었다. 그러나 무지개의 찬란함처럼, 단백색 미명의 아름다움처럼 의학적으로는 불가능한 것을 주님께서 치료해 주셨다. 그것은 수잔 때문이었다! 그가 아기에게 두 팔을 벌릴 때 수잔은 하늘에서 내려온 비둘기처럼 품속으로 파고들었고, 이것이 그에게 새로운 소망과 삶의 욕구를 가져다 주었다. 그는 곧 활기를 되찾았고 다시 건강해졌다.

수년 동안 우정이 지속되었다. 두 사람 이외에는 주변 상황에 신경을 쓰지 않는 것 같아서 이 두 사람을 관찰하는 것은 황홀했다. 서로 이야기하고, 성경을 함께 읽고, 수잔의 장난감으로 소꿉놀이도 함께 했다. 때로는 둘 사이에 사소한 "사랑싸움"도 있었고 먹구름도 드리우기도 했다. 그러나 곧 맑아졌고 조잘거리며 웃는 일상으로 돌아왔다.

장 밥티스트는 눈에 띄는 외모를 가지고 있었다. 머리카락과 수염이 눈 같은 흰색이었고, 그의 검은 눈은 즐거움으로 반짝였지만, 때로는 마치 먼 과거를 회상하는 것처럼 서글픔이 깊이 자리 잡기도 했다. 지나간 세월의 숨겨진 계곡에 무슨 슬픔을 묻어 두었을까?

케이엔에서 가졌던 모든 집회에 장이 참석했다. 그의 고백에 자극 받아서, 자신의 간증을 기록해 보라고 권유했다. 브라이브에서 1900년 3월 4일에 태어난 장은 예수회 학교에서 자랐고 약대 학생이 되었다가, 나중에 프랑스 군대로 징집되어 포병으로 복무했다.

21살에 사촌과 결혼한 지 2년 만에 아들을 낳았지만 결혼 생활에 실패하면서 그는 비참할 정도로 불행해졌다.

"저의 유일한 낙은 술과 담배였습니다. 일요일에는 먹을 것이 없는 날도 있었습니다."라고 회상했다. 이 즈음에 간증은 마치 과거라는 시간의 커튼이 드리워진 것처럼 불투명해지면서 혼탁해졌다. 자세히 기록하라고 다그쳤다. 그러나 그때, 그들은 장을 "바그네"(bagne)로 데리고 갈만큼 심각했다. 바그네는 프랑스령 가이아나의 끔찍한 감옥이었고 그는 10년 형을 선고받았다. 이런 것은 통상적으로 10년의 보호관찰 기간 동안 그 나라에 살아야 한다는 조건이 따라온다. 일자리도 찾지 못하고 먹을 것조차도 구하기 힘들었기 때문에 나중 기간이 처음보다 더 어려웠다. 이런 죄수들은 인생의 바다에 표류하는 난파선에서 버려진 물건들 같았다. 닻이 없으므로, 그들이 하는 일이라고는 다시 범죄하거나 아니면 굶는 것뿐이었다.

"주 예수 그리스도를 영접하게 된 것에 대해서 말씀드리면, 저는 수리남 국경 성 로렌트에서 구세군을 만나서, 1958년 케이엔에 왔습니다. 갈리옷 형제와 우베트 자매 및 모렛 가정들 덕분에 제가 지금 그리스도 안에 있게 되었습니다. 저는 메이슨 엠마누엘 씨 집의 정원사로 일했고, 1960년 6월 23일에 그리스도를 확실하게 믿게 되었습니다. 그분의 고귀한 보혈로 제가 지금 그리스도인이 된 것입니다. 이사야 44장 22절에 보면 하나님께서는 빽빽한 구름 같은 우리의 허물과 구름 같은 우리의 죄를 도말하셨다고 되어 있습니다. 어떤 사람은 완전한 죄사함은 주님께서 주신 것 중 가장 아름다운 것이라고 지적했습니다. 하늘에서 구름이 한번 사라지고 나면 그 구름은 다시 볼 수 없습니다. 그분의 용서와 내가 받은 새 생명을 만끽하고 있습니다."

이와 같은 비극적이고 외로운 인생의 제목을 "석양의 불빛"으로 붙이는 것이 적격인 것 같았다. 60년 동안 살면서 정신적, 육체적 고통을 많이 경험한 후, 마지막 10년은 자유의 축복을 받았고, 동료 신자들을 돌보며 어린 아이와의 우정을 보상으로 받은 축복된 날들이었다.

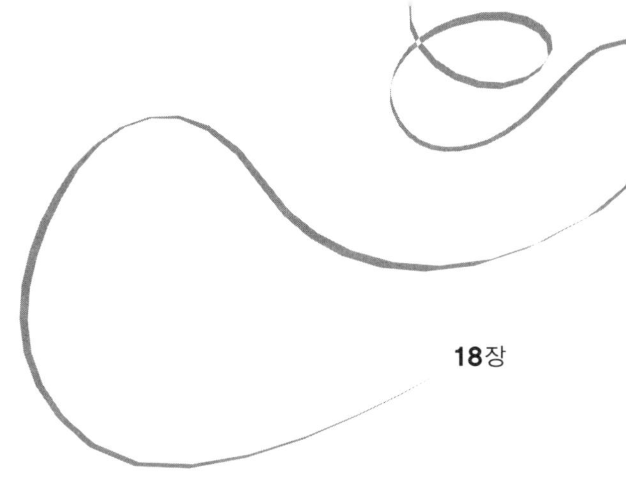

18장

하나님이 돌보신다!

거대한 크기의 바위가 구름을 뚫고 태양을 향해 치솟아 비행 항로에 불길한 그림자를 드리우고 있었다. 칠레가 다음 방문 국가였다. 울퉁불퉁한 화산 봉우리들이 있는 웅장한 안데스가 이토록 아름다운 나라의 7,250킬로미터 해안을 지키는 엄숙한 지킴이로 서 있었다.

이곳 병원과 국민 건강 센터의 직원들도 그리스도를 영접하고, 믿음 안에서 성장하고, 중요한 선교지를 위해 역량을 키울 필요가 있었다. 비행기가 서서히 산티아고 공항으로 하강할 때 내가 "성령의 바람"을 가지고 간다는 것을 다시 한번 느꼈다.

몇 주 전에 세계병원선교회 본부에서 녹음된 카세트와 다른 중요한 편지들이 이 주소로 도착할 것이라는 연락을 받았기에 어느 날 아침 우체국에 전화를 걸었다. 여러 번 확인했지만 아무것도 도착하지 않았다.

우체국장에게 물어보려고 마음먹고 우체국장이 어디 있는지 물었더니 "윗층에요."라고 직원이 스페인어로 말하면서 손짓했다.

그러나 윗층으로 올라가는 계단을 찾지 못했다. 다른 직원에게 도움을 청했다. 영어를 할 줄 아는 옆에 있는 신사에게 내 문제를 설명했다. 우리는 함께 우편물 보관소로 가서 내 문제에 대해 정확하고 강력하게 항의했다.

다른 쪽에서 우리 말을 들은 여직원이 도와주겠다고 했다. 그 여직원은 윗층으로 가는 계단을 알고 있었으며 나를 해외 우편 등록부로 데리고 갔다. 목록에서 이름을 세밀하게 확인한 후 내 이름을 찾아서 추적할 수 있는 번호를 알아냈다. 아래층에서 부서마다 차례로 확인한 후 결국에는 택시를 타고 다른 도시에 있는 세관 사무실로 갔다.

도착한 후 여러 가지 장부를 확인하는 전체 과정을 반복했다. 그 후에 담당 직원을 만나러 윗층으로 갔다가 내려왔다가 다시 올라갔다. 이번에는 두 번째로 높은 사람이 윗층 사무실에 있었다. 그 사람이 내 이름을 듣더니, 자기 가방을 열고 다른 우편물들 가운데서 내가 찾던 것을 꺼내 주었다. 그는 유엔 사무실에서 온 사람이었다. 우리가 도착한 직후 내 편지를 유엔 사무실로 가지고 가려던 참이었다! 겉봉투에 "우편물 보관소"라고 분명하게 적혀 있는 내 우편물이 왜 거기에 있었는지 이해할 수가 없었다. 우편물이 그쪽 사무실로 갔었다면 나는 그 우편물을 영영 받지 못했을 것이다. 우리가 적시에 도착한 것이었다. 이렇게 정확하게 계획을 세울 수 있는 분은 하나님뿐이었다. 바로 그 순간 누가 기도했는지 궁금했다.

사도 바울이 한때 "하나님께서 황소를 돌보시는가?"라고 물었었다. "하나님께서는 우편물도 챙기시는가?"하는 생각이 들었다. "우리의 머리카락 숫자도 아신다"고 주 예수님께서 말씀하셨다. 한이 없는 그분의 지식에는 머리카락 수, 우편물, 하늘의 별이 차이가 없다. "그가 별들의 수효를 세시고 그것들을 다 이름대로 부르시는도다 우리 주는 위대하시며 능력이 많으시며 그의 지혜가 무궁하시도다"(시 147:4-5).

언젠가는 없어질 황소, 편지, 별들을 돌보시는 분께서 자신의 피값으로 사신 영원한 영혼들, 복음을 전하라고 나를 보내신 그 영혼들을 더더욱 영원토록 보살피실 것이다.

우체국에서 돌아오는 길에 친절하게 나를 도와준 사람에게 아름다운 꽃이 담긴 화분을 사 주겠다고 제안했다. 흰 꽃 아니면 붉은 꽃? 그녀는 붉은 꽃을 택했다. 택시로 돌아올 때 그녀가 "꿈만 같아요."라고 말했다. 마지막 순간에 유엔 사무실로 갈 뻔한 우편물을 찾으면서 하나님의 시간이 얼마나 정확한지를 깨달은 것이 나에게도 꿈만 같았다.

멕시코 시에 있는 식당에서 저녁을 먹을 때, 함께 앉아 있던 농부와 이야기를 시작했다.

"멕시코에 어떻게 오시게 되었습니까?" 농부가 물었다.

"병원에 관심이 많아서요." 내가 대답했다.

"병원 장비 말인가요?"

"예, 사람 장비요. 남미, 중미를 오랫동안 여행하는 목적은 사랑이시며 살아 계신 그리스도의 복음을 의료 계통에서 종사하는 모든 사람들에게 전달하는 것입니다. 그분들은 환자들의 육신적인 필요 및 정신적인 필요를 채워주면서 동시에 영적인 도움을 줄 수 있는 아주 좋은 위치에 있습니다. 환자들이 보통 때에는 사업, 학업을 하거나 혹은 노느라고 하나님에 대해 생각하지 못하지만 병원에서는 하나님에 대해 생각할 시간이 많습니다."

"저도 얼마 전에 잠깐 동안 병원 신세를 졌었습니다. 그동안 영적인 도움은 분명 없었습니다. 누군가가 나를 위해 기도해 주었더라면 큰 의미가 있었을 것으로 생각됩니다. 의학적 치료는 놀라웠지만 한 차원이 부족했습니다."라고 그가 말했다.

"그래서 의료인들을 그리스도에게 인도하고 훈련시키는 것이 필수적이라고 생각합니다. 그 사람들은 성경에 있는 위로와 희망의 소식을 필요한 시기에 환자들에게 전할 수 있는 분들입니다."라고 덧붙였다.

그날 저녁 늦게 나는 대형 선교 병원의 중견 간부와 행정 요원들을 만났다. 안타깝게도 일에 대한 부담 때문에 중보기도와 신자들의 모임이 제대로 이뤄지지 못하고 있었다. 이런 상황으로 인해 선교 병원답지 않게 그리스도를 전하는 연합된 노력이 약화되어 있었다. 그분을 향한 첫사랑과 잃어버린 자들을 위한 열정을 회복시켜 달라고 주님께 간구했다. 내가 제시한 비전과 말씀에 대한 그들의 반응은 깊은 회개로 나타났다. 그 후로부터 그들의 손을 거쳐가는 수많은 환자들이 복음을 들을 기회가 생겨났다.

"환자의 보호자들은 어떻습니까? 어떨 때는 환자보다 이 사람들의 필요가 더 클 때가 있습니다. 이들에게 축복의 통로가 되도록 직원들을 훈련시켜야 합니다."라고 병원장이 말했다. "직원들에게 적절한 자료를 만들어 주어야 합니다. 불안한 기간 동안 더욱 복음의 위로를 받을 수 있을 것입니다."라고 내가 제안했다. 즉석에서 병원 직원들 가운데 환자 가족들에게 복음을 전하는 세계적인 운동이 발족되었다.

혼두라스 시그나테페끄에서 일어난 일이었다. 복음 병원을 방문하여 여러 병동을 둘러볼 때 붕대를 감은 두 환자를 만났다. 한 사람은 왼쪽 팔이 없었고 다른 사람은 오른쪽 팔이 없었다.

"이 사람들은 사촌간인데, 한번은 술에 만취해서 심한 말다툼을 하다가 한 사람이 날이 넓고 긴 칼로 죄 없는 친척의 왼쪽 팔을 내리쳤습니다. 그리고는 피흘리는 사촌을 길가에 버려두고 비틀거리며 정글 속으로 들어가버렸습니다. 잠시 후 사촌은 몽롱한 상태로 소리지르며 일어나려고 애썼습니다. 복수의 마음을 품은 채 얼마전에 공격을 받았던 길을 가고 있었습니다. 갑자기 길가에 어떤 사람이 잡초 더미 위에 술취해 누워 있는 것을 발견하고 발걸음을 멈추었습니다. 자신의 왼팔을 잘랐던 것과 같은 모양의 칼을 집어들고, 그는 자신의 왼팔을 자른 그 사람의 오른팔을 쳐버리기로 마음을 먹었습니다."라고 간호사가 알려 주었다.

"그래서 사촌들이 모두 병원으로 실려왔고 여기서 용서에 대한 말씀을 들었지요."라고 애처로운 목소리로 말했다.

그리스도의 무조건적인 사랑과 용서를 받아들이고 그들은 서로 화해했다. 나는 그 사촌들이 부둥켜안고 있는 극적인 순간의 사진을 가지고 있으며 우리가 선포하는 복음의 능력에 대해 놀라움을 금할 수 없었다.

주일 아침 부에노스 아이레스 교회에서 설교한 후, 아버지가 말기 질환으로 집에서 앓고 있다는 한 젊은이를 소개받았다.

"그분은 구원의 확신이 있습니까?" 내가 물었다.

"아니요."

"자신이 죽어가고 있다는 것을 아시나요?"

"아니요, 심한 기관지염이라고 말했지만 사실은 암입니다. 마지막 순간까지 그분을 괴롭히고 싶지 않습니다."

"아버지를 만나서 그리스도 안에서 확신을 가지도록 도와드려도 될까요?" 조심스럽게 물었다.

머뭇거리더니 이렇게 대답했다. "예, 하지만 제발 죽어가고 있다고는 말하지 말아 주세요."

집에 가서 거실 걸상에 앉아 계시는 연로하신 아버님을 만났다. 숨쉬기가 어려웠고 사라져가는 희망과 두려움에 시선이 고정되어 있는 것 같았다. 부인이 옆에 앉아 있었다. 인사를 드린 후, 아내가 남편 쪽을 가리키며 "기관지염"이라고 말했다.

그분의 모습 가운데 자신감, 지위, 방어력을 상실하고, 살기 위해 안간힘을 쓰는 보통 남자의 모습을 보았다. 얼마나 처절한 절망의 모습인가! 삶과 죽음보다 더 강한 소망과 확신을 주신 주님께 감사했다.

"저희들은 방금 전에 교회에서 은혜로운 예배를 드렸는데 선생님께서 참석하지 못해서 아쉽습니다. 말씀의 일부를 전해 드릴까요?"라고 말했다.

"예, 전해 주세요."

나는 설교의 일부를 다시 말하면서 건강할 때나 병들었을 때나, 죽음이 가까이 왔을 때라는 부분을 추가했다. 그리고 간단하게 구원의 길을 소개했다.

"예수 그리스도를 개인의 구주로 지금 영접하시겠습니까?"

"예."라고 그는 성의껏 대답했다.

우리는 함께 기도했고 노인은 자신의 죄를 사하시기 위해 갈보리에서 주님이 죄값을 완전하게 치르신 것에 대해 감사드렸다. 또 한 사람의 죄인이 회개한 것에 대해 천국의 천사들이 기뻐했다. 일주일이 채 지나지 않아서 그분은 돌아가셨다.

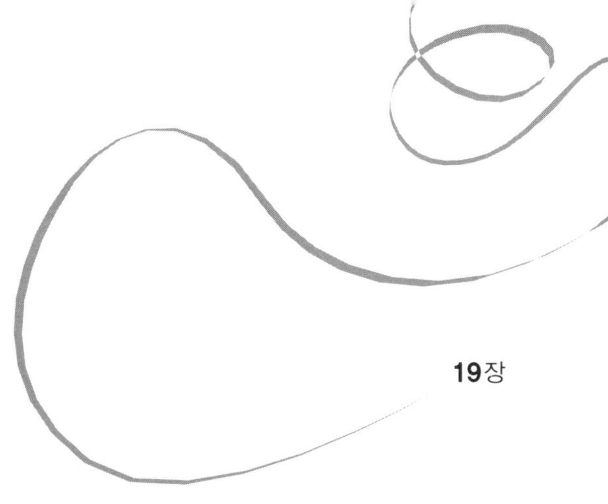

19장

신비의 중동

나는 세상에서 가장 오래된 도시에 있었다.

"선생님을 만나고 싶어 하는 신사분이 계십니다." 호텔의 전화 교환원이 말했다.

"제 방으로 오시라고 전해 주세요." 내가 대답했다.

몇 분 후에 노크 소리가 들렸고 젊은 남자가 들어왔다. 검은 수염, 지성적인 모습에 날카로운 눈빛을 가졌다.

"제 이름은 사무엘입니다."라고 자신을 소개했다.

자리에 앉으면서 자신은 의과대학의 학생이라고 말했다. 이야기하는 도중 영적인 주제로 들어갔고 놀랍게도 그 사람이 크리스천이라는 것을 알았다. 그 나라에는 크리스천이 많지 않았다. 그는 병원선교회의 비전에 사로잡혀 있었으며 우리가 그 비전을 의료인들에게 전할 기회를 찾고 있다는 사실에 큰 용기를 얻고 있었다. 우리는 그리스도의 영광에 대해 이야기했고 잃어버린 자들에게 그분을 소개할 수 있는 특권에 대해서도 이야기했다. 떠나기 전에 우리는 의료계에 있는 사람들을 위해 중보기도 했다.

그러나 누가 그를 보냈는지 전혀 알 수가 없었다. 어떤 사람이 전화를 걸어서 자기가 그 젊은이에게 나를 만나보라고 했다는 것이었다.

저녁 늦게 성서 공회에서 수년간 일했던 사람의 친구이며 같은 주소에 살았던 다른 사무엘을 만났다. 내가 만나고 싶었던 사람은 바로 이 사무엘이었다. 이 일을 보면서 사람의 실수를 통해서도 하나님의 목적이 이루어질 수도 있다는 사실 발견했다.

다음 날 저녁 수도에 갔다. 몇 개월 전에 이 도시에서 유일하게 알고 있는 주소로 편지를 보냈지만 답장이 없었다. 그래서 확실하지는 않았지만 택시 운전사에게 주소를 보여 주었다. 도착해 보니 어두운 곳에 아파트가 있었고 초인종을 여러 번 눌러도 반응이 없었다.

어린 두 소녀가 우리를 도와주었다. 영어로 말하려는 노력이 가상했다. 마침내 나는 이 집에 사는 사람이 일찍 나갔다가 밤 10시경에나 돌아올 것 같다는 사실을 알았다.

"오텔리?" 머리를 뒤로 젖히면서 택시 운전사에게 물었다. 이곳에서는 눈썹을 치켜뜨면서 머리를 뒤로 젖히면 강력하게 "아니오!"라는 의미가 된다. 어떤 나라에서는 이런 몸짓이 "예."가 되기도 한다. 사람들이 쉽게 오해할 수 있기 때문에 몸짓을 할 때는 매우 주의를 기울여야 한다.

한두 모퉁이를 돌아서, 현대식 건물에 도착해서 거기서 묵을 수 있는지 물었다. 호텔은 아니었지만 다른 도시에서 온 미국 사람들을 돌보는 시설이었다.

"오늘 저녁에 책임자가 오셨는데, 저분이십니다."라고 누군가가 말해 주었다. 내가 미국 시민이 아니라는 것을 설명한 후, 내 가방을 가지고 와서 밤 10시에 친구가 올 때까지 기다려도 되는지 물었다.

"그럼요, 커피 한 잔 하시겠어요?"라고 말했다. 점심 후에 아무 것도 먹지 않은 나로서는 대환영이었다. 대접을 잘 받았다고 도와준 분에게 고맙다고 인사하는데 "우리는 당신을 즐겁게 해 드리려고 노력합니다."라고 강한 액

센트로 말했다.

밤 10시경에 내가 가진 주소지로 가서 불빛을 보고 안심했다. 초인종을 여러 번 눌렀더니 마침내 희미한 목소리로 누구냐고 물었다.

"바구후미안의 친구입니다."라고 대답했다.

문이 삐걱 열리더니 나약하게 생긴 젊은 여성이 나를 맞이했다. 친구는 휴가 갔고, 그 여자가 대학에서 의학을 공부하는 동안 그 집에 산다고 알려 주었다.

"내 이름은 자스민입니다."라고 하더니 조심스럽게 "저는 크리스천입니다."라고 덧붙였다.

제한 지역에서 그리스도를 따르는 사람들이 경험하는 박해와 압력을 그녀도 이미 받고 있었다. 그녀의 공부에 대해서, 그리스도 안에서의 새 삶에 대해서 이야기를 나누었다. 밤 11시경에 반갑게도 저녁을 대접 받았고, 성경을 읽고 함께 기도한 후 떠나려고 일어났다.

"하나님의 길은 완전하십니다." 악수하려고 손을 내밀면서 내가 말했다. "이 도시에서 믿는 의료인들을 만나기 위해 왔고, 예상치 않는 방법으로 당신을 알게 되었습니다. 하나님께서 복 주시고 믿음에 굳게 설 수 있도록 당신을 지켜 주시기를 바랍니다."

사회에서 소외되고, 비웃음을 받는 것뿐 아니라 그리스도를 믿는 믿음 때문에 감옥에 가거나 심지어는 죽음에 이르기도 하기 때문에 그녀는 강해질 필요가 있었다.

미국 시설로 걸어오면서 하나님의 인도하심과 선하심에 대해 깊이 생각했다. 어떤 사람들은 전혀 기대하지 않은 상태에서 두 사람의 의과 대학생들을 만난 것을 우연의 일치라고 말하겠지만, 나에게는 성령의 바람이 불고 있다는 증거였다.

세계에서 가장 오래된 제국으로 알려진 이란은 고대 고레스 왕, 다리우스 왕 및 아닥사스다 왕의 땅이었다. 선지자 다니엘의 이름, 왕비였던 에스더, 장군이면서 행정가였던 느헤미야의 이름들이 이 유명한 고대 왕국과 모두 연관되어 있었다.

동쪽으로 갔던 여행에서 몇 개의 병원선교회가 활동하고 있다는 지역을 방문하면서 격려를 받았다. 한 선교 병원에서는 독특한 전도 방식을 채택하고 있었다. 환자의 병상이 공식적으로 그리스도인들에게 "배당"되었고 신자 한 명당 두 침상의 환자들을 돌보도록 책임이 주어졌다. 환자들을 위해 정기적으로 기도하고 근무시간에 최소한 2분 동안 기도하며 복음을 전하도록 되어 있었다.

병원 교회에서는 신자들이 믿지 않는 친구들을 초청하여 복음을 듣게 하는 특별 집회가 있었다. 집회 후 설교자는 그리스도의 아들되심과 신성에 관해 수많은 질문을 받았다. 때로는 "선동가"들이 참석했지만 우리가 설교했을 때에는 제복을 입은 건장한 두 명의 간호사들이 옆에서 보초를 서고 있었다.

시라즈에 있는 기독 병원 원장이신 존 콜만 박사를 만난 것은 바로 그 방문에서였다. 혁명 기간에, 자신과 부인 오드리는 무고한 간첩죄로 몇 명의 기독교 지도자들과 함께 180일 동안 투옥되었었다. 이런 어려움 중에 내일 일을 알지 못하고 인내하는 동안 성경을 읽으면서 힘을 얻었다. 그 기간 동안 성경을 다섯 번 읽었다고 존이 말했다.

이와 같은 갈등의 시간에 기도가 하나님과 씨름하는 간절한 소원의 소용돌이로 변할 때, 그들은 치유하는 무고한 사람을 비열하게 고소한 자들을 용서하는 능력을 경험했을 뿐 아니라 용서의 비밀에 대해서도 배웠다. 나중에 밀고한 사람이 눈가리개를 하고 나타났을 때 그 사람을 어떻게 벌주면 좋겠느냐고 물었고, 존과 오브리는 "용서합니다."라고 말하므로 경찰들을 놀라게 했다.

어떤 세계병원선교회 국제 컨퍼런스에서 그들은 그리스도가 우리를 용서하신 것 같이 우리도 남을 용서하라고 부르셨다는 극적인 간증을 나누었다. 그것은 듣는 자들의 삶에서 많은 열매를 맺었고 이것이 위대한 영적 진리의 본질로 이해되면서 지속적인 치유와 회복을 가져다 주었다.

바크티아 부족에서 온 건장한 페르시아 사람을 시라즈에서 만났다. "어떤 연유로 하나님과 그분의 말씀에 관심을 가지게 되었습니까?"라고 내가 물었다.

"그 반대입니다. 하나님께서 저에게 관심이 있으셔서 저를 이끌어 주신 것입니다. 제 이야기를 들어보세요."라고 대답했다.

그는 흔들거리는 걸상을 바짝 당겨 나에게 다가왔고, 이슬람에서 개종한 그리스도인 의사가 직장에서 어떻게 일했는지에 대해 말해 주었다.

"그는 그리스도를 전하는 데 겁이 없었습니다. 어느 날 우리 부족 다섯 명이 그 사람을 때려서 공장에서 쫓아내겠다는 말을 들었습니다. 나는 조용조용하게 말하는 이 의사를 좋아했고 그 사람이 곤란할 때 내가 힘이 되어 주어야 한다고 느꼈습니다. 그 사람 방에 가 보니 문이 잠겨 있었고 그 젊은 의사는 두려움과 공포로 자신의 운명을 기다리고 있었습니다. 시련을 혼자 감당하지 않아도 된다고 그에게 확신을 주고 그 방문 앞에 버티고 서서 나를 지나지 않고는 그 사람을 건드리지 못하게 했습니다."

바크티아리가 잠시 가만히 있더니 이야기를 이어가면서 그의 검은 눈동자는 새로운 열정과 거룩한 분노로 반짝거렸다.

"머지 않아 다섯 명 중 한 명이 문으로 다가와서는 거기서 뭐하냐고 으르렁거리며 물었습니다. 나도 그에게 동일하게 물었습니다. 의사가 크리스천이 되었기 때문에 그를 때려 죽이려 왔다고 말했습니다. '그렇다면 나도 크리스천이기 때문에 나를 먼저 처치해야 한다'고 대꾸했습니다. 그를 신나게 때려주고 나서 나머지 네 명의 친구들이 감히 의사를 혼내 주려고 하면 똑같은 대접을 받을 것이라고 말하여 그리스도인의 적인 이 사람을 놀라게 해 주었습니다."

극도로 만족한 미소를 지으며 젊은이가 이야기를 마감했다. "재차 문을 두드려서 문이 열렸을 때, 이제 위험은 지나갔고 공격에 대해 더 이상 두려워할 필요가 없다고 친구를 안심시켰습니다. 오래지 않아 몇몇 그리스도인 친구들이 그리스도 안에서 확신을 찾도록 나를 도왔지만, 그를 위한 것이 아니었다면 나는 오늘 여기 있지 않았을 것입니다."라고 말하면서 그는 젊은 의사가 있는 쪽을 가리켰다.

이 젊은이의 이야기가 나에게 사도 바울을 기억나게 했다. 스데반을 돌로 칠 때 최초의 씨앗이 그의 마음에 뿌려지지 않았겠는가? 바울이나 바크티아리 같은 사람들이 우리를 감시하고 있다는 사실을 아시는 하나님께서 극심한 박해 가운데서도 우리를 신실하게 붙들어 주시기를 기도한다.

"성경을 배포하다가 잡히셨습니까?" 제한 국가에서 온 근엄한 표정의 훤칠하게 큰 치과의사에게 물었다.

인상적인 외모와 신사적인 행동, 그리스도의 후광을 가지고 있는 그가 조용하게 대답했다. "예, 그 문서는 위험한 것으로 되어 있습니다. 저는 반란자, 정부에 저항하도록 사람들을 선동하는 사람으로 거짓 고발당했습니다."

이렇게 겸손하게 그리스도를 따르는 사람이 외딴 경찰서로 연행되어 거칠게 다루어지고 젊은 사람들로부터 조롱을 받았다. 이야기를 자세히 하면서 기분이 누그러졌다.

"빗자루를 잡고 공부를 많이 한 사람은 바닥을 어떻게 쓰는지 보여 주시게." 젊은 경찰이 비아냥거리면서 거칠게 명령했다.

"저는 비를 집어들고 바닥을 쓸면서 부드럽게 다음과 같이 노래했습니다."

> 아바 아버지 저를 당신의 것으로, 당신의 것으로 삼아 주세요.
> 내 소원은 영원히 당신의 보좌에 있는 것입니다.
> 내 마음이 절대로 식지 않도록 하시고, 저를 버리지 마세요.
> 아바 아버지 저를 당신의 것으로, 당신의 것으로 삼아 주세요.

"갑자기, 마치 보이지 않는 지휘자의 손이 나타난 것처럼, 여러 감방에서 여러 사람들이 합창했고, 한 목소리로 부르는 노래는 천국에 드려지는 감사의 노래가 되었습니다."

여기서 의사는 마치 그 순간의 기억이 자신을 압도하는 것처럼 잠시 멈추었다. 그리고 조심스럽게 이어갔다.

"분명 감동적이었지요. 그리고 그 경찰이 다가왔습니다."

"노래, 감사합니다. 배고픈가요? 먹을 것 좀 가져다 드릴까요? 하며 공손하게 제안했습니다."

친절한 제안을 받아들였으며 그것은 생명의 떡이며 생명수의 샘이신 예수님에 대해 이야기할 수 있는 기회가 되었다.

"며칠 후 판사에게 재판을 받으러 갈 때 다른 경찰이 다가와서 비웃었습니다. '네가 말한 예수가 구해 주는지 보자. 너는 감방에서 몇 년 동안 썩을 것이다!' 이런 말을 들으면서, 법정으로 들어가서 근엄한 얼굴의 판사를 만나게 되었습니다.”

“‘사람들을 선동한 혐의로 고발되었습니다. 할 말 있으면 해 보세요.’ 라고 판사는 단호한 태도로 말했다.

“저는 선량한 시민이었고, 우리가 이 세상에서 영원히 사는 것이 아니기 때문에 영원한 운명에 대해 사람들을 준비시키려고 했습니다. 이 책은 저의 안내서이며 다른 사람들과 나누는 것이 기뻤습니다. 우리가 정부에 반역하거나 정부를 전복하도록 교육받은 것이 아님을 말씀드리고 싶습니다. 저희들 위에 권세를 가지고 군림하시는 분들에 대해 기록한 내용을 이 책에서 읽도록 해 주십시오. 베드로전서 2장 13-14절을 펴서 읽었습니다. ‘인간의 모든 제도를 주를 위하여 순종하되 혹은 위에 있는 왕이나 혹은 그가 악행하는 자를 징벌하고 선행하는 자를 포상하기 위하여 보낸 총독에게 하라.’”

판사가 당혹스럽게 그를 바라보았다.

“당신이 읽은 그 책의 내용대로 당신이 충성과 복종을 선전했다고 고발당했다는 말입니까? 당신을 체포할 근거가 없습니다. 석방합니다.”

판사는 경찰 쪽을 바라보면서 화난 목소리로 소리를 질렀다. “당신은 왜 선량하고 죄 없는 시민을 재판정에 끌고 왔소? 이런 시민 말고 범죄자를 잡아오란 말이오!”

그는 판사에게 인사하고 법정을 나왔다. 발걸음은 가벼웠고, 가슴은 감사로 가득찼다. 자유의 몸으로 천천히 걸어 나오면서, 그는 더욱 더 주님을 섬기기로 결심했다.

～∞～

아프가니스탄의 수도 카불은 3,000년 이상 된 도시이다. 기원전 1900년에서 1400년 사이에 기록된 릭 바다에는 이곳을 쿰하라고 불렀고, 기원전 200년에 톨레미는 카부라라고 했다. 해발 1,800미터에 위치하여 힌두쿠시와 카이버파스로 가는 길 사이에 전략적 위치를 차지하고 있다.

최초로 유럽에서 중국으로 여행한 사람들이 카불을 지나갔고, 수세기 동안 이곳이 상업의 복잡한 중심지가 되었었다. 그러나 19세기에 어떤 사건으로 인해 아프가니스탄은 지구촌으로부터 멀어지게 되었다. 고립으로 인해 도로 포장이라든지 가로등 설치 같은 발전이 늦어졌다.

선교사들의 활동을 허용하지 않았지만 우리는 방문하는 동안 의료계에 종사하는 여러 명의 그리스도인들을 만났으며 그중에는 안과 전문의도 있었다. 그들의 특출한 의료 기술과 그리스도를 닮은 겸손함이 환자들에게 특별한 인상을 심어 주었다. 이 팀이 가져다 준 빛은 멀리서 차갑고 비인간적으로 비치면서, 환자들로 하여금 ‘저 위에는 얼마나 평화로울까’ 라고 느끼게 만드는 그런 별빛이 아니라, 인생길을 비춰 주는 작은 등불이었다. 오히려 앞길을 밝혀 주고 생명을 돋아나게 하는 따뜻한 햇볕이었다. 이런 용감한 “빛을 소유한 자”들로부터 초청받은 것이 진정한 축복이었다.

어느 날 우리를 초청한 사람이 주유소로 차를 몰고 들어가서 기름을 넣고는, 떠나기 전에 기름 넣는 사람에게 기도했다. 이 사람이 자주 이렇게 하는 이유가 궁금해졌다. 대부분의 경우에 그들은 다른 종교를 가지고 있었지만, 기도하는 것은 좋아했기 때문에 그와 함께 간단하게 기도하는 것을 환영한다고 했다.

아프가니스탄에 있는 동안 한 트럭 분량의 성경을 아프가니스탄에 보낸 파키스탄 신자들에 대해 들었다. 카불 세관에 도착했을 때 거래 금지된 물품들이 적발되었고 운전수는 당장 국경 밖으로 쫓겨났다. 그러나 오는 동안 도적들이 들이닥쳐서 화물을 훔칠 때 성경도 함께 가지고 가서 아프가니스탄 사람들에게 팔았다. 하나님께서 빛을 보내시기로 계획하시면 아무도 막을 수가 없다!

한때 아름다웠던 얼굴에 흉칙한 상처가 남았고, 왼쪽 팔은 붕대로 감겨 있었다. 우리의 시선이 집중된 곳은 아랍 여성의 눈 속에 있는 빛이었다. 마치 커튼이 젖혀진 것 같이 그녀는 보이지 않는 분의 영광에 시선을 고정시키고 있었다. 그녀는 요르단 선교 병원에 있는 환자였고, 그녀가 있던 병동에서 예배를 마치는데 우리를 자신의 병상으로 오라고 불렀다.

"어떤 연유로 이 곳에 오셨습니까?" 우리가 물었다. 통역자를 통해 그녀가 이야기를 들려 주었다.

"몇 달 전에 오빠가 죽었다는 소식을 들었지요. 오빠를 매우 좋아했기에, 오빠가 영영 떠났고 다시 그를 볼 수 없다는 생각을 감당할 수가 없었습니다. 고통과 절망 가운데 저는 오빠 없이 사느니 차라리 죽는 게 났겠다는 생각으로 불속으로 뛰어들었지요. 나의 비명을 듣고, 친척들과 이웃들이 달려와서 불속에서 저를 끌어냈습니다. 담요로 나를 감싸더군요. 눈을 떠 보니 병원이었습니다. 보시는 대로 심한 화상을 입었고 아직도 팔은 낫지 않았습니다…" 순간적으로 오빠의 죽음과 자살 기도의 아픈 기억을 되살릴 때, 그녀는 자신의 감정을 억누르지 못했다. 감정은 다스린 후 말을 이어갔다.

"이 병원에서 매우 친절하게 보살핌을 받았습니다. 여러 날 동안 사경을 헤매는 저에게 삶의 의지가 서서히 돌아올 때까지 제 곁에 직원들이 있었습니다. 이 곳에는 무언가 있는 것 같습니다. 내가 전에 알지 못했던 평화로운 분위기 같은 것이 있습니다. 제가 믿는 종교에서는 나타나지 않는 것입니다.

어느 날 무엇이 당신들을 일반 의사들과 달리 환자를 사랑하고, 염려해 주는 의사로 만들었는지 물었습니다. 그것은 그들 안에 있는 그리스도의 사랑과 그들의 애정어린 보살핌에서 느껴지는 그분의 손길이라고 대답하더군요."

그녀가 이야기를 이어가는 동안 아픔의 파도가 그녀를 삼킨 것 같았고, 눈에는 이슬이 고여 잠깐 동안 빛을 가렸다. "저도 그들의 말을 듣고, 그들의 삶에서 본 그리스도를 몹시 알고 싶었지요. 그리고 어느 날 저도 그분을 구주로 영접했습니다."

그녀는 잠시 멈추고 극적으로 강조하며 이렇게 말했다. "여기서 저는 육신적 치료만 받은 것이 아니라 영적인 생명도 얻었습니다. 저는 예전처럼 예뻐질 수는 없고, 얼굴에는 항상 흉터가 있겠지만, 내 영혼은 영생을 얻었습니다. 언젠가는 새로운 몸을 가지겠지요. 감사합니다, 하나님. 그러나 내 친구, 동료 환자는 영생을 얻지 못했습니다. 그들도 그리스도의 평화를 가지도록 도와주시겠습니까? 그들은 극심한 어두움 가운데 있어요." 그녀의 목소리가 갑자기 침통해졌다.

그녀의 이야기를 들으면서 여기에 "불에서 건져진 사람"이 있는 것에 대해 진심으로 하나님께 감사했다. 그녀는 더 이상 저주의 불을 두려워하지 않았고, 오히려 다른 사람들을 구원하려는 아름다운 불이 마음 속에 지펴져 있었다.

위대한 치유자의 사랑이 고통 받는 마음, 상처 입은 육신뿐 아니라 고독하게 기다리는 마음도 어루만지신다는 우리의 비전이 현실로 나타났다. 그분께 전적으로 순종하는 의료진들이 그분의 도구였다. 이들의 숫자가 전 세계적으로 늘어나기를 바란다.

중동 병원선교회의 목적은 무엇인가? 믿는 자들에게 교제의 장을 만들어 주는 것인가? 물론 그렇다. 그게 전부인가? 특정 병원에서 진료팀이 아랍 환자들을 단지 "또 다른 질병"으로 간주하고 깊은 영적 필요를 인식하지 못한다면 얼마나 서글픈 일이겠는가!

"현대 사회"에 사는 사람들은 불 가운데로 뛰어들지는 않는다. 그러나 약물을 과용하고 손목을 칼고 베고, 총으로 자신들을 쏜다. 그리스도의 사랑으로 가득 찬 사람들은 이런 이웃 사람들에게 효과적으로 복음을 전하기 원하시는 그분의 소원을 풀어드린다. 그분이 내주하시면 사람들은 상처 많은 세상에서 그분의 눈이 되고, 그분의 목소리가 되고, 그분의 손발이 될 수 있다.

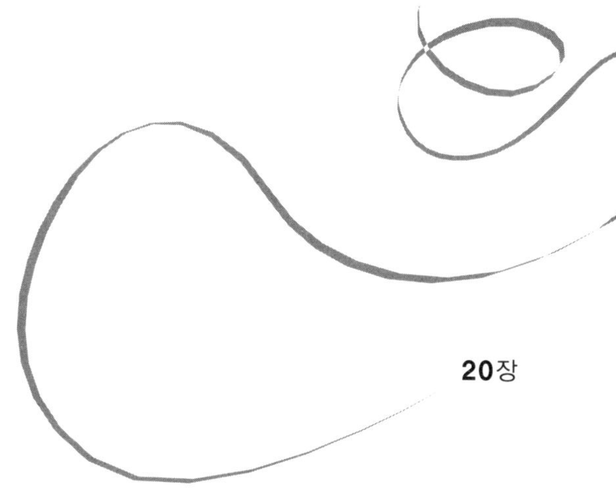

20장

황금 예루살렘

조용한 주일 저녁이었다. 은색 달빛이 성시의 망대가 있는 고대 성벽에 비치고 있었다. 그날 다녔던 길을 회상하고 싶다.

북쪽에 있는 예루살렘에서 가장 아름다운 문인 다마스커스 문을 통해 고도에 들어갔다. 성벽 안에 들어가서, 외국인들에게는 생소한 기념품, 음식, 콩 종류들을 파는 가게가 즐비한 길, 작은 돌들로 포장된 좁은 골목길을 어슬렁거렸다. 동양 음악의 선율이 공간을 가득 채웠고 독특한 향 냄새가 이국적인 분위기를 강조하고 있었다. 얼마 후 소란한 가게 앞을 지나 다윗의 탑에 이르게 되었다. 이 탑의 아랫부분은 헤롯 대왕이 건축했고, 윗부분은 비잔틴에서 건축했으며, 그 윗부분은 최근 정복자들의 구축했다.

예루살렘은 건립 이후 지난 4,000년 동안 여러 사람들의 손을 거쳤다. 건축하고, 포위당하고, 파괴되고, 약탈당하고, 불타고, 탈취당하고, 여러 번 재건축되었다.

흥미로웠던 것은 건축자들이 정복한 도시의 잔재물들과 흩어진 돌들을 제거하지 않고 폐허 위에 건축했다는 사실이었다.

1917년 알렌비 장군이 영국을 위해 그 도시를 정복했다. 정복자로서 승전한 군대가 도열한 가운데를 지나 쟈파 문에 도착했을 때 말에서 내려 도시로 걸어들어갔다. 그의 부관들은 승전국 장군이 패배한 도시에 걸어들어가서는 안 된다고 충고했다. 그가 대답하기를 그의 상관이 걸어서 자주 도시로 들어갔고 단 한 번 당나귀를 타고 갔다고 했다. 말을 타고 들어간다는 것은 무례한 짓이었다. 아랍어로 '알렌비'는 '선지자'라는 의미이다.

남쪽 벽에 도착해서 분문을 통과한 후 기드론 계곡까지 갔다. 목적은 비극의 날 밤 배신당할 때까지 예수님의 발자취를 더듬어보는 것이었다. 기드론을 건너서 겟세마네 동산에 이르렀고, 2,000년이 넘었다는 마디 투성이의 올리브 나무가 있는 감람산 바닥에 앉았다. 이곳은 주님의 고통을 조용히 상기시켜 주었다.

걸어가면서 여러 복음서들과 그날 밤 주 예수님이 겟세마네 동산에 마지막으로 들어갔을 때의 일과 관련된 해설들을 읽었다.

> 그 곳에 이르러 그들에게 이르시되 유혹에 빠지지 않게 기도하라 하시고 그들을 떠나 돌 던질 만큼 가서 무릎을 꿇고 기도하여 이르시되 아버지여 만일 아버지의 뜻이어든 이 잔을 내게서 옮기시옵소서 그러나 내 원대로 마시옵고 아버지의 원대로 되기를 원하나이다 하시니 천사가 하늘로부터 예수께 나타나 힘을 더하더라 예수께서 힘쓰고 애써 더욱 간절히 기도하시니 땀이 땅에 떨어지는 핏방울 같이 되더라 기도 후에 일어나 제자들에게 가서 슬픔으로 인하여 잠든 것을 보시고 이르시되 어찌하여 자느냐 시험에 들지 않게 일어나 기도하라 하시니라(눅 22:40-46).

그분에게는 잔을 마셔야 하는 극심한 고통과 슬픔의 순간이었지만, 제자들은 잠이 들었다. 이와 같은 때에 스승이 당하실 위기를 제자들이 알지 못한다는 것은 얼마나 서글픈 일인가!

조용하고 거룩한 장소에서 여유를 가지고 묵상하며 시간을 보낸 것은 나에게는 거룩한 경험이었다. 내가 성경에서 자주 읽었던 사건이 바로 이곳에서 일어났다니!

정오에 감람산 정상에서 멀지 않은 곳에 있는 아우구스타 빅토리아 병원 원장과 약속이 있었다. 그 병원 간호부장이 '최근에 암만에서 요르단 간호사들 가운데 모임을 시작하고 싶다는 어떤 사람으로부터 편지를 받았다'고 나에게 알려 주었을 때 내가 얼마나 놀랐는지 상상해 보라. 하나님께서는 분명히 나보다 앞서 가셨다. 그분의 발자취를 따른다는 것이 얼마나 큰 특권인가!

점심 후에 조용하게 기도하며, 즐거운 발걸음으로 예루살렘에서 동쪽으로 3.2킬로미터 떨어진 베다니로 떠났다. 걸어가면서, 나드 한 옥합을 깨뜨려 예수님의 머리에 부은 마리아에 대해 읽었다(막 14:1-9). 겟세마네와 갈보리 그리고 우리 주님의 고통에 대해 묵상하면서 십자가에서 "목 마르다!"라고 부르짖으신 것이 생각났다. 무심한 태양이 찢기고 으깨진 그분의 육신 위에 매정하게 내리쪼일 때 그분의 입술은 마르고 갈라졌다. 아마 그 고통의 시간에 그분에게 위로를 준 것이 한 가지 있었을 것이다. 십자가에 죽으시기 며칠 전 베다니의 마리아가 예수님의 머리에 기름을 부었는데, 그분은 이것이 자신의 장례를 위한 것이라고 말씀하셨다. 십자가에 달려 계시는 동안에도 액체 나드의 강력한 향기가 자신을 따르던 한 사람의 사랑을 충분히 상기시킬 수 있지 않았겠는가?

다른 누구보다 마리아는 예수님께서 무엇을 하시러 오셨는지에 대한 깊은 통찰력이 있었던 것 같다. 그분의 발 앞에 자주 앉았던 그 여자는 그분의 눈을 쳐다보며 말씀을 들었다. 그녀는 제자들이 놓친 것까지도 배웠다. 마르다가 타일렀을 때도, 다음의 말로 주님에게 한마디 하러 갔을 때도 그러했다.

마르다는 준비하는 일이 많아 마음이 분주한지라 예수께 나아가 이르되 주여 내 동생이 나 혼자 일하게 두는 것을 생각하지 아니하시나이까 그를 명하사 나를 도와 주라 하소서 주께서 대답하여 이르시되 마르다야 마르다야 네가 많은 일로 염려하고 근심하나 몇 가지만 하든지 혹은 한 가지만이라도 족하니라 마리아는 이 좋은 편을 택하였으니 빼앗기지 아니하리라 하시니라(눅 10:40-42).

우리도 역시 그분의 임재 안에 오래 있으면서, 그분의 음성을 듣고 사랑과 섬김으로 우리의 삶을 쏟아 부으러 앞으로 나아간다.

우리는 사소한 일에 굴복한다.
우리의 영혼이 초조하고 흔들리는 동안
우리 위에서 비전이 불타고 있을 때
십자가 위의 그리스도
그분의 부드러운 눈이 애원하네.
그분의 옆구리에서 피가 흐를 때
그리고 그분이 "잃어버린 자들에게 가서
구세주가 죽었다고 말하라"고 하시네.

– 아논

나는 무덤이 있는 정원 혹은 아리마데 요셉의 동산이라는 곳으로 돌아왔는데, 그곳은 "해골의 언덕"과 가까웠다.

요한이 말하기를 "예수께서 십자가에 못 박히신 곳에 동산이 있고 동산 안에 아직 사람을 장사한 일이 없는 새 무덤이 있는지라"(요 19:41)라고 했다. 모세가 아들 이삭을 잡아 제사 지내려고 갔던 모리아 산은, 많은 사람들이 골고다라고 믿고 있는 작은 언덕과 연결되어 있다는 사실에 중요한 의미가 있었다.

해골의 언덕을 분명하게 볼 수 있는 곳에 앉아 있는데 달이 이미 중천에 떠 있었다. 예루살렘 대부분이 잠자고 있었고 동산은 조용했다. 내 뒤에는 거대한 예루살렘 성벽이 있었다. 이 작은 언덕 어디에선가 2,000년 전에 육신으로 오신 하나님께서 세상의 죄를 감당하셨다. 그러나 그분께서는 십자가 위에서 당신의 몸으로 내 죄도 담당하셨다. 얼마나 경이로운 생각인가! 위대하시고 사랑이 풍성하신 하나님께서 멸망할 인간에게 얼마나 가까이 오셨던가!

그곳에서 얼마 동안 기도하며 묵상한 후, 일어나서 나무와 수풀 사이로 난 오솔길을 걸어 동산 건너편에 있는 무덤 속으로 들어갔다. 이곳에서 영광의 아들이 죄와 사망의 권세를 이기셨다. 그리고 그분은 부활하시므로 승리하셨다!

"아담 안에서 모든 사람이 죽은 것 같이 그리스도 안에서 모든 사람이 삶을 얻으리라"(고전 15:22).

"그리스도 안에"라는 두 단어가 개인적 경험의 절정이었다. 신자들은 골고다에서 "그리스도 안에" 있었고 무덤에서도 "그리스도 안에" 있었다. 그러나 거기서 끝나지 않는다. 그분께서 "또 함께 일으키사 그리스도 예수 안에서 함께 하늘에 앉히시니"(엡 2:6)라고 하셨기 때문이다. 이것이 바로 하나님께서 예비하신 것이라고 잃어버린 자들에게 선포하는 영광스러운 복음이다.

그러나 죄 사함을 받은 후, 당신의 삶에 그분의 부활의 능력을 얻기 위해 예루살렘으로 성지순례를 갈 필요는 없다. 수년 전 머나 먼 아프리카에서 내가 예루살렘을 방문하기도 전에, 나는 무릎을 꿇고 기도하였고 갈보리, 빈 무덤, 부활하신 주님으로 인해 하나님께 감사드렸다.

그분께서는 나의 기도를 들으셨고 나의 죄를 사하셨으며, 나를 그분의 자녀로 삼으셨다. 당신이 이런 것을 경험하지 않았다면, 그분께로 돌아오지 못할 것이다. 당신이 하나님의 자녀가 될 수 있도록 기도하겠다.

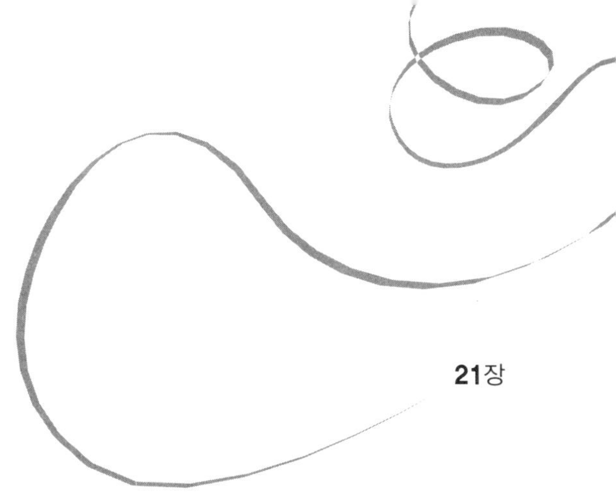

21장

아프리카에 부는 바람

브뤼셀 공항에서 "안녕"이라고 말할 시간이 다가왔다. 나는 난생 처음 그 린란드를 방문하기 위해 북쪽으로 향했고 에라스미아는 아프리카를 향해 지역 회의가 열리는 말라위로 갈 계획이었다. 다른 사람들이 영생을 얻는 추수를 하기 위해서 우리의 권리를 포기하는 대가를 치러야 한다는 점을 상 기하는 순간은 가슴 아픈 시간이었다. 눈물이 기쁨으로 변하고, 죽음이 생 명 앞에 굴복하고, 춥고 어두운 땅속에 심겨진 씨앗이 열매를 맺어 추수의 물결이 일어나는 것이 자연의 순리인 것처럼 우리의 이별도 그러했다.

1997년 말라위에서 열린 컨퍼런스는 기도, 강의, 묵상, 훈련, 토론 및 교 제의 일상적인 과정을 따랐다. 기억에 남는 수요일, 새벽 해가 떴는데 그날 은 기도하는 날로 잡아두었다. 참가한 대표들은 거대한 아프리카 대륙의 대 형 지도에 병원선교회가 있는 나라들을 표시한 점들이 얼마나 널리 퍼져 있 는지에 시선을 집중했다. 표시들은 남쪽 지역에 주로 모여 있었으며, 서부 아프리카에서는 오로지 한 개의 병원선교회가 기능을 하고 있었다. 그것이 나이지리아였다.

"불어권 나라들에는 모임이 없습니까?"라고 어떤 대표가 걱정스럽게 물었다. "예, 아직은 없습니다. 이곳에 있는 병원과 의원들은 아직 하나님께 드려지지 못했습니다. 의료인들과 환자들이 그분의 복음을 지금도 기다리고 있습니다."라고 에라스미아가 대답했다.

앞으로 설명할 일은 잊을 수 없는 기도의 날로 병원선교회 역사에 기록될 것이다. 서부 아프리카에 있는 동료들에 대한 부담을 안고 있는 사람들의 심령 깊은 곳에서부터 중보 기도의 급류가 터져 나왔다. 하나님의 빛이 어두움을 물리치고, 결박을 풀어 주는 그분의 능력의 말씀이 각 나라에 전파되기를 간구했고, 사람들과 자료들을 보내서 의료계에 하나님의 나라가 세워지게 해 달라고 그분께 애원했다.

얼마 후 성령의 바람이 분명하게 불기 시작했으며, 이듬해 네덜란드에 있는 병원선교회 훈련 학교에서 세 명의 불어권 학생이 개척자로 방문했을 때는 산들바람이었지만, 그 후 서아프리카 병원선교회 담당자로 임명된 제세 오르도비니의 열정적인 노력으로 탄력을 받았다. 부드러운 미풍이 강력한 바람으로 바뀌어, 의료계에 종사하는 사람들이 비전을 실천하는 방식을 이해하고 일터에서 그분을 섬기라는 그리스도의 부르심에 순종하면서, 폭풍이 나라를 하나씩 휩쓸었다.

그 후 세력이 점점 강해지면서, 1981년 병원선교회 국제 컨퍼런스에서 국기를 들고 단상에 오르는 서아프리카 사람들의 긴 행렬을 보게 되었다. 색색의 고유 의상을 입은 아프리카의 아들과 딸들이 병원선교회의 비전과 사역이 열렸다는 것만 보여 주는 것이 아니라 기도를 들으시고 응답하시는 그분의 신실하심을 선포하고 있었다.

그 회의에 참석한 대표들 중 한 사람이 콩고에서 온 남자 간호사 무디투카 베요였다. 베요는 나중에 여러 불어권 병원선교회 학생 훈련에서 훌륭한 교사 및 멘토가 되었다.

비전에 불타는 그가 하나님의 손에 잡힌 도구가 되어 여러 사람들의 마음에 불을 지폈다.

기억 속으로 들어가서 4년 전 말라위에서 소수의 믿는 자들이 모여 복음이 전해지지 않은 지역에 일꾼들을 보내 달라고 추수 밭의 주인에게 기도하던 모습을 살펴보자.

불붙은 성화 봉이 아나클렛 쯔히룸바 및 마르끄 뷰리발리 의사에게 전달된 이래 그들에게 할당된 지역 깊숙이 그 불길을 가지고 갔다. 그들은 주님의 신실한 일꾼임을 스스로 증명했고 그들의 충성과 열심으로 인해 많은 사람들이 그리스도에게로 돌아왔다. 각각 외과의사 및 치과의사로서 이 두 사람은 직업을 통해 안락함과 안정성을 누릴 수도 있었지만 오히려 주님의 부르심에 응답하여 돌아다니면서 의료인들에게 복음을 전하는 번거로운 일을 택했다.

아나클렛이 한 보고서에서 이렇게 기록했다. "통상적인 교통 수단이 없는 상황에서 복음을 전할 기회가 주어진 어떤 클리닉에 가기 위해 40킬로미터를 걸었다. 사람들은 그리스도의 요청에 응답했고, 새롭게 발견한 믿음으로 인해 빛나는 얼굴들을 볼 때 먼 길을 걸어오면서 아팠던 발의 통증을 느낄 수가 없었다.

❧

초창기 아프리카 여행에서 맨 처음으로 방문한 나라가 케냐였다. 주님께서 나의 여행 날짜를 공교롭게도 의사, 간호사, 일차 진료 요원들이 전국에서 나이로비로 모이는 주말 의료 컨퍼런스 때로 정하셨다는 사실을 발견하고 기뻤다. 이들에게 말씀을 전하도록 초청 받았다.

아가 칸 병원 간호부장이 연설하면서, "병원이란 친절이 베풀어지는 곳이어야 합니다. 의료 서비스에 종사하는 저와 여러분에게 의료 봉사는 환자의 회복 과정의 한 단계일 뿐입니다. 사람들은 단지 '10호실에 있는 다리 골절' 환자 정도가 아닙니다.

그에게는 희망, 두려움 뿐 아니라 질병과 무관한 기타 문제들이 있습니다. 가족의 수입원인 가장이 병원에 입원했을 경우에는 가족들에게도 문제가 있습니다. 그 사람은 예전의 직장으로 돌아갈 수 없을지도 모릅니다. 그가 병원에 있는 동안 이 모든 것들이 그를 얽어매고 있습니다.

"최근에 환자의 육신 및 정신적인 건강만 챙겨주는 것으로 충분하지 않다는 것이 인식되고 있습니다. 환자의 영적인 필요도 반드시 고려되어야 하며, 환자의 건강을 회복하기 위해 원목이 의사를 크게 도울 수 있습니다."

"모든 병원 일꾼들 간의 협력과 이해 및 서로가 중요하다는 것을 기꺼이 인식하는 마음이 사람들을 환자의 복지를 추구하는 팀으로 묶을 것입니다. 세탁실은 수술실과 직접적인 관련이 없다고 생각할 수도 있겠지만 세탁실 없이는 수술실에서 아무것도 할 수가 없습니다. 현대식 병원에서는 서로 다른 능력을 가진 사람들이 팀을 이루어야 합니다. 그리고 이 모든 일꾼들이 환자를 돌보는 임무에 대해 기독교적인 이해를 가진다면 병원은 무서운 기관이 아니라 따뜻하고 위로가 넘치는 곳이 될 것입니다."

우리가 몇 년 동안 가지고 있던 확신을 다시 한번 확인해 주는 말이었다. 부르심에 대한 비전과 목적이 명백해졌고, 우리의 항해를 순탄하게 하며 우리가 탄 배를 앞으로 전진하게 하는 성령의 바람을 더욱 의지하게 되었다.

몇 가지 다른 점도 있었지만 우리가 줄 수 있다고 느끼는 것보다 더 많은 것을 기대하는 것 같아서 스위스에 있는 선교 병원에서 일련의 특별 모임을 가지자는 초청을 받아들였다.

"당신의 믿음과 기대를 우리가 아닌 하나님께 고정시키시기 바랍니다." 국경을 넘어가면서 친구들에게 부탁했다. "긴급한 믿음의 기도에 대한 응답으로 하나님께서 분명 놀라운 일을 행하실 것입니다. 하지만 그분 안에서, 그분만 의지해야 합니다.”

선교사들은 오랫동안 금식 기도하는 것으로 응답했다.

그들은 그 지역에서 영적인 돌파구가 생기기를 간절히 소망했다. 일련의 모임이 월요일 저녁에 시작되었는데 수요일까지 우리 가운데 별 변화가 일어나지 않았다. 무관심으로 인해 잠자는 분위기가 모임 가운데 드리워져 있는 것 같았다. 그때 내가 믿는 자들은 남아서 특별히 기도하라고 요청했다. 한두 사람이 기도한 후, 간호부 책임자가 주님께 애타는 중보기도로 애원했다. 한손으로는 하나님의 보좌를 붙들고 다른 손으로는 스위스의 잃어버린 다수의 영혼들을 붙들고 있는 것 같았다. 정열적인 탄원이 있은 후, 경외감이 우리를 덮어서 어느 누구도 기도하고 싶은 마음이 없었다. 우리는 조용히 예배실을 떠나 각자 하나님을 찾으러 나갔다.

하늘에서 간구를 들으시고, 다음 날 성령님께서 새로운 일을 시작하신 것 같았다. 대대적인 회개의 역사가 사람들 가운데 일어났다. 직원인 안나 슈므얀은 영적 도움을 얻기 위해 끊임없이 찾아오는 간호사들을 만나면서 병원 예배실에서 많은 시간을 보냈다. 바로 그날 밤 간호사들이 간호 교사를 찾아와 자신들의 잘못을 고백하는 바람에 오랫동안 깨어 있었다.

우리 팀 멤버인 마틴 모나레가 기독교 학교에서 매일 말씀을 전했다. 그날은 보통 때보다 늦게 병원으로 돌아왔기에, 왜 늦었는지 물었더니 다음과 같이 대답했다.

“학생들이 하나님을 찾고 있습니다. 그들은 죄에 대해 깊이 회개하고 있습니다. 자신들의 불순종과 심각한 도덕적 비행을 고백하고 용서와 죄 씻음을 간구하고 있습니다. 내일 내가 돌아오기를 기다리고 있습니다.”

선교 사역을 하는 사람들에게 과거의 잘못에 대해 깊은 우려가 나타나고 있다는 것을 말해 주는 것이 나의 책임이었다. 수년 전 병원 자동차를 망가뜨린 것을 부인했던 한 남자가 그 사건에 대해 자기가 책임이 있다는 사실을 고백했다.

다음 주일에 선교지에 있는 큰 교회에 성도들이 운집했다.

우리는 성령의 능력에 의해 앞으로 인도되고 있다고 느꼈다. 하나님의 말씀은 정말 양날을 가진 검과 같았다. 천국, 지옥과 갈보리가 현실이 되었다. 모인 사람들은 가냘픈 실 같은 호흡을 가지고 영원의 언저리에 매달려 있다는 것을 느꼈으며 이 시간이 하나님과 관계를 바로잡을 시간이라고 깨달았다.

오랜 시간의 기도와 깨진 마음의 회개 및 고백이 우리 가운데 운행하시는 하나님의 강력한 능력의 증거가 되었다. 과거의 죄에 대한 후회와 회개가 봇물처럼 터져나온 후, 적막한 고요가 군중들 위에 임했고, 이것은 우리의 죄를 사하시기 위해 속죄 양으로 오신 그분의 임재로 인한 거룩한 침묵이었다.

월요일 아침이 되었고 헤어질 시간이 왔다. 병원을 둘러싸고 있는 아름다운 작은 산들이 햇빛에 잠겨 있었고 그분의 찬란하고 의로운 태양이 우리에게 인사하러 오는 모든 사람들의 얼굴에서 비치는 것 같았다. 그런데 한 사람이 빠졌다. 스타케 박사였다.

"아마 '조용한 방'에 있을 것입니다."라고 어떤 사람이 말했다.

영안실로 가서 스타케 박사를 불렀더니 모습을 드러냈다. "매우 슬픈 일입니다."라며 이야기를 시작했다. "내가 사체 검안을 하고 있는 한 여성은 몇 주 동안 이 병원에 입원했던 환자였습니다. 의사와 간호사들이 그 사람의 생명을 구하기 위해 심혈을 기울였으며 그녀에게 최선의 치료를 제공했습니다. 그녀는 현저하게 회복되어 결국 퇴원하게 되었습니다. 그녀의 퇴원을 축하하기 위해 친구들이 맥주 파티를 주선했는데 서글프게도 그녀는 한 손님과 말다툼을 하다가 칼에 찔려 죽었습니다."

"우수한 치료가 낭비되었구나!"라고 내가 아쉬워했다. "학생들이 환자의 생명을 조금 연장시키는 것으로는 충분하지 않다고 말할 때, 그리스도인 교수들이 의과 대학생들에게 칭찬한 것이 기억납니다. 그들을 영생으로 인도하는 방법을 배워야 합니다."

"안타깝게도, 우리 병원은 이 여성이 입원해 있을 동안 영적인 침체를 경험했습니다." 스타케 의사가 욱신거리는 아픔을 담은 목소리로 말을 이었다. "그녀에게 영적인 도움을 많이 주었는지 의심스럽습니다. 지난 며칠 동안 성령님께서 하신 일로 인해 하나님께 감사드립니다."

그 후 병원 운영자들로부터 받은 편지에 영적 부흥이 이어지고 있다는 소식을 듣고 용기를 얻었다. 그중에서도 다음의 내용이 큰 격려가 되었다.

"놀라운 날들이 이어졌습니다. 성령님께서 우리 가운데 역사하시고 예배 때마다 영혼들이 도움을 요청합니다. 토요일 선생님이 떠나신 후, 젊은이들이 주변 지역으로 나갔으며, 보고에 의하면 1,000여 명의 사람들이 개인 간증을 통해 '뜨거운 복음'을 들었고, 수많은 사람들이 하나님 나라에 들어왔습니다. 주일에는 젊은이들이 두 번의 예배를 인도했습니다. 아침 예배가 이어지는 기도와 간증으로 2시 30분까지 지속되었고, 주일 저녁 예배는 월요일 이른 아침까지 지속되었습니다. 간증을 하기 위해 서서 대기하는 사람이 20-30명 있었습니다. 진정으로 하나님께서 찾아오셨다고 말할 수밖에 없습니다. 모든 영광을 하나님께 돌립니다."

하나님의 도전과 약속은 오늘날에도 여전하십니다. "눈물을 흘리며 씨를 뿌리는 자는 기쁨으로 거두리로다 울며 씨를 뿌리러 나가는 자는 반드시 기쁨으로 그 단을 가지고 돌아오리로다"(시 126:5-6).

어느 긴 여행에서 마지막으로 방문해야 했던 나라가 나이지리아였다. 우리는 하나님께 복을 달라고 기도했고 그분께서는 우리에게 복을 주셨다.

몇 년 전, 나는 나이지리아를 방문하여 북쪽 지역 여러 병원에서 수차례의 모임을 가졌다. 그러므로 병원선교회가 지속되고 있다는 소식을 카노로 부터 듣는 것이 즐거웠다. 대표가 열심히 사역을 진전시키고 있는 동안 총무가 신실하게 나와 연락하고 있었다.

어느 모임에서 내가 우리 모두 빈 자리를 채울 사람들을 찾으러 나가자고 제안했다. 빈 자리는 연사에게 영감을 결코 주지 못한다! 그래서 모임이 시작되기 전에 각자 헤어졌다.

한 사람이 흰색의 긴 옷을 입은 특이한 모습의 모슬렘을 데리고 돌아왔다. 이 사람은 모임 내내 나에게서 눈을 떼지 않았다. 마지막에, 그 사람을 데리고 온 사람이 나를 그에게 소개하면서 그가 그리스도인이 되고 싶어 한다고 말했다. 그에게 구원의 길을 설명한 후 함께 기도했다. 그는 기도가 무엇인지 거의 모르고 있었지만, 자신을 위해 생명을 바치신 주님께 감사했고 주님께서 자신의 삶에 들어오시도록 간구했다. 그 사람이 보낸 편지에서 자신이 발견한 새로운 믿음에 대해 다음과 같이 기록했다.

"당신이 이곳에 오신 것에 대해 하나님께 감사하고 싶습니다. 하나님께서 나를 구원하시기 위해 특별히 당신을 보내신 것이 분명합니다. 당신이 나에게 성경을 선물로 주신 것과 몇 개의 성경 구절을 인용해 주신 것에 대해 매우 감사드립니다. 저를 위해 계속해서 기도해 주시고 부모님과 친구들을 위해서도 기도해 주세요. 특히 제가 그들에게 두려움 없이 이야기할 수 있도록 기도해 주시기 바랍니다."

한번은 어떤 의사가 나이지리아에 오는 데에만 하루가 걸린다고 언급했다. 내가 가 보니 그 말이 사실이었다. 일 년 중 시원한 계절이었지만 북쪽은 기후가 덥고 건조했고 남쪽은 습하고 더웠으며 동쪽은 거의 견디기 어려웠다. 해마다 이런 기후를 견디며 살고 있는 사람들은 보통 사람들이 아니었다.

일부 그리스도인들은 기꺼이 자신의 "마지막 피 한 방울"까지 그리스도를 위해 바치겠다고 말했지만 하나님의 나라에 더 가치 있는 것은 하나님의 잃어버린 자녀 한 사람이 구원의 지식에 이르도록 하는 것이었다.

몇 년 후에 자마이카에서 방사선학을 공부하던 젊은 나이지리아 사람이 병원선교회에 대해 알게 되었다. 그 사람은 비전에 붙잡혔고 샘 아마에치는 사랑하는 고국에 병원선교회가 확장되는 것을 보고 싶은 열정을 가지고 고국으로 돌아왔다. 하나님께서 그 사람의 수고에 복을 주셔서 이제는 불타는 마음을 가진 전체 영어권 서부 아프리카 담당자로서 다른 사람의 마음에 불을 지피고 있었다. 다른 헌신적인 지도자들이 나이지리아에서 일어나서, 기도 분야, 전도 분야, 제자훈련 분야 및 기타 모든 분야에서 지도자들이 배출되어 전국적으로 뿐 아니라 국경을 넘어서 그리스도를 전하고 있었다.

몇 년 전 내가 토론하려고 가지고 갔던 주제에 진심으로 관심을 보여 주신 조국의 인자하신 대통령과 커피를 마시는 영광을 누렸다. 대통령 관저에서 융숭하게 환영을 받으며 화려한 접견실로 들어갔다.

대통령과 매일 커피를 마시는 것이 아니었기에 이번 기회에 그분의 영적인 건강 상태에 대해 물어봐야겠다는 강한 욕구가 생겼다. 그러나 어디서부터 시작할 것인가? 느헤미아가 아닥사스다 왕 앞에서 기도한 것처럼, 나의 마음을 하나님께 올려드리고 다음과 같이 말했다.

"대통령 각하, 우리가 토론한 주제에 관심을 보여 주신 것에 대해 감사드립니다. 개인적인 질문을 드려도 되겠습니까?"

"물론입니다, 그림 씨. 무슨 질문입니까?"

"대통령 각하, 대통령께서 하나님과의 관계가 어떠하신지 여쭈어도 되겠습니까?"

"예, 문제 없습니다. 사실은 우리 목사님께서 최근에 내가 영적인 주제에 관심이 있기 때문에 모든 것이 잘 될 것이라고 말씀하셨습니다."라고 주저

없이 대답했다.

"대통령 각하, 이렇게 아름다운 잔에 향기로운 커피를 제공받은 것이 좋습니다. 그러나 손을 내밀어 커피를 마시지 않으면 맛있는 커피를 즐길 수 없습니다. 그리스도께서 예비하신 구원도 마찬가지입니다. 구원이 예비되었고, 우리가 원하지만, 그것이 우리에게 현실적으로 적용되기 위해서는 하나님의 선물을 개인적으로 받아들여야 합니다."

내가 말한 것을 대통령께서 곰곰이 생각하시는 동안, 침묵하면서 다시 한번 내 마음을 하나님께 올려드렸다. 종교인들 중에서 사소한 것들에 관심을 기울인 나머지 하나님께서 제시하신 구원의 길을 놓친 사람들이 많이 있다. 종교가 아니라 그리스도와의 개인적인 관계가 제일 중요하다는 것을 강조해야 한다.

그날은 분주한 국제적인 사안들을 다뤄야 하고 스트레스가 많았던 특별히 힘든 날이었다. 이례적으로 조용했던 그날 저녁에 에라스미아와 함께 아프리카 달밤의 아름다움을 즐길 수 있었다. 홀가분한 마음으로 거닐면서, 서로 동무하며 즐겁고 평안했고, 혹독했던 하루를 마감하는 평온한 순간을 가지는 것이 행복했다. 숨쉴 때마다 저녁의 신선한 공기를 마음껏 마실 수 있었다.

갑자기 달빛 아래에서 더 이상 거닐 수 없게 되었다. 강력한 힘을 가진 팔이 내 허리를 감싸더니 아무 경고도 없이 나를 내동댕이쳤기 때문이었다.

"프란시스, 무슨 일이에요?" 땅바닥에 나뒹구는 내 모습 뒤로 한 남자가 불쑥 나타나는 것을 보고 소스라친 에라스미아가 무섭고 놀라는 목소리로 울부짖었다.

아내가 첫째로 염려했던 것은 누군가 나의 자동 심장 박동기가 있는 가슴을 누르면 안 되는데 하는 것이었다. 나에게 와락 달려오던 아내는 어두움 속에서 또 하나의 그림자를 발견했고 순간 아내도 땅바닥에 나뒹굴렀다.

그리고 세 번째 사람이 말 없이 나타났다.

느닷없는 공격에 놀란 우리는, 공격자들을 바닷가에 붙들어 두려고 안간힘을 쓰면서 도움을 호소했지만 외딴길에는 아무도 나타나지 않았다. 그런데 갑자기 세 사람이 마치 누군가를 본 것처럼 허겁지겁 도망치는 것이었다. "하나님의 아들 같은 네 번째 사람"(단 3:25)이 나타났던 것일까?

여전히 떨리고 숨찬 상태로, 평화로운 이웃들 가운데 왜 이런 일이 생겼는지 생각하면서 집으로 향했다. 고통 받는 세상에 보다 효과적인 메시지를 전하기 위해 이렇게 충격적인 경험에서 우리가 배워야 할 것이 무엇인가? "먹이를 사냥하는 새"들처럼 소리 없이 우리를 덮쳤던 자들은 누구인가? 여러 가지 의문들이 번개처럼 하나씩 머리를 스쳐갔다.

그날 우리가 당한 일을 다시 한번 생각해 볼 때, 한밤중의 어두움 속에서 특별히 빛났던 것은, 우리가 용서라는 것이 진정 무엇을 의미하는가를 배워야 한다는 것이었다.

우리가 당한 모든 일을 생각하면서 몸서리치고 있는 아내에게 "범죄자를 용서할 때 혼돈과 상처가 잦아질 것입니다. 그러니 지금 용서합시다."라고 말했다.

"매우 쉽게 말하시네요, 프란시스. 하지만 나는 솔직하게 말해서 그 사람들을 용서하고 싶지가 않네요. 내가 지금 용서한다면 그것은 위선입니다."라고 아내가 떨면서 말했다.

"주님께서 우리를 용서하셨기 때문에 우리도 우리를 해친 사람을 용서해야 합니다. 그리스도께서 우리가 하기를 원하시는 것을 알았으니 우리의 뜻을 그분에게 맞추고 그분의 용서가 우리를 통해 전해지도록 합시다."라고 조심스럽지만 단호하게 말했다.

우리가 그 세 사람을 주님의 보좌 앞에 올려드릴 때 우리 마음속에 연민의 정이 솟구쳤다. 그들도 구원 받기를 기도했고 우리를 용서하신 그분의 이름으로 그들을 용서했다.

세 사람이 악한 행동으로부터 회개하지 않으면 그런 사람들이 오기를 기다리고 있는 지옥이 그들의 영원한 보금자리가 될 것이다. 에라스미아의 피나는 무릎, 멍든 부위들, 우리가 당한 충격들은 모두 일시적일 뿐이었으며 시간이 지나면 모두 해결될 것들이었다.

이 단계에서 우리에게 드러난 사안은 용서에 관한 모든 것이었다. 적대적인 세상을 용서하시기 위해 갈보리에서 기가 막힌 무지와 부정을 감당하신 그분을 생각하니 우리가 그분에게 엄청난 감사의 빚을 지고 있다는 것이 불현듯 생각났다. 그분께서는 "아버지여 저들을 사하여 주옵소서 자기들이 하는 것을 알지 못함이니이다"(눅 23:34)라고 기도하셨다. 우리가 용서할 때, 그분의 평안이 우리 마음에 비둘기처럼 조용하게 임했다.

몇 주 후 매우 어려운 상황에서 하나님을 섬기면서 증인의 삶을 산 것으로 인해, 용서를 모르고 복수 정신에 의해 위협을 당하고 있던 한 동료가 다음과 같이 기도로 고백했다.

"프란시스와 에라스미아가 겪은 쓰디쓴 아픔이 헛되지 않았음을 인해 주님께 감사드립니다. 원수를 용서하고 평안을 얻은 실례를 보고 오늘 제 마음에 깊은 감동을 받았습니다. 살아 있는 진리를 배웠사오니 이런 용서의 말씀을 다른 사람들에게 전할 수 있도록 능력을 주시옵소서…"

아프리카에서 태어난 사람들만이 이 거대한 대륙에서 갈등하고 있는 두 가지 본질을 완전하게 품을 수 있다. 교육, 과학, 기술이 진보했다고 좋아하며 기뻐함에도 불구하고, 종족 갈등, 내전, 그칠 줄 모르는 기근이 사회의 심장을 무자비하게 도려내어 오직 세월만이 해결할 수 있는 상처를 남겼다. 그러나 들판과 숲, 태양이 작열하는 사막과 장엄한 산들 위에 불었던 성령의 바람이 상쾌한 소나기를 가져왔으며 아프리카 땅에 살고 있는 수백만의 사람들에게 축복을 가져다 주었다.

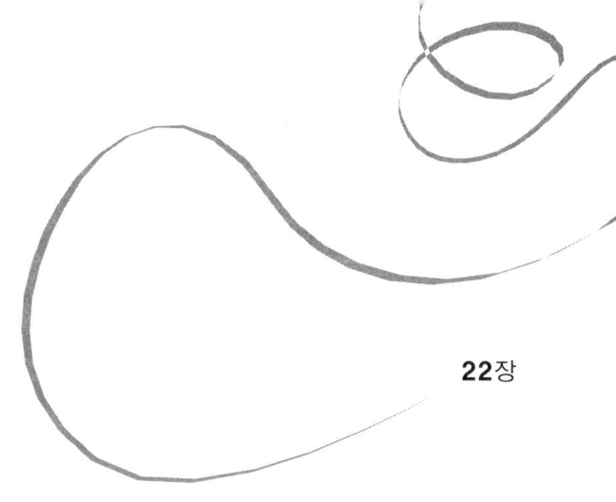

22장

그분의 신실하심을 위한 기념비

"프란시스, 새로운 본부 사무실을 건립할 부지가 생겼습니다." 보키 반데 스푸이 교수의 목소리는 흥분을 이기지 못해 떨리고 있었다. "우리의 필요를 들은 성형외과 의사인 제 친구가 자기 농장 땅을 나누어 건물 지을 자리를 선택하라고 했습니다."

반데 스푸이 교수는 남아프리카공화국 병원선교회 이사로 섬기고 있었고 성장하는 사역의 많은 부분을 감당하고 있었다. 국내외적으로 모임이 새롭게 발전하면서 오크가 켐톤 파크에 있는 지금의 사무실이 불편하고 복잡해져서 큰 건물이 불가피하게 필요했다. 모금을 시작했고 부지 선정 작업도 시작됐다.

꿈이 이루어졌다!

산업지역 공해로부터 멀리 떨어진 평화로운 시골에 있는 땅을 얻게 된 것은 여러 면에서 이상적이었다. 건축 위원회가 결성되었고, 유명한 건축가들이 선정되었으며 건물 설계와 부지 개발 계획에 많은 시간을 보냈다.

그러나 열한 시간 만에 모든 계획이 수포로 돌아갔다.

"프란시스, 안됐지만 우리가 지으려고 하는 건물은 정부에서 허가가 나지 않는답니다. 우리 부지에는 큰 건물을 지을 수 없다는 것을 도로미테가 알려 주었습니다."

건축가로부터 전해진 기막힌 소식은 우리의 희망과 계획을 박살내는 바위와 같았다. 작은 바람에 의해 만들어진 소용돌이처럼, 디자인 조각들, 차트, 건물 스케치들이 생각속으로 허둥지둥 사라져갔다. 지칠줄 모르는 수고와 빛과 그림자가 엇갈린 여러 날들과 함께 소박한 모양의 새 사무실에 대한 기대가 사라져가는 꿈의 일부가 되어버렸다. 이런 무거운 절망 가운데 새로운 것이 태어나고 있었다. 이 모든 것이 "보다 나은 것"이 나오기 위해 씨앗이 땅에 떨어진 사건이었던가? 새 생명이 나오기 위해서는 죽음이 반드시 선행되야 하는가?

그리고 우리는 기다렸다. 하루, 한 주, 한 달하면서 말 없이 몇 년이 지나갔는데, 난데없이 엉뚱한 곳에서 답이 날아왔다. 어느 날 아침 에라스미아가 세들어 살고 있는 에이케루스의 아파트에서 오크 가에 있는 병원선교회 사무실에 가려고 서두르고 있을 때, 갑자기 이상한 생각에 사로잡혔다.

"이 아파트 일부를 사서 병원선교회 사무실 및 직원들의 숙소로 쓰면 어떨까?"

에이케루스의 건물을 사는 것이 하나님의 응답인지에 대해 주님의 뜻을 묻기 시작했고 이어진 사건들은 그것이 하나님의 뜻이라는 것을 정확하게 확인해 주었다. 마음에 평안이 있었지만 결정적인 의문이 생겼다. 집 주인이 팔려고 할 것인가? 상가 지역에 있지도 않았고 지속적으로 수입이 생기는 그 아파트 재산을 주인이 포기할 이유가 없었다.

소유주에게 에이케루스를 사겠다고 제안했을 때 그는 놀라는 표정이었지만 어느 정도 준비가 되어 있는 것 같았다.

"내가 그 건물을 팔려고 진지하게 생각했던 것은 아니었지만, 최근에 몇몇 입주자들로 인해 골치가 아팠습니다."라고 말하면서 말을 이어갔다. "에

이케루스를 팔겠다는 생각이 유일한 대안인 것 같았습니다. 생각할 시간을 주시고 적절한 가격이 정해지면 연락드리겠습니다."

며칠 후에 그가 전화했다. "정원이 딸린 12개의 넓은 아파트에 대해 내가 받고 싶은 가격은 4,500만 원입니다. 조건은 현금 거래입니다."

전국 이사회의 의견을 들은 후 우리 모두는 에이케루스의 주인이 교회에 다니기 때문에 가격을 4,000만 원으로 내려서 다시 제안하자고 합의했다. 그에게 십일조를 바칠 기회를 주자는 것이었다. 그가 너그러이 받아들였고 가계약서에 서명했다. 서명이 끝난 몇 분 후에 경리과 직원이 수표를 흔들면서 흥분해서 사무실에 들어왔다.

"병원선교회 앞으로 유산 증서가 방금 전에 도착했습니다."라고 그녀가 기뻐서 어쩔줄 모르는 목소리로 외쳤다.

주님의 절묘한 시간과 건물 구입을 최종 승인하는 이 사건은 우리 믿음에 큰 자극이 되었다. 몇 년 전에 시작한 건물 기금과 수시로 추가된 자금으로는 현금으로 건물 구입이 불가능했기 때문에 나머지 돈을 건물 구입 대출 단체로부터 빌렸다.

거래가 막바지에 이르렀을 때, 주인이 다소 당황하는 것 같았다.

"내가 왜 건물을 팔 생각을 했는지 모르겠습니다. 미친 짓 같습니다. 그래도 내가 그렇게 한 것이고, 생각을 좀 해 봤지만, 그 당시에는 후회가 없었습니다."

그 사람의 기분을 인정하면서도 잔잔한 확신을 가지고, 주님께서 그분의 일을 하시기 위해 이 건물이 필요하시기 때문이라고 설명했고 그 사람도 주님의 계획에 일부가 되기로 마음을 정했다. 에이케루스가 전 세계 병원선교회 활동을 연결하며, 국내 및 국제 간사들이 모임을 가지고, 토론하고 계획하며, 전 세계 병원선교회 리더들을 위해 기도드리는 중요한 센터가 될 것이었다. 이 모든 일을 성사시키기 위해 자기 몫을 포기한 주인에게 감사의 뜻을 전했다.

그 해에 빚을 지지 않고 넘어가도록 도와달라고 주님께 간절히 기도하고 있었기에 새로운 본부 건물을 구입한 후 많은 금식 기도가 뒤따랐다. 병원선교회 후원자들로부터 헌금이 꾸준히 들어오므로 은행 빚이 줄어드는 것을 보고 감사드렸다. 그 해 말에 이사회가 열렸고, 은행 빚이 3,700달러밖에 남지 않은 것을 알았다. 영광스러운 축복이 기다리고 있었다. 간호 교수로 은퇴한 이사 한 사람이 다음과 같이 말하면서 우리를 놀라게 했다. "주님께서 나의 퇴직금으로 건물 구입 잔금을 청산하라는 부담을 주셨습니다. 이것이 나에게 베풀어 주신 수많은 하나님의 자비와, 내가 간호 교수로 재직하는 동안 병원선교회가 나의 영적 삶에 끼친 은혜에 보답할 수 있는 한 방법이라고 생각합니다."

그날은 큰 환희의 날이었고, 그 이후로 켐톤파크 쥬빌리가에 위치한 에이케루스는 전 세계 병원선교회의 활동에 힘을 공급하는 진정한 발전소가 되었다.

20년이라는 세월이 지나 국제 사무실이 복잡해졌고, 요하네스버그를 오가는 비행기 편수가 늘어났으며, 주변 공장들로부터 나오는 소음으로 인해 집중력 및 생산성이 감소되었다. 병원선교회를 위한 다른 사무실이 절실하게 필요했다.

남아프리카공화국에 있는 세 개의 도에서 몇 개월 동안 장소를 물색했지만 적당한 자리가 나오지 않았다. 그러다가 갑자기, 하나님의 때에 응답이 왔다. 어느 날 아침 전화벨이 울렸고 친절한 음성이 들려왔다.

"여보세요, 저는 앙드레 프레토리우스입니다. 제가 알기에 당신들은 신축 부지를 찾고 있는 것으로 아는데 제 것이 적당할 것 같습니다."

그 사람을 언제 어디서 만났는지 기억을 더듬는 동안 그 남자는 조용히 기다리고 있었다. 아니었다. 만난 적도 없었고 부지를 판다는 광고판도 보지 못했다. 그 사람의 제안을 확인하기 위해 직원 두 명을 보내기로 합의했다. 안젤리나 샌디와 에리카 그루네발트가 임무를 마치고 돌아와서 기뻐하

며 보고할 때 우리는 그 부지가 늘어나는 병원선교회의 사역을 감당할 곳이
라고 믿게 되었다. 부지 구입 가능성 조사가 막바지에 이르면서 우리는 흥
분했고 직원 몇 명이 에라스미아 및 나와 함께 후속 방문 팀에 합류했다.

공간이 넉넉한 집과 세 개의 아파트가 공원 같은 주변 환경에 둘러싸여
있었고 버드나무, 폭포, 넓은 잔디도 있었고 수영장, 지붕이 있는 휴식 공간
과 테니스장도 추가로 있었다. 땅이 넓어서 나중에 건물을 추가로 지을 수
도 있었다.

그러나 믿음 안에서의 전진이 매우 늦었다. 네덜란드의 훈련 센터였던
르호봇이 팔리는 과정에 있었으므로 얼마에 팔릴지 정확히 알 수가 없었다.
그 돈으로 새 부지를 살 수 있을까? 기존 건물을 우리가 원하는 대로 수리할
여분의 돈이 생길까? 새로운 본부 사무실에 필요한 것들을 구입할 돈이 있
을까? 우리가 최종적으로 구입을 결정할 때까지 프레토리우스가 기꺼이 기
다려 줄 것인가?

하나님께서 문을 여시는 만큼 조금씩 진전이 있었다. 때로는 눈물 범벅
이 된 기도가 하나님의 보좌 앞으로 끊임없이 올라갔고, 1999년 6월 17일에
그 부동산이 세계병원선교회 명의로 등록되었다. 우리의 기쁨은 한이 없었
다.

수리 및 건축 프로그램이 진지하고 자상한 칼 그림의 주도하에 시작되었
고, 벽돌과 시멘트가 사무실 및 훈련 시설들의 모양을 만들어 내면서 비전
이 현실화 되었다. 칼의 건축 기술과 탁월한 사업적 수완이 투입되었다.

또 하나의 골리앗이 우리에게 다가왔다. 건물 수리를 마감하는 시점에서
할일이 아직 남아 있는데 여유 자금이 급속도로 빠져나간다는 것을 알았다.
사무실을 함께 사용하면 다시 한번 복잡한 환경에서 일해야 할텐데 그럴 마
음이 있을까? "하나님께서는 일을 중간에서 그만두신 적이 없으시다."라는
것이 위기에 처한 우리의 반응이었다. 스위스에 있는 사랑스러운 에벌린 스
미스가 진퇴양난에 빠져 건축이 어떻게 진행되고 있는지, 공사를 마무리할

자금이 있는지를 전화로 물었다. 얼마가 더 필요한가? 후원자들에게 필요를 채워야 한다는 부담을 주고 싶지 않아서 우리는 오히려 구체적인 액수를 언급하지 않았고, 아직 액수를 계산하지 않는 것이 기쁜 상태였으므로 그녀에게 정확한 액수를 알려 줄 수가 없었다.

며칠 후 다섯 개의 훈련 센터 공사비가 대략 3만 3,000달러임을 알았다. 얼마되지 않아 애벌린이 스위스 돈으로 2만 5,000프랑, 즉 3만 3,000달러를 송금했다는 연락을 받고 놀라지 않을 수 없었다. 참새를 돌보시고, 별들을 세시며 바닷물을 손으로 측량하시는 하늘 아버지께서만 이렇게 정확하게 우리가 필요한 자금을 보내 주실 수 있었다!

상당한 양의 계획과 조사가 진행되어 대규모 단지에 필요한 장비들을 실제로 구입했다. 장비 구입 예산에 맞추어 품질과 내구성을 결정하고 가격을 비교했다. 하나님께서 자신의 신실하심을 따라 그림 조각을 맞추어 결국에 한 폭의 아름다움 그림을 만들어 내시는 것을 보면서 환희를 느꼈다.

그림 조각 중 하나가 기도실, 훈련실 및 기타 사무실을 어떻게 꾸밀 것인가 하는 것이었는데 칼의 제안에서 해답이 나왔다. 문을 닫는 큰 회사에 가서 우리가 필요한 물건을 적당한 가격으로 구입하면 된다는 것이었다. 예상치 않던 기회에 저렴한 가격으로 가구를 구하기 위해 3층이나 되는 사무실에서 고품질의 걸상, 책상, 회의실 테이블을 찾는 데 많은 시간을 보냈다.

2000년 2월 23일 마침내 새벽이 밝아오면서 대대적인 이사가 시작되었다. 며칠 동안 비가 왔었고, 일을 시작하는 날에도 비가 올 것이라는 예보가 있었다. 그것은 한때 작은 마을이었다가 이제는 도시가 된 캠톤 파크, 60년간 병원선교회 본부가 있던 곳을 떠나는 우리의 심정을 보여 주는 것 같았다. 그러나 20분만 운전해 가면 새 본부와 훈련 센터가 있는 헤브론이 나왔다. 여기까지 우리를 인도하신 분은 변치 않으시는 분이시며, 우리보다 앞서 가실 것이므로 가 보지 않은 길에서도 그분을 의지할 수 있었다. 그분은 영광스럽게 변하지 않으시는 속성을 유지하실 것이다.

비를 맞으며 트럭에서 짐을 내리고 수많은 박스들을 건물 안으로 옮겼다. 때로는 건축 기구들, 사다리 및 페인트 통들이 길을 막았다. 건물 수리가 끝나지 않았기 때문이었다. 몇 주 동안 짐을 풀었고, 동시에 걸상과 책상, 냉장고, 침대 그리고 커튼 및 기타 물건들이 들어왔다. 수도 파이프가 새는 곳이 있어서 수리공들이 들락거렸고, 전화가 가설되었으며, 새로 온 도우미들이 부엌, 세탁실과 정원에서 일을 시작했다. 헤브론에서 새로운 삶이 시작되었다!

도착 직후 몇 가지 놀라운 일들이 기다리고 있었다. 칼과 리타 그림이 특별히 우기를 대비해서 사무실 진입로와 정원 길을 시멘트로 포장하기로 일을 꾸몄다. 그리고 나서 상당양의 정원 가구들을 희사했고 기타 헤브론에서 필요한 값진 기구들을 선물했다. 그래도 올 것이 더 있었다. 난로가 한 대 더 필요한가? 전번 집에서 거의 새 것이 있었는데 그것을 사용하도록 하면 좋을 것 같았다.

수일 전 어느 가게에서 식기실에 맞을 것 같은 검은 난로를 봤지만 돈이 없었다. "기다리라."는 것이 하나님의 말씀이었다. 그림 씨의 선물이 도착했을 때 우리가 얼마나 기뻐했는지 상상해 보라. 우리가 가게에서 봤던 바로 그 크기의 검은 난로가 도착한 것이었다!

⚬⟞⟝⚬

"얼마나 훌륭한 훈련 시설인가. 이제 우리는 이곳을 채워야 한다."라는 것이 2000년 9월 23일 헤브론에 공식적으로 입주했을 때 가졌던 반응이었다. 국제 이사회 전원이 모였고, 병원선교회 후원자들도 왔으며, 가족과 친구들이 모였다. 여기서 행한 나의 입주식 말씀은 요한복음 1장 50절 "이보다 더 큰 일을 보리라"였다. 하나님께서 풍성하게 예비하신 것에 대해 찬양하는 동안 믿음의 눈은 현실을 넘어 수백 명의 학생들이 헤브론에서 훈련 받는 것을 보았다. 훈련 받고 자기 나라 의료계에서 섬기기 위해 세계 방방곡곡에서 올 것이었다. 그리고 그들이 또 다른 사람들을 훈련시킬 것이었다. 이렇게 하여 배가의 과정이 이어질 것이며, 영향력이 점점 커질 것이었다. 이 얼마나 엄청난 잠재력인가!

말씀에 도장이라도 찍듯이, 무명의 사업가께서 10만 란드(1만 4,250달러)를 세계병원선교회 장학금으로 기증하셨다고 칼 그림이 발표했다. 국제 사역 담당자인 에라스미아에게 수표가 전달되었다. 그러나 거기에는 중요한 조건이 붙어 있었다. 현금이든지 작정이든지 2000년 12월까지 동일 액수의 후속 장학금이 들어와야 한다는 것이었다. 그날까지 들어온 금액이 10만 란드(1만 4,250달러)에 미달되면 나머지 금액은 돌려 주어야 한다는 것이었다.

새로운 국제 본부로 이주할 것을 기대하고 건물 프로젝트를 완수하기 위해 기금을 확인하면서 2000년은 뜨거운 흥분으로 시작되었다.

이제 장학 헌금 마감 날이 다가오면서 더 큰 흥분으로 한 해가 마감되고 있었다. 헤브론에 들어오면서 시작된 프로젝트 기금이 계속 늘어났지만 그것이 무명 사업가가 희사한 10만 란드(1만 4,250달러)에 도달할 것인가? 하나님께서 기한 내에 모든 것을 맞추실 것인가? 정말, 하나님이 그렇게 하셨다!

철저하게 겸손한 마음으로 하나님을 찬양했고, 동의한 기한까지 들어온 헌금을 계산하면서 하늘 아버지의 신실하심을 축하했다. 이 프로젝트를 위해 원근 각지에서 응답한 하나님의 자녀들에 의해 만들어진 기금 내역을 여러분들에게 알려 드리고 싶다.

2000년 10월까지	14252.59란드 (3란드=1달러)
11월 헌금	3050.50
12월 헌금	47387.42

마지막 날인 1월 1일 헌금　　35310.00
합계　　　　　　　　　　　100000.51란드

하나님의 은혜로 우리는 사업가가 헌금한 10만 란드를 가지게 되었으므로, 2001년에는 20만 란드 장학금을 가지고 한해를 시작하게 되었다는 의미였다. 주님께 영광!

10만 란드 중 한 푼도 돌려받을 수 없다는 소식을 들은 남아공 사업가는 다음과 같이 반응했다.

"하나님을 찬양합니다. 이렇게 될 줄 몰랐습니다. 전국 병원선교회 핵심 지도자들을 속히 훈련시키겠다는 것을 분명하게 확인하고, 그 결과로 세계 의료계에서 많은 사람들이 구주를 알 수 있도록 합시다."

감동적인 결과: 헤브론 입주식에 참석했던 한 친구는 93세로 캠프 파크에서 장애자, 학대받는 자, 버려진 아이들 사역으로 만델라 대통령으로부터 "아프리카의 별"이라는 훈장을 받은 앤 메이나드였다. 장학금에 도전받아 다음과 같이 편지했다. "나의 적은 장학 헌금을 보냅니다. 수표 994.37란드(142달러 정도)는 이달 분 저의 장애 연금입니다. 주님께서 헤브론이 필요한 나머지 기금을 마련해 주시기를 기도합니다."

하나님의 나라가 전진하기 위해서는 적절한 기금과 건물이 필요했지만 우리는 이 엠 존드의 유익한 충고를 명심하고 있었다. "세상은 보다 나은 방법을 찾고 있지만 하나님께서는 보다 나은 사람을 찾고 계십니다." 거대한 아프리카 대륙에서 세계병원선교회가 전진하기 위해서는 강하고 안정된 리더들이 필수적이었다. 최고의 아들인 달비 함스라는 사람이 우리에게 왔다. 그는 10년 동안 전임 간사로 섬겼으며, 나중에 소웨토에 있는 대규모 학교에 교장이 되었고, 남아프리카 지역에서 존경 받는 병원선교회 지역 담당자가 되었으며 동시에 국제 이사회 회원이 되었다. 지역이 대륙에 편입되는 시기가 왔을 때, 달비는 만장 일치로 여러 지역 책임자로부터 보고를 받는 아프리카와 중동의 대륙 책임자로 지명되었다.

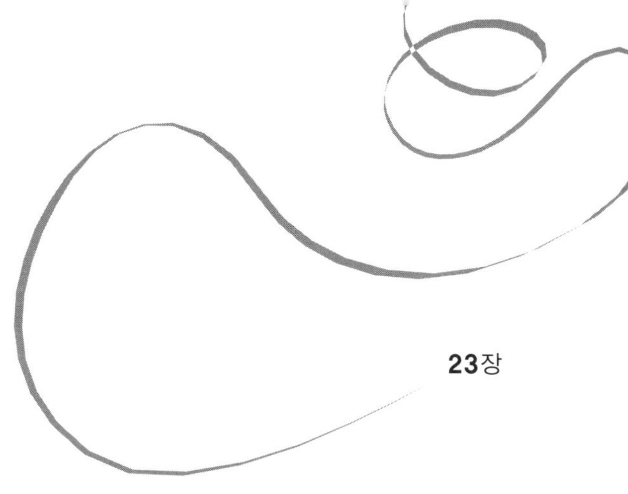

23장

민족들이 모이다

새벽 5시에 호텔 방 전화의 날카로운 소리에 잠이 깼다. 때는 1969년 9월이었고 우리는 로마에서 제1회 세계 컨퍼런스를 마감하려는 참이었다.

"젊은 사람이 선생님을 만나고 싶어 합니다. 한국에서 왔답니다. 이름은 발음하기가 어렵습니다." 이탈리아 접수 직원이 졸리는 목소리로 말했다.

"황찬규!" 소리질렀다. "그 사람일까?" 호텔 로비로 달려 내려갔더니 그가 서 있었다. 고국에서부터의 긴 여행과 이탈리아로 들어오는 허가를 받는 과정에서 여러 시간 긴장한 관계로 지쳐 있었다. 나를 보더니 아들이 아버지에게 하듯이 내 가슴에 뛰어드는 것이었다.

"드디어 오셨군요." 확인하듯 말하고 "당신이 오도록 얼마나 많이 기도했는데요. 어서 오세요!"라고 환영했다.

우리는 황찬규 씨를 한국에서 만났었다. 그는 야간에는 검사실에서 근무하고 낮에는 병원선교회 간사로 일했다. 한번은 그가 우리를 자기 집으로 초대했을 때 가족이 살고 있는 방 두 개를 보여 주었다. 세 번째 작은 방에는 아무 것도 없고 바닥에 돗자리만 깔려 있었다.

"여기는 기도하는 방입니다."라고 말했다. 우리가 알고 있는 넓은 주택들 중에 기도실이 없는 집들이 얼마나 많은지를 생각하니 부끄러웠다.

황 선생은 로마에서 열리는 세계 컨퍼런스에 초청받았지만 여권과 비자 문제로 도착이 늦어졌다. 일주일 내내 회의 참석자들이 황 선생이 오도록 간절히 기도했다. 세상 저편에서는 그들의 기도에 응답하시려고 하나님께서 역사하고 계셨다. 모든 희망이 사라진 것 같아서 그가 더 이상 노력하지 않으려고 할 때, 매우 존경 받는 한 노르웨이 의사가 "마침" 출입국 사무실에 나타났다. 그는 기쁘게 황 선생을 보증해 주었고 회의 후에 반드시 한국으로 돌아올 것이라고 확인해 주었다. 이렇게 하여 여행 허가서를 받았다.

그날 아침 늦게 우리는 회의장으로 들어가서 "황 선생이 도착했습니다!"라고 말할 때 감정에 복받쳐 목소리가 가라앉았다. 40개국에서 오신 전체 참석자가 기립 박수를 보냈다. 이런 대환영과 눈물 어린 여러 사람의 얼굴을 보면서 황 선생이 감정을 주체하지 못한 채 더듬거리며 다음과 같이 대답했다. "환영해 주셔서 고맙습니다. 저에게 박수를 보내지 마십시오. 예수님을 모시고 가는 당나귀가 박수를 받고 기쁜 나머지 벌떡 일어섰다면 예수님은 땅에 떨어졌을 것입니다. 저는 예수님을 모시고 가는 작은 당나귀입니다. 예수님께 박수를 보내시기 바랍니다."

얼마나 놀라운 겸손의 메시지인가!

컨퍼런스의 주제는 전 세계 여러 곳에서 의료인들을 매료시켰던 '전도'였다. 스웨덴 병원선교회 간사인 안나 칼슨이 몇 주 전에 다음과 같이 편지를 썼다. "그분이 초청을 받았다면 그분이 오셨을 것입니다." 컨퍼런스의 주제는 주님의 마음에 있던 것이었으므로 그분의 임재를 고대했다. 곧 그분께서 우리 가운데 계신다는 것이 분명해졌다.

회의가 열렸던 누오바 유로파 호텔은 로마시 변두리 몬테 사크라(거룩한 산)라고 알려진 지역에 었었다. 그분께서는 거기서 우리에게 분명하게 말씀하셨고 우리는 사도 베드로처럼 "우리가 그와 함께 거룩한 산에 있을 때에"

(벧후 1:18)라고 말할 수 있었다. 살아 계신 하나님의 아들을 개인적으로 만난 여러 사람들에게 새로운 용기와 새로운 믿음, 새로운 비전, 새로운 삶이 태어났다.

비가 오고 있었다. 타이롤에 있는 퀘센에서 세계 컨퍼런스를 계획하고 있던 몇 주 전에 조용하면서도 촉촉한 비가 내렸다. 카이저스워스 산들에 둘러싸여 둥지를 튼 것 같은 전원풍의 호주 마을이 1972년 세계병원선교회 컨퍼런스 장소로 선정되었다. 55개국에서 300여 명이 참석할 예정이었고 집중적인 준비 작업이 진행되고 있었다. 준비 과정에서 필수적인 기도가 진행되고 있었고 특별히 좋은 날씨를 달라고 기도하고 있었다.

개회식 날 하늘은 잿빛이었고 끊임없이 비가 내리고 있었다. 그런데 일이 일어났다! 스칸디나비아 대표를 태운 버스가 회의장에 접근할 때, 두꺼운 구름 커튼이 걷히고 아름다운 하늘이 드러났다. 북극 지역에서 온 사람들뿐 아니라 세계 각 지역에서 온 참가자들에게 얼마나 놀라운 환영의 인사인가! 이것이 쾌청한 날씨의 시작이었다. 청명한 햇살이 전체 회의 기간 동안 따사롭게 시골 지역을 덮었다. 꽃으로 장식된 초록의 들녘을 거니는 것은 감당 못할 즐거움이었다. 마지막 날 비가 다시 내리기 시작했다.

"기도가 응답되는 것을 보면 이 사람들은 특별한 분들임에 틀림없습니다. 6월에 연속적으로 맑은 날이 이어진 것은 전례 없던 일입니다."라고 마을 사람들이 서로 이야기했다. 그러나 이야기는 여기서 그치지 않았다. 후속 영웅담이 있었다. 3년 후 퀘센이 1975년 국제 회의 장소로 다시 선정되었다.

우리는 마을 주민들과 최상의 협력 관계를 누렸고 우리가 다시 오게 된 것을 대대적으로 환영했다. 우정이 싹텄고 알던 사람을 다시 만난다는 것이 서로의 즐거움이었다.

프로그램, 숙소 배정과 참가자들을 위한 음식, 그리고 국제 모임을 위한 특별 중보 기도가 동일한 방식으로 철저하게 준비되었다. 청명한 날씨가 최우선 순위에 있었다.

안개가 다가오더니 작은 타이롤 시골 마을 전체를 검은 회색 담요처럼 둘러쌌다. 72개국에서 500여 명의 참가자들이 퀘센에 도착할 때 좋은 날씨를 주시도록 우리가 계속 기도했을 때 그들의 얼굴은 빛났고 마음은 기대로 가득 차 있었다. 우리 모두는 서로가 만날 것을 기대하고 있었으며 이런 기쁨의 기대가 현실화 되었다.

날씨는 달라지지 않았지만 동일한 열정으로 회의 기간 10일 내내 기도가 이어졌다. 하나님께서 우리를 다루시는 것이 당혹스럽고, 이해할 수 없을 때 우리는 종종 손에 잡히는 응답을 원한다.

“오, 주님. 3년 전에 그러셨던 것처럼, 특별히 마을 사람들에게 증거가 될 수 있도록 화창한 날씨를 주시옵소서. 그들이 우리를 보고 있습니다. 우리가 기도하고 있다는 것을 알고 있습니다.”라고 기도했다.

비는 멈추지 않았고 희미한 씨실이 금실 뭉치에 의해 지나갔다는 것을 거의 몰랐다. 하나님께서는 우리의 삶뿐 아니라 마을 사람들에게도 복을 내리실 놀라운 무늬의 천을 짜고 계셨다. 메마른 대지를 적시는 것이 비라면, 갈급한 사람들의 마음을 적시는 것은 하늘에서 내리는 축복의 이슬이었다.

그들이 원하는 것은 외부적 환경에서 찾을 수 없는 내적 만족이었기 때문에 어두운 회색 날씨가 그들의 영혼을 적실 수가 없었다.

컨퍼런스의 주제는 ‘마지막 때에 하나님과 함께 건설하자’라는 것으로서 앤드류 형제가 주 강사였다. 느헤미야서에 근거한 그의 메시지는 도전적이었고 능력이 있었으며, 우리 시대의 요구에 적합한 것이었다.

어느 날 저녁 모임이 시작되기 전 그가 이렇게 말했다.

“프란시스, 오늘 저녁에는 전임 간사님들을 위해 기도하려고 합니다. 전임 간사가 몇 명이나 필요하십니까?"

"50명"이라고 지체없이 대답했다.

모임이 시작되어 능력있게 진행되고 있었다. 전임 간사를 위한 기도의 순간이 다가왔다.

"세어 보세요."라고 나에게 몸짓했다.

내가 세기 시작할 때 주 회의실 및 통로에 있는 사람들이 자리에서 일어나는 것을 보면서 정말 감동을 받았다. 49명이 전부였다. 50번째 사람은 며칠 후에 나타났다. 그 당시에는 몰랐었는데, 주님께서 간사 중 한 사람에게 컨퍼런스가 시작되기 전에 50명이 병원선교회 전임 간사로 헌신할 것이라고 알려주셨다.

그 날 저녁에 자원한 대부분의 사람들은 아직도 세계 각지에서 병원선교회의 간사로서 헌신적으로 일하고 있다.

퀘센을 떠날 때, 관광회사 사무실 직원이 하는 말에 놀라지 않을 수 없다.

"당신들이 좋은 날씨를 달라고 기도했던 것을 알고 있었고, 하나님께 지난 번에는 응답하셨지만 이번에는 응답하지 않은 것도 압니다. 이것에 대해 여러분들이 어떻게 반응하는지 유심히 관찰했습니다. 놀랍게도 한 사람도 따지지 않고 침착하게 하나님의 결정을 받아들이고 만족해했습니다. 이것이 저희들에게 잊지 못할 인상을 남겨 주었습니다."

오십 명

퀘센에서 자신들의 야망을 버리고,

그 모든 것을 제단에 올려놓으라는 요청을 듣고,

그리스도의 능력으로 안수 받은 50명의 남녀가 있었다.

"세상으로 나가라, 각 지역과 종족에게로

내 사랑의 메시지, 값없는 온전한 구원의 메세지를 전하라.”

그 자리에 일어서서 기다리고 있었다, 음성을 듣는 것처럼
모든 사람에게 선택하라고 태초부터 내려오던 음성
주님께서 앞서 가신 피 묻은 갈보리의 길을 택하라.
그들은 주님의 발자취를 따를 것이며 그분처럼 그들의 삶은
사랑의 봉사로 쏟아부어질 것이며, 영원한 열매를 맺을 것이다.

그러나 우리가 날마다 이들 50명 곁에 서 있어야 한다.
우리의 관심과 사랑 그리고 기도하겠다는 약속으로
최전방에서 그들은 지옥의 폭풍을 맞을 것이다.
그들이 “나가서 전하려” 할 때 사단이 그들을 방해할 것이다.
구주가 적의 손으로부터 구해낼 것이다.
이들 50명이 50명을 얻을 것이며,
그 50명이 또 다른 50명을 얻을 것이다.
이리하여 축복 받은 형제 자매들이 늘어날 것이다.
치유의 궁전에서 희년의 노래를 부를 것이다.
모든 민족과 족속으로부터 온 병들고 가난한 자들이
그분의 놀라운 구원으로 인해 주님을 함께 찬양할 것이다.

면류관을 쓸 날이 다가오고 있다. 아직 축복의 날이 남아 있다.
수정 같은 바다 옆에서 주님과 함께 있을 때
50명은 수천 명이 될 것이며, 수천 명은 수천 명을 데리고 올 것이다.
순교자들도 있다, 모두 구속받았고, 없어지지 않는 면류관을 받고
영원히 다스리기 위해 유리 바닷가에 모였다.

– 프란시스 그림

병원선교회 국제 컨퍼런스에 참석자 수는 점차적으로 늘어났으므로 보다 더 넓은 장소가 필요했다. 1978년 88개국에서 약 900명이 참석할 국제 컨퍼런스를 위해 애버리스트위드에 있는 웨일스 대학이 아름다운 장소를 제공했다.

그러나 회의가 시작되면서 경고의 쪽지를 받았다. 참석자 중 한 사람이 모임을 훼방하려고 한다는 것이었다. 기획 팀은 이 원치 않는 사람을 위해 지체 없이 집중 기도에 들어갔고 특별히 하나님의 엄청난 사랑으로 그녀의 의도가 사라지도록 기도했다.

"당신의 보좌로부터 사랑이 홍수처럼 흘러나와 모든 것이 그 안으로 빨려들어가게 하시옵소서."라고 팀원 중 한 명이 마음을 다해 간구했다.

하나님께서 응답하셨다. 하늘로부터 사랑의 대 홍수가 엄청난 위력으로 내려와 아무것도 그 앞에서 버틸 수 없었던 것 같았다. 특별히 그 참석자가 엄청난 축복을 받았을 뿐 아니라 분열을 조장하려던 그녀의 의도가 완전히 무산되었다.

노래가 끝났는데도, 멜로디는 남아 있었다. 그 음악이 어떤 것이냐고 묻는다면, 대답은 틀림없이 "사랑의 노래"였을 것이다.

서로간에 놀라운 이해가 있었고, 관심과 배려가 있었다. 옛 친구를 만나고 새 친구를 만드는 즐거움이 있었으며, 여러 사람이 그것을 모든 족속과 방언의 사람들이 모여 우리를 사랑하시고 자신의 보혈로 우리의 죄를 씻으신 그분을 경배하는 천국에 비교했다.

> 두려워하지 말라 내가 너와 함께하여 네 자손을 동쪽에서부터 오게 하며 서쪽에서부터 너를 모을 것이며 내가 북쪽에게 이르기를 내놓으라 남쪽에게 이르기를 가두어 두지 말라 내 아들들을 먼 곳에서 이끌며 내 딸들을 땅 끝에서 오게 하며 내 이름으로 불려지는 모든 자 곧 내가 내 영광을 위하여 창조한 자를 오게 하라 그를 내가 지었고 그를 내가

만들었느니라 눈이 있어도 보지 못하고 귀가 있어도 듣지 못하는 백성을 이끌어 내라 열방은 모였으며 민족들이 회집하였는데…(사 43:5-9).

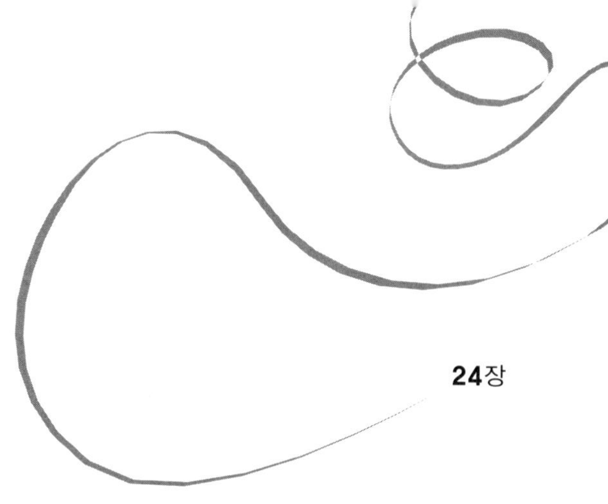

24장

세상 끝에서부터

"칼로가 도착했습니다!"

1981년 엣세터에서 국제 컨퍼런스 준비가 막바지에 이른 흥분된 순간이었다. 일부 참석자들은 조기 등록을 하고 수백 명이 콧노래를 부르는 가운데 이 특별한 발표가 더욱 감동으로 다가왔다.

칼로는 지난해 나와 크리스 스타인 박사가 첫 여행지로 방문했던 태평양 섬인 통가에서 왔다. 그러나 이보다 중요한 것은, 하나님께서 특별히 우리에게 이사야 43장 6절을 근거로 이번 컨퍼런스를 진행하라고 하셨다는 사실이다.

"내 아들들을 먼 곳에서 이끌며 내 딸들을 땅 끝에서 오게 하며" 통가라는 나라가 국제 날짜 변경선에 위치하여 실제로 지구 반대편에 있었기 때문에 이 모임에서 바로 그 말씀이 이루어진 것이었다.

그의 아들들도 아시아, 아프리카, 극동 아시아, 라틴 아메리카, 유럽, 중동, 미국, 카리비안으로부터 도착하기 시작했다. 그들은 의료계의 여러 모임들을 대표해서 원근 각지에서 온 수백 명의 다른 대표들과 어울렸다. 10

일 동안 우리 모두가 속해 있는 그분을 경배하고, 기도하며 찬양했고 그분의 말씀을 듣고 그분의 부르심에 응답하고 함께 울기도 하고 웃기도 했다. 하나님께서 간섭하셔서 비행기 삯이 해결되고 비자를 받는 등 수많은 현대판 기적들이 나누어졌다. 이 모든 것 위에 기도의 향연이(계 8:3) 오래전부터 올려졌고, 기도가 24시간 컨퍼런스 내내 드려지고 있었다. 참석자들은 그분의 기름부음을 느꼈고, 하나님의 불이 마음들을 어루만지셔서, 전례 없는 반응이 있었다.

행사를 준비하기 위한 기획 팀이 네덜란드 병원선교회 본부가 있는 르호봇에서 수개월 동안 작업했다. 그 중 한 가지 일은 도움이 필요한 사람과 후원자를 연결하는 일이었다. 세상 저편에서 도움이 필요하다는 편지가 중요한 사람으로부터 도착하는 바로 그날, 도움을 주겠다는 편지가 도착하는 것을 보고, 하나님께서 모임을 주관하신다는 것을 확인할 수 있었다.

한번은 세 명 중 한 명만 후원을 받을 수 있는 상황에서, 국내 간사가 조셉을 선택했다. 그는 병원선교회의 비전에 헌신했고 열정적으로 전도에 임하고 있었다. 팀은 곤란한 입장에 처하게 되었다. 선택된 참가자인 조셉에게 편지를 보냈는데 "주소불명"이라며 편지가 돌아왔다. 비행기표를 어떻게 보낼까? 이 문제와 관련해 편지를 주고 받을 시간이 없었다. 기획 팀은 주님께 기도했다. 바로 그날, 조셉의 새 주소를 알려 주는 편지가 도착했다!

하나님의 자비로운 예비하심이 여러 면에서 나타났다. 세계 102개국에서 1,200명 이상의 참가자들이 컨퍼런스 시작 전날 도착했다. 긴장된 순간들도 많았으며, 기적을 행하실 유일한 분께 수많은 기도가 올려졌다. 상황이 달라지면서 감사와 찬양도 많았다. 여권과 비자가 해결되고, 비행기표를 받게 되고, 시위가 취소되거나 연기되어 모든 대표들이 안전하게 도착하게 되었다.

한 명씩 혹은 두 명씩, 작은 그룹 혹은 큰 그룹으로 도착했다. 비행기로, 자동차로, 멀리서 혹은 가까이에서 왔다. 어떤 사람들은 몇 시간 만에 오고,

어떤 사람들은 며칠 걸려서 왔다. 아침 일찍부터 밤 늦게까지 영접하는 팀이 참가자들을 환영했고 사랑으로 접대했다.

의료인들이 지구 저편 섬, 아시아, 태평양, 미주, 유럽, 아프리카, 중동에서 도착할 때, 사람의 말로 형용하기 어려운 소속감, 사랑과 나눔이 있었다. 그것은 다양한 기능을 가진 여러 지체로 구성되어 내부적으로 하나 된 그리스도의 몸을 나타냈다.

환자를 돌보는 사람들이 각종 전문 분야, 서로 다른 문화와 기후에 속해 있었지만 그리스도를 전하고 복음이 전해지지 않은 의료계에 구원의 메시지를 전하기 위한 동일한 목표를 가지고 모였다.

모든 중요한 강의가 이루어진 대학교의 대형 강당이 여러 나라의 국기로 화려하게 장식되었다. 강당 뒤편에 통역실이 설치되어 주요 7개국어의 통역 팀이 매 시간 진행 상황을 알려주었다.

컨퍼런스의 주제인 "의사소통"이라고 쓰여진 6×9미터의 멋진 현수막이 의료인들의 일상적인 섬김을 묘사하면서 드리워져 있었다. 진료팀의 정성 어린 보살핌을 통해 환자들에게 다가가시는 하나님의 소원을 담고 있었다. 이 표어가 모든 프로그램과 카세트에 담겨졌다.

개회예배 설교 성경 구절은 이사야 43장 5-13절이었다. "내가 너와 함께 하여 네 자손을 동쪽에서부터 오게 하며 서쪽에서부터 너를 모을 것이며 내가 북쪽에게 이르기를 내놓으라 남쪽에게 이르기를 가두어 두지 말라…"

잠시 후 대표들의 긴 행렬이 단위에 정렬하여 자기 나라 이름을 말하고 연단에 국기를 꽂는 모습을 볼 때 이 구절이 그림으로 나타났다. 많은 사람들이 고유 전통 의상을 입었고, 이들은 정말로, "세상 끝에서부터 온 아들과 딸들"이었다. 100여 개국에서 온 대표들이 예식에 참여할 때, 컨퍼런스의 국제성이 강조되었고, 그리스도 안에서의 연합이 선포되었다. 이토록 감동적인 자리에 앉아서 나는 에라스미아에게 이렇게 말했다.

"우리는 절대 대규모의 비인간적인 기관이 되지 말고, 오히려 서로를 돌보는 가족으로 남아 있어야 해."

여기에서 나는 부탄에서 일하는 젊은 의사를 만났다.

"연단에 국기를 가지고 올라가지 못해도 양해해 주시기 바랍니다."라고 머뭇거리면서 말했다. 그리고 목소리를 낮추어 거의 속삭이듯이, "때로는 당신과 개인적으로 이야기하고 싶었습니다. 당신하고만요. 공개되면 매우 위험하거든요."

함께 식사하면서 그는 마음을 열고 자신의 은밀한 의료 사역의 어려움과 시련을 이야기했다. 때로는 이것이 거친 강물의 소용돌이 같았고, 때로는 잔잔히 흐르는 시내의 음악 같았다.

"산 꼭대기에 있는 마을을 방문했던 것을 잊을 수가 없습니다. 모든 환자들을 다 본 후 식사를 하고 있는데, 급하게 도움 요청이 왔습니다. 곰이 한 여성을 물어뜯어서 의료적 도움이 시급하다는 것이었습니다. 무엇을 할 수 있겠습니까? 가지고 간 의약품은 바닥났고 보충할 방법이 전혀 없었습니다. 바로 그때 식당에서 일하는 사람이 그 지방에서 마시는 음료를 컵에 담아 오다가 걸려 넘어지면서 내 얼굴에 쏟았습니다. 그게 너무 독해서 눈이 욱신거렸습니다. 잠시 후 팀원 중 한 명이 방으로 달려들어와 내가 타고 온 말이 도망갔다고 말했습니다.

쫓아가서 잡았는데 내 손에는 말 털이 묻었습니다. 그 순간 거기에 답이 있었습니다. 알콜 음료를 소독약으로 쓸 수 있고 응급 상황에서 말털은 봉합사로 사용할 수 있다! 하나님 이외에 누가 이런 일을 만들어 이렇게 놀라운 해결책을 주시겠습니까?

몇 개월 후 외딴 지역을 다시 방문했을 때 열창을 입었던 환자가 살았고 만족스럽게 회복되고 있다는 이야기를 듣고 안심했습니다."

10일 동안 하나님께서는 다양한 사람들을 세우셔서 여러 가지 주제를 다루시게 하면서도 절묘한 화합을 이루도록 하셨다. 연사들은 컨퍼런스의 주제인 "의사소통"의 여러 측면을 다루었고 매일 아침 딕 에스트만 박사가 "기도를 통한 의사소통"에 대해 능력의 말씀을 전했다. 참가자들이 보다 효과적으로 기도해야겠다고 도전을 받았을 뿐 아니라 영광스러운 중보에 대해서도 많은 부분 깨닫게 되었다.

어느 날 아침에 위기가 닥쳤다. 순서에 들어 있는 연사가 오지 않은 것이다. 하나님께서 개입하셔서 케네스 라구나스 목사님을 통해 참가자들의 마음에 말씀하신 후 뒤이어 열린 즉석 미팅은 가장 능력 있는 모임이 되었다. 그날 아침 많은 사람들이 그분께 자신의 삶을 드리겠다고 응답했다.

주일에 열린 성찬식 또한 기억에 남는 것이었다. 영국 외과 의사인 스탠리 토마스 목사님이 "그리스도의 삶에 대한 의사 소통"이라는 주제로 전한 말씀은 영감을 주었고 그리스도를 높이는 것이었다. 그리고 예배가 절정에 이르면서 전 세계 병원선교회 식구들이 다음과 같이 말씀하신 분의 죽음과 부활을 기억하며 연합할 때 분위기는 절정에 이르렀다.

"곧 살아 있는 자라 내가 전에 죽었었노라 볼지어다 이제 세세토록 살아 있을 것이다"

토마스 목사님의 편지에서 그는 다음과 같이 말했다.

당신과 함께 훌륭한 컨퍼런스에 참석하게 된 것을 영광으로 생각합니다. 영감이 넘쳤습니다! 세계 여러 나라에서 온 사람들의 얼굴을 쳐다보던 기쁨을 잊지 못할 것입니다. 특별히 승리에 가득 찬 모습으로 떡과 잔을 조용하게 나누는 모습은 더욱 잊을 수가 없습니다. 그것은 천국 잔치를 미리 맛보는 것 같았습니다.

폐회 예배 설교에서 나는 참가자들에게 "그리스도를 세상에 알리는" 기회와 책임에 대해 상기시켰고 그들에게 가라고 명령하신 그분께서 세상 끝 날까지 함께하시겠다고 약속하신 것도 상기시켰다.

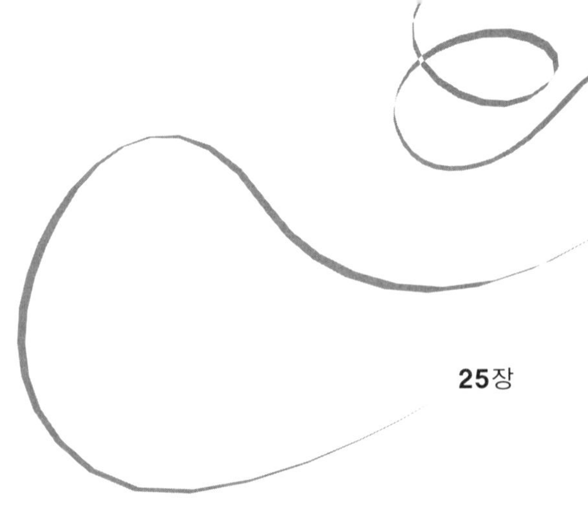

25장

하나님의 놀라우신 예비하심

성령의 바람은 여전히 불고 있었다. 때로는 부드럽게 때로는 폭풍처럼, 그러나 언제든지 그분이 다스리시고 계셨다. 빨간 단풍 및 노란 빛의 나뭇잎들이 바람에 나뒹굴고 한 조각 구름이 머리 위 푸른 하늘의 바다 위에 떠다니는 전형적인 가을날 오후였다. 에라스미아는 네덜란드에서 세계병원선교회 전 세계 사역자들과 리더들을 위한 컨퍼런스를 아시아에서 가질 준비를 하고 있었고 나의 마음도 가끔씩 그곳에 가 있곤 했다. 남미 여행이 끝나면 다시 만나기를 고대했지만 지금 나는 아프리카 최남단에서 몇 개 모임들을 인도하면서 대서양을 건널 여행을 준비하고 있었다. 네덜란드에서 온 전화가 내 생각의 흐름을 끊었다.

"여보세요, 당신이에요? 내일 전화하는 날인데, 오늘 전화하고 싶은 생각이 갑자기 들어서 전화했어요. 이것은 내가 바다 건너오는 전화를 얼마나 즐기는지를 아는 동료로부터 받는 특별 선물입니다." 에라스미아의 상냥한 목소리였다.

새 소식과 앞으로의 계획을 주고받으면서 축복된 대화가 이어졌다. 내가 감상적이고 사색에 잠긴 목소리로 가을 오후를 얼마나 회화적으로 묘사했는지 나중에 에라스미아가 마치 떨어지는 낙엽으로 착각할 정도였다고 말해 주었다.

다음 날 아침 네덜란드 개혁 교회에서 설교하기로 되어 있었고, 예배 시간 전에 조용히 거닐고 싶어서 밖으로 나갔다. 아주 기분이 좋았다. 장로님들과 함께 앉아서 강단으로 올라가는 계단을 바라보면서 내가 저기를 어떻게 올라갈 것인가 생각하니 온몸에서 기운이 빠져나가는 같은 이상한 기분이 들었다. 갑자기 모든 것이 어두운 바다 속으로 빠져들어가는 것 같았고 나는 그만 쓰러지고 말았다. 정신을 차려보니 교회 성구실에 누워 있었고 모두 교회 성도들인 대 여섯 명의 의사들이 나를 내려다 보고 있었다. 그들은 지체하지 않고 나를 그루테 슈르 병원으로 데리고 갔고, 나는 집중적인 관찰을 요한다며 중환자실에 입원했다.

"의사 선생님, 내가 정말 중환자실에 있어야 할 만큼 아픈 상태입니까?" 조심스럽게 물었다. "몇 개의 컨퍼런스와 모임 약속이 있어서 나는 수일 내로 꼭 출국해야 합니다."라고 덧붙였다.

"그림 씨, 매우 아프지 않았으면 이곳에 들어오시지 않았을 것입니다." 의사가 부드럽게 대꾸했다. "선생님께서는 자동 심장 박동기를 삽입하기 위해 이곳에 계셔야 합니다. 그러므로 안됐지만 선생님이 일정을 바꾸셔야 하겠습니다."

그래서 내 계획이 변경되었고 이번에는 병원에서 환자 상태로 내 인생의 새로운 장이 시작되고 있었다. 에라스미아가 네덜란드에서 도착한다는 흥분과, 수술 자체와, 끊임 없이 움직이는 대형 병동의 소리들로 인해 자동 심장 박동기 설치 수술을 받은 첫날 밤에는 잠을 잘 수가 없었다. 다음 날 나는 반 개인 병동으로 옮겨졌다.

유일한 다른 환자는 영적으로 많은 도움이 필요한 빌이었고, 나는 그에게 복음의 진실과 진리에 대해 나누었다. 여러 시간 이야기했으며, 그리스도와 그분의 사랑에 대해 이야기할 때 그의 눈이 놀라서 둥그래졌다.

별들의 운행을 정하시는 하나님께서 인생의 바다 어느 지점에서 우리 앞을 지나갈 외로운 "한밤의 작은 배의 행로"도 계획하신다. 항구로 안전하게 인도하시는 선장에 대해서는 언제든지 말할 준비가 되어 있어야 한다.

병원에서 퇴원한 지 얼마 되지 않아서 그에게 책을 보내 주어서 고맙다는 인사와 빌이 세상을 떠났다는 소식의 편지를 빌의 아내로부터 받았다.

이 기간 동안 우리에게는 천을 짜는 전문가에게는 무늬를 만들기 위해 금실 은실만큼이나 검은 실들도 필요하다는 생각이 들었다. 게다가 우리의 삶이 서로 맞물려 짜여진 친밀감이 에라스미아와 나에게 더욱 더 명백해졌다. 우리의 두려움과 소망, 기쁨과 슬픔이 인생 다발 속에 함께 섞여 있었다.

에라스미아는 위기에서 나와 함께 겪은 아픔과 비애를 다음과 같이 말했다.

전화벨이 울렸다. '남아프리카가 연결됐습니다. 프란시스가 통화하고 싶어 하십니다.' 동료가 소리질렀습니다. 크게 놀라서, 나는 무슨 급한 일이 있길래 불과 이틀 전에 통화했는데 이렇게 전화를 걸었을까 걱정했다. 그는 변함 없는 목소리에 용기를 더해서 차분하게 다음과 같이 말했다. "나에게 문제가 조금 생겨서 입원했었어."

"병원에서 전화하는 거에요?" 감정을 억제하려고 애쓰면서 내가 물었다. "아니, 파인랜드 병원선교회 사무실이야." 그가 대답했다. "중환자실 의사와 함께 이곳에 와도 된다고 허락 받았어. 의사 선생님께 자세히 들어봐요."

불굴의 프란시스라고 생각했다. 언제든지 방법을 찾아 일을 해 낸다! 입원했던 중환자실을 어떻게 나올 수 있었으며, 나에게 정확한 메시지를 전달하기 위해 파인랜드에서 나에게 전화한 것을 생각하면 이것이 바로 내가 알고 있는 그 사람이었다.

의사가 실제로는 위중한 상태였다며 상황을 조심스럽게 설명하면서 심장 자동 박동기 수술은 다음 날로 예정되어 있다고 덧붙였다.

나는 간장을 애는 결정을 해야 했다. 세계 간사 및 지도자 컨퍼런스 준비를 그만 두고 당장 남쪽으로 날아가야 하는가 아니면 이 자리에 남아 있어야 하는가? 기도하고 기획팀의 조언을 구한 후, 내가 있을 곳은 프란시스 옆이라는 것을 알았으며 컨퍼런스 준비를 믿을 만한 팀에게 맡길 수 있었다.

아프리카 대륙을 종단하면서, 여러 가지 상충되는 생각이 마음에 떠올라 낯선 빛과 어두움의 패턴을 만들고 있었다. 사랑하는 사람을 보게 된다는 기쁨과, 내가 도착하면 그는 이미 이 세상 사람이 아닐지도 모른다는 두려움, 몇 주 이내에 태국에서 열릴 병원선교회 국제 미팅에 함께 참석할 수 있을까 하는 질문들이 떠올랐다. 조용히 기도했다.

'주님, 나에게 함께하신 것처럼 그에게도 함께해 주세요. 당신의 날개 아래 그 사람을 품어 주세요. 거기서 우리는 안전을 찾고 거기서 우리가 함께 있습니다.'

수년 동안 중요한 동역자로 일하는 에리카 그루네발트가 공항에서 나를 만났는데 그녀의 얼굴이 무겁고 근심이 가득했다. "프란시스가 몇 시간 전에 자동 심장 박동기 설치 수술을 받았습니다."라고 그녀가 말했다. "당장 병원으로 갑시다."

이렇게 속히 오리라고 예상하지 못했기 때문에 내가 병동으로 들어서니까 그의 눈이 둥그래졌다. 오랫동안 사랑했던 그의 파란 눈에 눈물이 고였다. 순간 감정에 복받쳐 다른 말은 못하고 서로 손을 잡으면서 하나님께 찬양을 드렸다.

프란시스의 모니터가 작동하지 않는 것을 발견했지만 바쁜 직원들은 그것을 바꿔주려는 생각을 하지 않는 것 같았다. 바로 그때에 그리스도인 간호사가 우리를 방문했다. 슈는 진정 '간호사 제복을 입은' 천사였다. 기계가 작동하지 않는 것을 발견하고 즉시 윗병동으로 가서 마지못해 하는 수간호사를 설득시켜 모니터를 가지고 왔다. "이것은 형제님을 위한 것입니다."라고 말했다. 정말 우리는 주님 안에서 형제자매였다!

병실의 새로운 환경에서 사건이 이상하게 돌아가는 것과 전능하신 하나님의 놀라운 간섭의 묘미에 대해 생각할 시간을 가졌다. 라틴 아메리카로 여행 일정을 잡고, 프란시스는 자신의 기절이 엄청난 재난이 됐을 수도 있는 몇 개의 작은 도시를 지나 케이프타운으로 돌아왔다. 그런 작은 도시들에서는 전문화된 의학적 도움을 받을 수가 없었다. 그는 이곳에서 최초로 심장 이식 수술을 하고 유명한 병원에 입원하여 최상의 치료를 받게 되었다.

원래 나의 계획은 주일에 전화하는 것이었는데, 주일이 아니라 토요일에 네덜란드로부터 전화를 하도록 주님께서 나를 움직이셨다는 사실에 더 감명을 받았다. 내가 주일에 전화해서 프란시스가 병원에 입원한 것을 알았다면 충격이 더 컸을 것이다. 그분의 판단과 그분의 방법이 얼마나 놀라운가!

나중에 우리는 카라비안에서 있었던 대형 컨퍼런스에서 프로그램 도중에 프란시스를 위해 특별히 기도했다는 사실을 알았다. 전 세계적으로 병원선교회 회원들은 그의 회복을 위해 기도했다. 우리가 기도의 날개를 타고 있었다는 것은 의심의 여지가 없었다.

몇 주 후에 태국으로 여행해도 된다는 판정을 받았지만, 우리는 머지않아 그가 다시 한번 어두운 계곡을 통과해야 한다는 것을 깨닫지 못했다. 컨퍼런스는 따뜻한 분위기로 시작되었고 찬양과 기쁨이 충만했다. 우리를 흥분시키고 뜨겁게 만드는 전 세계에서 온 여러 간사들과 지도자들을 만나 즐거운 시간을 보냈다.

그러나 그가 불길한 경고의 종소리 같은 이상한 기침을 하기 시작했
다. 지역 병원에서, 폐렴이라는 진단을 받고 즉시 입원하라고 하였다.
'제발' 프란시스는 부드럽지만 단호하게 요청했다. "나는 차라리 에라
스미아와 동료들과 함께 컨퍼런스가 있는 호텔에 있고 싶습니다. 그러
면 이 문제는 해결될 것 같습니다."

전형적인 태국의 친절로 요청은 받아들여졌지만, 합병증이 생길지도
모른다는 생각이 내 마음을 불안하게 했다. 그러나 나도 모든 물질을
만드시고 통제하시는 분이 당신의 자녀를 분명히 돌보실 것이라고 알
고 있었기에 우리는 함께 그분을 의지하기로 했다. 믿는 태국 의사는
정맥 주사에 필요한 것들을 호텔로 가지고 가도록 주선해 주었고 약품
을 공급해 주었다.

하나님의 예비하심으로, 홍콩에 있는 심장 전문의인 조나단 호 박사가
참가자들 중에 있었고 개인적으로 프란시스를 돌봐주기로 했다. 환자
에게는 정맥으로 약품을 투여해야 하는 만큼 기도와 애정이 필요하다
고 생각하는 이 사랑스런 의사의 손길을 어찌 잊을 수 있겠는가.

어느 날 늦은 밤에 나는 프란시스가 '예수' 라고 외마디로 중얼거리는
소리를 들었다. 이것은 그가 멀리, 넓은 곳으로 여행할 때 그리고 지금
그의 힘이 썰물 바닥처럼 빠진 때에도 입술에 달고 다니던 유례없는
이름이었으며, 영원한 종소리의 메아리 같이 울리는 이름이었다. 그
것은 깊은 밤의 노래 같은 은혜로운 이름이었다. 육신적으로는 약하지
만, 그 이름의 메시지를 선포하려는 욕망은 그의 심장에서 박동치고
있었으며 지상명령에 순종하려는 소망은 여전히 사그라들지 않고 있
었다.

위기가 지나갔고 인생 경주가 정상 궤도로 조금씩 돌아오고 있었다.
며칠 후 그는 정맥 주사를 꽂은 채, 폐회 예배 설교를 하겠다며 휠체어
로 회의장에 들어가자고 했다. 맑은 종소리처럼 울려퍼진 그의 감동적

인 메시지가 왕의 왕, 주의 주로 남아 계시는 그리스도 안에서의 승리를 상기시켜 주었다.

이것이 1985년 태국 컨퍼런스의 놀라운 주제였다.

⁓◦⟨⟩◦⁓

3년 후, 세계 간사들과 리더들이 이번에는 예루살렘에서 다시 모였다. 성지로 알려진 예루살렘은 다윗에 의해 기원전 1,000년에 탈환되었고, 바벨론의 느부갓네살에 의해 기원전 586년에 파괴되었으며, 기원전 63년에 로마에 넘어갔다. 타이투스에 의해 주후 70년에 황폐화 되었고, 십자군에게 다스려졌으며, 이어지는 세기에 기타 여러 나라들에 의해 정복당하고 지배받았다.

그러나 우리에게 중요했던 것은 우리 주님께서 그 거리를 거니시고, 병든 자를 낫게 하시며, 마침내 성 밖의 십자가에 돌아가셨다는 사실이었다. 일주일 내내 우리는 같이 회의하면서, 강의 사이사이에 성경에서 자주 읽었던 곳들을 방문했다. 감람산을 오를 때, 겟세마네 동산을 거닐 때, 갈보리산을 바라볼 때 과거의 장면들이 살아났다. 그분을 찬양하고, 우리 대신 행하신 그분의 대속 사역과, 죽음에서 부활하셔서 아버지 우편에서 우리를 위해 중보하신다는 것을 새롭게 새겼다.

둘째 주에는 "마지막 때의 승리자"라는 주제로 계속해서 회의를 진행하면서 갈릴리 해변에서 시간을 보냈다. 어느 날 잔잔하고 평화로운 호수의 물이 갑자기 격렬한 힘을 가진 파도로 돌변했다.

노한 풍랑 속에서 바람과 파도의 노여움을 말씀으로 잔잔케 하시므로 제자들의 두려움을 가라앉히던 사건이 기억났다. 이것은 전능하신 승리자의 진정한 표현이었다. 반대 세력의 적개심과 복음 전파에 대한 반대에도 불구하고 우리는 그분의 승리 열차를 타고 전진하라고 부르심을 받았다.

1986년과 1987년에는 지난 50년 동안 병원선교회에 은혜를 베푸신 신실하신 하나님께 영광을 돌리는 희년 나팔 소리가 울려 퍼졌다(레 25:9).

모든 대륙에서 개최된 50주년 희년 기념 컨퍼런스에 4,000명이 참가하여 하나님께 감사드리고 하나님을 찬양했다. 어떤 사람이 성공은 숫자로 알 수 있는 것이 아니라 영향력으로 안다고 적절하게 언급했다. 우리 마음의 소원은 병원선교회가 하나님을 위하여 영향력을 끼치는 것이었다.

병원선교회의 친구가 이렇게 질문했다. "50년 된 운동이 10대 시절 혹은 20대 초반의 탄력을 다시 한번 회복할 수 있겠습니까?" 에너지와 동기를 가진 우리의 성숙함과 전문성을 새로운 세대의 전임 사역자 및 장래의 지도자들이 활용할 수 있도록 한다면, 우리는 이 땅에서 잃어버린 자녀들을 그리스도에게 돌아오게 하는 최상의 임무를 수행하는 데 엄청난 진보를 이룩할 수 있을 것이라고 믿는다. 병원선교회가 활동하고 있는 영역에서 부족한 부분을 다 함께 찾아내고 우리가 거의 영향력을 끼치지 못하거나 접촉이 없는 새로운 분야를 찾을 것이다.

우리의 목표에 도달하기 위해, 막강한 양의 기도를 동원해야 하며 대륙마다 모든 분야를 다룰 강력한 특수 부대를 만들 것이다. 병원선교회를 전임 혹은 시간제로 섬기는 사람들뿐 아니라 의료인들도 참여시킬 것이다.

"국제 컨퍼런스는 영적인 유엔입니다!"라고 아시아에 있는 대규모 의과대학교 학장이 외쳤다. "천국을 미리 맛보는 것!"이라며 원목이 덧붙였다. 거의 그러했다. 천국에서는 구속받은 군중들이 새 노래를 부른다. 여기에 가사가 있다.

두루마리를 가지시고 인봉을 떼기에 합당하시도다 일찍이 죽임을 당하사 각 족속과 방언과 백성과 나라 가운데서 사람들을 피로 사서 하나님께 드리시고 그들로 우리 하나님 앞에서 나라와 제사장들을 삼으셨으니 그들이 땅에서 왕 노릇 하리로다(계 5장)

1990년 8월 엑스터에 모인 사람들이 최초로 이 노래를 부를 수 있었다. 당신의 나라에 들어온 남녀들로 인해 하늘과 땅에서 얼마나 기뻐했는지! 다음의 이야기를 들었을 때 천국에 기록된 일부 이름은 이 땅에 등록될 수 없다는 것을 알게 되었다.

은퇴한 우체국 직원이 자신이 본회 및 엑스터 컨퍼런스에 대해 들었던 모임에서 병원선교회 간사 두 명을 만났다. 그는 컨퍼런스에 가기로 결정했다. 여권을 가진 적도 없었고, 집에서 태어났기 때문에 출생 증명서도 없었다. 자신이 77년 전에 태어났다는 것을 관료들에게 증명하기 위해서는 여러 절차를 거쳐야 했다. 그러나 그가 거듭나지 않았다는 것은 아무도 몰랐다.

에드가 카이스가 해로운 뉴에이지 운동의 아버지였다는 사실을 알기 전까지 그는 엑스터에서의 모임을 매우 즐기고 있었다. "그것 참 이상하네."라고 생각했고 "그는 내가 가장 좋아하는 작가였고 그 사람의 저서를 찾기 위해 책방을 뒤졌습니다. 그의 가르침이 잘못되었다는 것을 몰랐습니다."

일부 참가자들이 그에게 구원의 확신에 대해 말을 걸면서 바퀴가 구르기 시작했다. 결국 결신의 초청이 있었을 때 그는 주님께 "예."라고 대답했고 아내를 오도한 부분에 대해 사과하기로 마음먹었다. 나중에 예배가 시작되자 그는 예수님께 헌신하고 그분을 위해 살겠다는 표시로 앞으로 나아갔다.

1990년 국제 컨퍼런스를 가지기 전에 극심한 믿음의 시련이 있었지만 가장 극심한 것은 엑스터에서 회의 전날 전략 모임 때에 찾아왔다. 여기서 우리는 또 다른 찬송의 기적을 배웠다. 주님께서 밤에 주신 찬송이었다(욥 35:10).

112개국에서 참석한 1,000여 명의 대표들이 컨퍼런스에 등록했다. 갑자기 1990년 8월 달력에 빨간 글씨로 끔찍한 소식이 전해졌다.

"쿠웨이트가 침공 당했다! 리베리아에 전쟁 발발! 공포의 지진…!"

이 사건으로 인해 마지막 순간 등록을 취소한 사람들이 생겼다. 컨퍼런스에서 특별히 중요했던 것은 고국을 떠날 수 없었던 쿠웨이트 대표 30여 명에 대한 대책이었다. 무슨 일이 일어나는지 알지 못한 상당수의 사람들이 아침 일찍 공항으로 향해 가다가, 집이나 병원으로 돌아가라는 날카로운 명령을 받았다.

행사장 담당자는 예측 불허의 재난으로 인해 그들이 참석할 수 없지만 그래도 계약된 대표 숫자만큼 계약서대로 돈을 지불해야 한다고 주장했다.

우리는 위기 상황에 직면했고 수천 파운드가 걸린 재정적 궁지에 빠지게 되었다. 여러 번 국제 컨퍼런스를 주관하는 동안 이런 일은 한번도 일어난 적이 없었고 사건이 이상하게 돌아가는 바람에 당황스러웠다. 어떻게 해야 하는가? 손실을 메울 여유 자금이 없었고, 어떤 종류의 저축도 없었다. 누구에게로 갈 것인가? 우리가 알고 있는 유일한 재원, 지난 여러 해 동안 우리가 신뢰했던 그분께로 찾아갔다.

단순한 믿음을 가지고 하나님께서 실패하시지 않을 그분의 목적을 보여 주시기를 기다렸다. 며칠 후에 전혀 예상치 못한 방법으로 응답이 왔다. 에라스미아가 식당에서 나오는데 젊은 의사가 들어와서 말을 걸었다.

"저는 부자가 아니지만 세계병원선교회가 어려울 때에 도움을 주고 싶습니다. 여기 수표가 있습니다. 영국 돈으로 1만 실링을 인출할 수 있고, 언제든지 세계병원선교회에 재정적 여유가 생길 때 갚으시면 됩니다. 이것은 우리 아이들 교육비로 모아둔 것입니다. 돈을 갚겠다는 약속 어음에 서명하실 필요도 없습니다. 단 한 가지 조건은 내 이름이 전혀 드러나지 않게 하는 것입니다. 저의 요청을 들어주실 줄로 믿습니다."

이 놀라운 제안에다가 주님의 흉내낼 수 없는 방법으로, 컨퍼런스 이후에 다른 모임을 위해 남아 있던 사람들에 의해 부족한 참석자 수가 채워졌다는 것을 알게 되었다. 이것은 원래 계약서에 명시되지 않았다. 따라서 담당자들과 만나 이 사안을 설명했다. 숫자가 늘어난 것을 보고 벌과금을 감해 줄 것인가? 토론을 거친 후 그들은 벌과금을 영국돈 3,000실링으로 감해 주었다. 의사의 수표가 이 모임에서 가장 시기적절한 예비하심이었음이 증명되었다.

컨퍼런스를 마치면서 장부를 정리하고 모든 청구서를 지불하고, 젊은 의사의 돈도 모두 지불할 수 있었다. 네덜란드 병원선교회 사무실에 필요한 사무실 집기 몇 개를 구입할 잉여 자금도 있었다.

참새를 돌보시는 하나님이 놀라운 방법으로 우리를 보살피셨다.

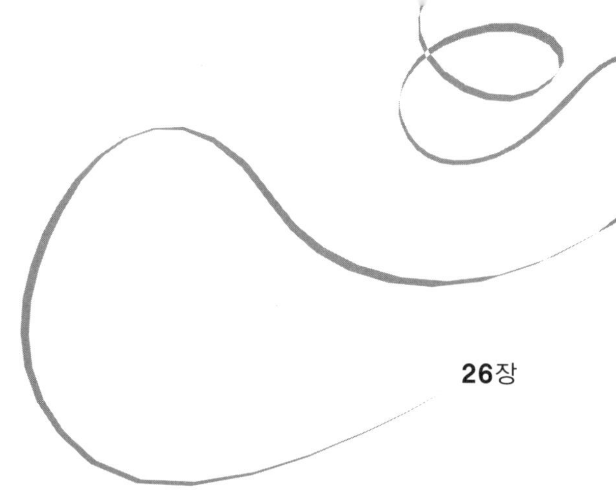

26장

민족들의 모자이크

국제 컨퍼런스의 효과는 파도처럼 커져서 마침내 지구 저편 해안에까지 다다랐다. 병원선교회에서 비중을 차지하는 간증자 대열에 간사와 지도자들이 가담하도록 독려받았다. 그들은 비전과 용기의 사람들이었지만, 그들도 충전과 재생의 시간이 필요했다. 특별한 그들의 필요를 채워 주기 위해 간사들과 지도자들만을 위한 컨퍼런스를 기획하게 되었다.

첫 번째 컨퍼런스는 네덜란드 드 버르그트에서 모였고 60개국에서 200여 명이 참석했다. "민족들이 기다리고 있다"가 주제였다. 각 민족들의 필요를 생각할 때 우리는 화해의 메시지를 최우선 순위에 두어야 한다는 것을 깨달았다. 그러나 이것이 맨 처음 우리에게서부터 시작되어야 하지 않는가? 우리 가운데 용서하지 못한 것이나 편견이 들어 있지는 않은가?

흐르는 눈물과 솔직한 고백, 깊은 회개가 있는 것을 보고 사람과 하나님 사이, 사람과 사람 사이, 인종과 인종 사이, 민족과 민족 사이에서 화해가 일어났고, 거기에는 분명하고 철저한 그분의 순수함이 있었고 기도가 응답되었음을 알았다.

1995년 10월은 400명의 간사들과 지도자들이 남아공 땅에 모여 병원선교회 역사에 놀라운 이정표를 만든 날이었다. 세계병원선교회 역사상 최초로 간사 및 지도자들 컨퍼런스가 본 모임의 탄생지에서 열린 것이다.

그 모임은 정성 어린 교제와 75개국 언어가 뒤섞인 천연색의 만화경이었다. 메시지는 영혼을 흔들어 놓았고, 기도의 시간과 하나님의 음성을 들으려고 기다리는 시간은 새로웠으며, 계획을 세우는 시간에는 비전이 멀리 퍼진 것을 분명하게 볼 수 있었다.

주요 개척 사역이 목표를 달성하였으므로, 이제는 이룩한 것을 강화할 뿐 아니라 복음이 전해지지 않은 곳에 진입하는 데 중점을 두었다. 조화로운 협력을 촉진시키기 위해, 세계를 19개 지역으로 나누었다—지타비세니 컨퍼런스에서는 17개 지역이 참석했었다. 지역이 하나씩 열리면서 점진적인 진보가 이루어지는 것을 보고 마음이 뜨거웠다.

❧

"중국을 그리스도께!" 믿음이 충만한 중국 간호사가 연단에 붉은 국기를 꽂으면서 외친 구호이다. 병원선교회가 처음으로 영광스럽게 중국 대표를 초청한 것은 2001년 클라인 카리바에서였다.

그녀의 놀라운 선언에 지나간 세월 동안 얼마나 많은 노력과 기도가 투입되었는지를 생각하며 마음이 뭉클했다. 최선의 것은 아직 오지 않았다! 의료인들이 그리스도의 도전에 응답할 것이고, 그들의 메시지가 의학적 도움을 필요로 하는 많은 사람들에게 전해질 것이며, 중국에서 영혼 구원의 추수가 있을 것이다.

나라마다 국기를 꽂으면서 2분 동안 찬양하거나 기도 제목을 나누었다. 대표들이 고국의 상황과 연계시키면서 말하는 것을 들을 때 기쁨과 찬양, 눈물과 애정이 우러나왔다. 컨퍼런스의 첫날 프로그램은 세계병원선교회의 역사를 살피는 것으로 65년의 경험이 여러 가지 영감과 감동을 주었다.

입장식을 진행하면서, 75개국 대표들이 대륙의 이름을 기록한 파랗고 흰 현수막 뒤로 장엄하게 걸어와서, 헨델의 메시아에서 나오는 "할렐루야" 찬송에 맞춰 당당하게 회의장으로 들어왔다. 대열 맨 앞에는 남아프리카 지역 담당자인 만들라 마샤바네 박사가 "예수는 주시다"라는 컨퍼런스의 주제가 기록된 붉은 공단으로 된 기를 들고 있었다.

극동 아시아인 한국에서, 서쪽 끝인 칠레에서, 얼어붙은 북쪽 아이슬란드에서, 저 남쪽 호주에서도 참가자들이 왔다. 국제 이사회 회원들, 지역 담당자들, 국가 담당자들, 훈련자들, 각 분야의 리더들, 병원선교회 초창기 개척자들, 오랜 친구들이 한 가족으로 반갑게 만났다.

주님 이외에 누가 이렇게 정교한 민족의 모자이크를 만들어 낼 수 있겠는가? 이 모자이크는 개인적인 갈등, 굴복, 두려움과 믿음, 기대와 채우심으로 만들어져 있었다. 많은 사람들은 이 곳에 오기 위해 재정적인 희생을 치렀고, 다른 사람들은 개발도상국에서 오는 형제들에게 자금을 지원했다. 세상의 정치 환경이 안정이나 평화를 약속하지 못하는 상황에서 우리 모두에게 이것은 믿음의 큰 진보였다.

이 모임의 순간을 위해 수개월 동안 집중적인 준비 기도가 있었고, 컨퍼런스 개회 3일 전에 있은 기도 합주회는 그 절정을 이루었다.

참가자와 친구들이 돌아가면서 매시간 드리는 기도의 불길이 우리가 모이는 7일 동안 계속 타올랐다. 그리스도께 전적으로 복종하라고 도전할 때 그분의 부르심에 수많은 사람들이 응답한 것은 오히려 당연한 일이었다.

회원들의 은사와 재능이 다양한 반면, 전심을 다한 헌신과 다양한 임무를 수행할 때의 자세에서는 모두를 하나로 묶는 고귀한 영적 일치가 이루어졌다.

9월 11일 뉴욕에서 일어난 참사 이후 전 세계가 충격으로 휘청거릴 때, 컨퍼런스를 취소할 것인가 아니면 뒤로 미룰 것인가를 묻는 긴급 요청이 들어왔다. 모든 필요한 것을 준비하고 참가자들이 남아프리카로 안전하게 여행할 수 있도록 조용히 하나님을 의지하면서 일을 진행하자는 만장일치의 결정이 있었다. 계획대로 진행된 65회 기념 축제에 402명이 참석했고 무사히 고국으로 돌아갔다.

세계 정세가 불투명하고, 장래가 불확실하고, 두려움이 전국을 덮고 있었지만 클라인 카리바에 오시는 400명의 대표들을 확실하게 모시기로 작정했기 때문에 일 년 전에 이미 장소를 예약했다. 모든 어려움이 주님의 능력으로 기적을 보여 주시기 위해 사용하시는 발판이 된 것 같았다. 불가능한 것들이 성령님에 의해 하나씩 가능한 것으로 변했다.

기도의 특별한 응답도 보았다. 홀을 완성하는 것이 큰 문제였다. 숨을 죽이고 5월부터 건물 프로그램을 예의주시하고 있었다. 5개월 만에 윗층에 음향실과 녹음실을 갖춘 널찍한 홀이 하나님의 신실하심을 기념하듯 완성되었다. 건축 계약자는 전 세계에 퍼져 있는 병원선교회 회원들이 그들을 위해 기도하고 있다는 것을 알고 있었고 기도의 힘을 느꼈다고 나중에 개인적으로 우리에게 말했다.

열방들이 계속해서 영광스러운 주제인 "예수는 주시다"를 선포하고 있을 때, 노래는 끝났지만 멜로디는 남아 있었다. 그분은 죽으셨다가 다시 살아나셨고 아버지 우편에 앉아 계시며, 자기 자녀들을 위해 영원히 중보하고 계신다. 이런 사실에 용기를 얻어 죽음 가운데서 헤매는 수백만의 사람들에게 천국 노래를 가지고 간다.

국제 모임을 통해 지평선을 넓히고, 국경을 확장하고, 봉사의 영역을 늘리고 모든 수준에서 성장을 자극하는 것이 진정 하나님의 마음에 있는 것이라는 사실이 입증되었다.

하나님께서 병원선교회와 간사들을 지금까지 어떻게 인도하셨는지를 한정된 지면에 담는 것은 불가능하다. 중보기도, 여행, 컨퍼런스 그리고 미팅, 훈련 세미나, 행정, 잡지 및 기타 문서들의 편집 및 배포… 이런 것들이 천

국에 기록되었으며, 언젠가 우리는 모든 족속, 인종, 열방들이 연합하여 구
원의 노래를 부르는 그 가운데 있게 될 것으로 믿는다.

성화를 전달 받은 사람, 비전을 잡은 사람들에 의해 불타는 성화가 전달
된다. 하나님께 감동 받은 마음들이 다른 사람들에게 불을 붙일 것이다.

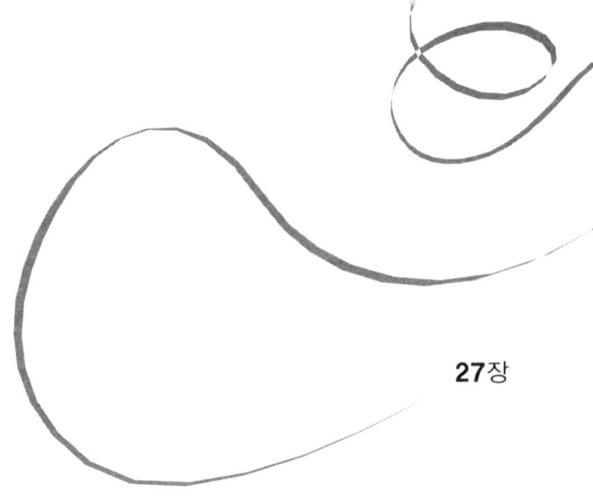

27장

비전은 영원하다

어느 날 에라스미아와 내가 예루살렘에 있는 찻집에 들어갔다. 행동과 몸가짐이 왕자 같은 키가 큰 젊은이가 우리를 섬겼다. 이것이 당신의 주된 직업이 아닌 것 같다고 말했다.

"예, 아닙니다. 저는 대학생인데 공휴일에 돈을 좀 벌려고 여기서 일하고 있습니다. 선생님은 어떤 일로 오셨는지요? 예루살렘에서 무슨 일을 하십니까?"라고 물었다.

"2,000년 전 예루살렘에 살았던 치료하는 사람에 대해 말해 주려고 이곳에 왔습니다. 그분은 대단히 성공하신 분이었고 걷지 못하는 사람, 눈먼 사람, 듣지 못하는 사람들을 고치셨습니다. 뿐만 아니라 사람들에게 여호와에 관해서도 이야기했고, 많은 사람들이 그분을 섬기겠다고 고백했습니다. 기적도 많이 행하셨습니다. 예를 들면, 오병이어를 가지고 기도한 후 무리들에게 나누어 주었습니다. 이것들이 그분의 손에서 배가되어 여자와 어린이를 제외하고 5,000명이 배부르게 먹을 만큼 충분한 음식을 공급했습니다. 사람들이 말하기를 이분은 우리가 오랫동안 기다리던 바로 그 메시아라고 했습니다.”

“불행하게도, 서기관과 바리새인들이라고 알려진 국가의 일부 영적 지도자들이 그분과 그분을 둘러싼 사람들의 태도 및 그분의 말씀을 붙잡는 것을 시기하였습니다. 이런 적개심이 자라나서 마침내 로마 당국자들의 권위를 빌려 그분을 십자가에 못박았습니다.”

“그 사람에 대한 이야기를 예전에 들은 것 같습니다.”라고 젊은이가 끼어들었다. “그 사람이 나사렛 예수라고 알려진 분 아닌가요?”

“맞습니다.”라고 대답했다. “하지만 가장 경이로운 일은 그분이 죽은 후에 발생했습니다. 그분은 죽음에서 살아나시고 수백 명에게 나타나셨습니다. 그의 추종자들이 전국을 돌아다니며 그분에 대해 이야기했습니다. 그들이 말하기를 성령의 내주하심을 통해 그분을 초청하는 모든 사람의 삶속에 그분께서 거하시게 됩니다.”

“전부 흥미있는 이야기인데, 한 가지 질문이 있습니다. 만약 그가 살아 있다면, 왜 오늘 모습을 드러내지 않습니까?”라고 그가 말했다.

얼마나 생각하게 하는 질문인가! 우리는 이야기를 계속할 수가 있었고 거듭남에 대해서도 이야기하고, 그분을 따르는 자들 안에 그리스도의 생명이 연장된다는 것도 말해 주었습니다.

나는 종종 예루살렘 찻집에서 만난 놀라운 청년이 무엇인가 찾기 위해 질문했던 것이 생각납니다. “왜 그분이 오늘 모습을 드러내지 않습니까?” 신약의 사도들이 그분께서 자기 자녀들의 삶속에 진정으로 살아 계시고 그들의 행위로 자신을 드러내신다고 확실하게 말했다. 실은 사도 요한은, “그의 안에 산다고 하는 자는 그가 행하시는 대로 자기도 행할지니라”(요일 2:6)라고 말했다. 이것이 선지가 이사야가 의미한 것이다. “그가 씨를 보게 되며 그의 날은 길 것이요”(사 53:10).

지난 2,000년 동안 그분이 어디에서 모습을 드러내셨는가? 사실은 그분은 그보다 훨씬 전부터 즉 창조의 시작에서부터 모습을 보여 주셨다. “…땅이 혼돈하고 공허하며 흑암이 깊음 위에 있고…"(창 1:2).

그 어두움 가운데는 아무 형태도 없었고 손을 만질 그 무엇도 없었다. 그때 그분의 명령이 떨어졌다. "빛이 있으라!"(창 1:3). 우리 주 예수 그리스도는 자신을 가리켜 "나는 세상의 빛이니"(요 8:12)라고 말하고 나중에 제자들에게 "너희는 세상의 빛이라"(마 5:14)고 말씀하셨다. 그러므로 현저한 어두움 가운데, 그분의 빛이 당신의 자녀들의 삶 가운데 나타났다.

유명한 이사야 53장에 보면 "그가 씨(자손)를 보게 되며, 그의 날은 길 것이요."라고 되어 있다. 그분의 생명이 재생산되고 그의 형제들을 통해 드러나기 때문에, "하나님이 미리 아신 자들을 또한 그 아들의 형상을 본받게 하기 위하여 미리 정하셨으니 이는 그로 많은 형제 중에서 맏아들이 되게 하려 하심이니라"(롬 8:29). 지나간 세기 동안 그분은 수천 번 다른 방법으로 분명하게 "나타나셨다." 성경에서 예를 들면 다음과 같다. 욥의 인내, 사무엘의 지조, 요한의 부드러움, 마지막까지 견딘 다른 여러 사람들의 인내들이 있다. 나중에 유명인사의 전당에서 우리는 폴리갑, 위클리프, 루터, 녹스, 칼빈, 웨슬리 같이 그분의 빛을 눈부시게 드러낸 분들을 만날 것이다.

그분께서 자신이 지구에 오신 목적을 간단하지만 본질적으로 "인자가 온 것은 잃어버린 자를 찾아 구원하려 함이니라"(눅 19:10)라고 언급한 것을 우리는 기억한다. 동일한 영을 받아 전도의 빛을 따르기 위해 명예와 재산과 안락을 버리는 사람들이 있다. 동료들에게 환상적이라고 불리던 자들이 수백만 남녀들의 삶에 대속자의 흔적을 남겼다. 허드슨 테일러, 씨 티 스터드, 윌리암 캐리 그밖의 믿음의 영웅들은 무엇이 삶의 동력이었는가? 간단하게 말해서, 그들은 그분의 형상을 지닌 자가 되기 위해 모든 것을 포기했고, 그분은 또 다른 자신 안에서 활짝 열린 선교지에서 당신을 "나타내셨다." 그러나 그들 자신이 먼저 예수 그리스도를 개인의 구주로 만나고, 그분의 사랑에 붙들리고 그분의 내주하시는 생명의 능력으로 변화되어야 한다.

인간이 되신 하나님, 기묘자, 모사, 전능하신 하나님, 영존하시는 아버지,

평강의 왕(사 9:6)이신 분을 생각해 보라. 그분의 첫 기적은, 잔칫집에서 행하신 것으로, 영적인 의미가 많이 들어 있지 않은 것 같다. 그러나 상황을 자세히 살펴보면, 그분의 행동 저변에 역동적인 메시지가 깔려 있다.

그분은 결혼식 잔치에 초대받았고, 거기서 응급 상황이 발생했다. 잔치를 계속하려면 포도주가 더 필요한데, 준비한 포도주가 모두 떨어진 것을 발견한 잔칫집 주인은 당황했다. 이 소식이 예수님에게 전해졌을 때 어머니가 개입하여 종들에게 이렇게 말했다. "너희에게 무슨 말씀을 하시든지 그대로 하라"(요 2:5). 어머니는 자기 아들 가운데 있는 초자연적인 능력을 알고 있었음이 분명했다.

연회실 앞에 몇 개의 항아리가 있었고 예수님께서는 그것들을 아귀까지 물로 채우라고 하셨다. 그리고 하인들에게 말씀하시기를 물이 변해서 된 포도주를 연회장에게 가져다 주라고 하셨다. 당연히 이 포도주는 최상품이었고, 연회장이 신랑을 불러 말하기를 좋은 포도주를 먼저 내놓는 것이 풍속인데 최상품을 나중에 내놓는다고 했다(요 2장).

예수님의 첫 기적은 그가 앞으로 3년 반 동안 이 땅에서 사역하실 때 무엇을 할 것인지를 보여 주는 사례였다. 간단히 말해서, 그는 많은 변화를 일으킬 것이었다. 밤에 했던 경건한 바리새인이었던 니고데모와의 대화에서, 예수님은 영적으로 다시 태어나는 것, 즉 성경적 용어를 쓰자면 "거듭남"에 대해 강조하셨다.

그분의 초창기 삶에 대한 기록을 자세히 살펴보면 변화를 일으키는 그분의 능력이 항상 역사하고 있음을 알게 된다. 마비되었던 사지가 정상 기능으로 회복되었다. 귀머거리의 귀가 열리고 죽은 사람이 살아났다.

거센 폭풍과 맹렬한 바람이 "조용하고 잠잠하라"는 그분의 단순한 명령에 당장 순종했다. 그분의 명령에, 사람들이 일상적인 직업을 버리고 일어나 그분을 따라갔다.

반면에 외식하는 서기관들과 바리새인들의 가식적인 어두움으로는 그분

앞에 설 수가 없었기 때문에 흠없이 순전하고 온전하신 그분의 성품에 반대했다. 그분의 빛이 만나는 사람마다 마음속을 꿰뚫었다. 사람들은 위선을 노출시키고 이중성을 정죄하는 이와 같이 눈부신 빛을 다루는 유일한 길은 불을 꺼버리는 것이라고 결론지었다. 어떤 대가를 치르더라도 그 사람을 죽여야 했다. 그들은 예수님의 뒤를 밟았고 그에게 올가미를 씌우기 위해 악의적이고 야비하게 노력했다. 마침내 예수님을 십자가에 못 박음으로 그들이 승리했다. 하지만 그것이 이야기의 끝이던가? 꺼버리려고 시도했던 빛이 그분의 헌신적인 제자들에 의해 수천 개의 태양처럼 터져나왔고 그들 속에 주님의 삶이 영원토록 이어지고 있었다. 이것은 그분 안에 거하시는 성령님에 의해 이룩된 것이다. 창조가 시작될 때 어두운 수면 위에 운행하셨던 동일한 은혜의 성령님께서 이제는 그분의 헌신된 제자들의 삶에 충만하게 임하고 계시다.

이런 근본적인 메시지를 가장 잘 선전하는 사람이 한때 그리스도인들을 박해했던 다소의 사울이었다. 우리는 먼저 최초의 순교자를 죽이는 일에 관여하여 외투를 지켰던 사람을 만난다. 성경이 그에 관해 말하기를 그는 이 순교 사건에 동의했고 나아가서는 교회를 훼파했고, 집집마다 들어가서 사람들을 끌어내 투옥시켰다.

나중에 살기가 등등하여 주님의 제자들을 협박하면서, 그 도를 따르는 자는 누구든지 체포하여 예루살렘으로 호송해도 좋다는 공문을 대제사장으로부터 받았다. 그 후 그 사람의 인생에서 가장 놀라운 일이 다마스커스 근처에서 일어났다. 눈부시게 빛나는 빛, 태양보다 밝은 빛에 눈이 멀어 땅에 주저앉았다. 그는 다음과 같이 말하는 음성을 듣는다. "사울아, 사울아, 네가 어찌하여 나를 핍박하느냐?" "당신은 누구십니까?"라고 울부짖을 때 "나는 네가 핍박하는 예수다"(행 9:4-5)라는 대답을 들었다. 떨리고 놀란 그가 물었다. "주여 무엇을 하시를 원하십니까?"

"계속 여행하여 다마스커스에 들어가면 거기서 행할 것을 알려줄 것이다.”

　이것은 성경에 기록된 가장 강력한 변화이다. 그리스도인을 핍박하던 사울의 태도가 180도 달라졌고 믿는 자들은 놀라움을 금치 못하면서 과거에 그들을 핍박하던 사람이 이제는 자기가 파괴하려고 했던 믿음을 선포한다고 외쳤다(갈 1:23). 그는 그리스도를 위해 많은 고난을 당할 것이었다. 고난이란 심한 노동, 여러 번의 매, 잦은 투옥, 얻어맞음, 돌에 맞음, 파선, 잠 못 잠, 곤고함, 배고프고 목마름, 굶음, 춥고 벌거벗음, 그리고 모든 교회를 향한 깊은 관심들이었다.

　극적인 변화가 일어난 이 사람은 사도 바울이라고 알려져 있고, 신약 성경의 많은 부분을 기록했다. 사도 바울은 믿음에 굳게 서 있으라, 말씀을 선포하라, 순전하고 승리하는 삶을 살라 등 여러 가지 권면의 말씀을 하고 있다. 이 모든 것의 궁극적인 목적은 우리의 매일 매일 삶 가운데 예수 그리스도를 “나타냄”으로 하나님을 영화롭게 하는 것이다.

　전 세계를 여행하면서 그분의 거룩한 삶이 그들 가운데 이어지는 의료인들을 만났다. 그분의 빛이 어두움에 비취도록 하기 위해 자신의 삶을 사용하거나 사용하도록 내어 주는 사람들이다. 의사들, 간호사들, 기타 의료팀에 속한 사람들은 아픈 사람을 향한 그분의 관심을 반영하여 환자를 전인적으로 돌보는 것이 그들의 부르심이며 임무라는 것을 이해하고 있었다. 일본이나 미국의 시멘트 건물 정글에서 일하든지, 유럽의 현대식 도시에서 일하든지, 아시아의 찜통 더위에서 일하든지, 혹은 넓은 아프리카에서 일하든지, 그분은 특별한 애정과 능력으로 모습을 드러내셨다.

　수백 명의 얼굴들이 내 앞에 일어났다. 몇 년 동안 나에게 영감을 줬던 얼굴들이었다. 그들의 기억은 반질반질한 대리석에 새겨진 글보다 한층 더 나았다. 희생적인 봉사가 핵심이 아니었고, 자신을 헌신적으로 드린 것도 아니었다. 그들 삶의 비밀은 그들의 사역을 너무나 다르게 만드신 내주하시는 성령님의 삶에 달려 있었다.

득실거리는 밀림의 모기들을 견디면서 피폐해진 사람들에게 표정마저 간증이 된 미국 선교사와 그의 가족을 잊을 수가 없다. 그들은 왜 그곳에 있었는가? 어두움과 죽음의 그림자 속에 앉아 있는 사람들에게 그분의 메시지를 전하기 위해서였다.

그곳에 주님처럼 태국 나병 환자의 상처를 어루만지는 호주 간호사, 정신 병동 환자에게 그리스도의 사랑을 나타내는 한국 병원장, 남편과 함께 인생의 절정기를 대만 소아마비 환자들을 위해 보낸 노르웨이 의사, 정글 오지 마을에 있는 인디안들에게 무료 진료를 해 주기 위해 수많은 시간을 보낸 브라질 의사, 사람들은 피곤을 무릅쓰고 삶을 희생하여 멀리 떨어진 해안에서 섬기고 다른 사람들은 집 근처의 들에서 힘들고 위험한 일을 하고 있다.

병원선교회 자료에 있는 기록들을 나누고 싶다.

내가 에디스 레인과 로잘린 로렛을 만난 것은 파리 간호 학생들을 위한 모임에서였다. 38년 후에 에라스미아와 나는 그들을 다시 만났다. 이때는 프랑스 동쪽에 있는 노인들을 위한 집인 "베다니"의 책임자로 있었다. 우리는 넓은 건물에 넘실거리는 잔디, 도움을 청할 때 "할아버지 할머니"들에게 제공되는 효율성과 최선의 보살핌으로 가득 찬 정신을 보고 깊은 감동을 받았다. 영적 전쟁에 관한 그들의 관심은 그들 기도의 진실성과 노인들을 자발적으로 섬기려는 지치지 않는 노력에 나타나 있었다.

"이렇게 훌륭한 믿음의 모험이 어떻게 시작되었습니까?" 에디스에게 물었다.

"1959년 선생님께서 우리 간호학교에 오셨을 때, 선생님께서는 우리 삶속에 지워지지 않는 흔적을 남기는 메시지를 전해 주셨습니다. 선생님께서는 기도로는 충분하지 않고 내주하시는 그분의 성령이 우리를 독려하여 하나님을 섬기는 곳으로 가도록 한다고 말씀하셨습니다. 노인들을 위한 집을 가지겠다는 비전이 탄생했고, 믿음으로 작게 시작했습니다. 나중에 그분께서 당신의 영광을 위해 이 건물을 세우도록 하셨습니다. 주님을 섬기는 어떤 일에도 있듯이 우리에게도 많은 어려움이 있었고 눈물도 있었습니다. 그러나 그분께서 우리를 이곳까지 인도하셨습니다.”

그분께 전적으로 순종한 두 간호사의 삶속에 그분이 “나타나셨습니다.”

그리스도께서 하시는 것 같은 양질의 보살핌이 집권 군주에게도 감명을 주었다. 병원선교회 컨퍼런스로부터 그리스도인 간호사들이 노르웨이 왕을 보살피기 위해 호출 당했던 경우가 기억난다. 그녀는 그를 보살폈던 영광을 가졌으며 그의 질병이 재발했을 때 자기를 돌보는 간호사가 바로 그 여자가 되어야 한다고 요청했다.

❧

내주하시는 그리스도가 “나타났던” 다른 이야기를 하나 하겠다. 아프리카에서 일어난 일이었다.

르완다에 있는 집에서 진 각완디와 부인 비비안이 피신처로 허겁지겁 도망하는 동안 전쟁의 총소리는 점점 가깝게 들려왔다. 이곳에서 부부와 네 명의 아이들이 초조한 첫날을 함께 보낸 후 외부로부터 도움을 청하기 위해 애타게 노력하고 있었다. 소리를 죽인 전화벨 소리 사이로 총성이 들려왔다. 이어지는 일제 사격의 양상이 지난 번보다 더 험해진 것 같았다. 죽음과 파괴의 사자들이 끊임없이 왕래하고 있었다.

때때로 총알이 창문틀을 찢으면서 공포의 화살을 아이들에게 쏴댔다.

영원같은 시간이 지난 후 스위스 대사관 자동차가 그들의 문으로 가까이 접근했고, 그들이 몰래 빠져나갈 수 있게 되었다.

그런데 갑자기 가족들이 숨어 있는 큰 집 커튼이 갑자기 내려지고 모든 움직임이 제한되었으며 그들의 점령에 반대하는 모든 것에는 죽음밖에 없었다. 낮에는 벽장 안에 격리되어 있고 밤에 조심스럽게 움직였으며 89일 동안 거의 먹지 못하고 잠도 자지 못한 채 긴 밤샘의 시간을 견디어냈다.

막내가 겨우 다섯 살이었기에 어린이들이 가장 큰 염려거리였다. 부모와 함께 그림자의 계곡을 지날 때 흐느낌이나 우는 소리도 입 밖으로 나오지 않았다. 어느 단계에서는 막내의 목숨이 어떻게 될까 두려운 진이 딸에게 먹일 무엇인가를 달라고 간절하게 기도했다. 가까이에 작은 아이를 두고 벽장에서 반쯤 구부린 채, 아픈 다리를 펴려고 선반으로 쭉 뻗치는데 손끝에 부드러운 것이 닿았다. 닿은 것을 가까이 가지고 와서 냄새를 맡았다. 초콜릿이었다. 굶을 대로 굶은 상태에서 며칠 동안 허기를 채우기에 충분했다. 어느 날 밤 그가 몰래 칠흑 같은 정원으로 기어나갔다가 잔디 위에 다 익은 아보카도 열매 몇 개가 있는 것을 발견했다. 이웃집 나무가 미사일에 맞으면서 열매가 사방으로 흩어진 것이었다! 그리고 며칠 밤 동안 그는 집 주변에 무성하게 자라난 버섯을 거둬들였다. 예전에는 집안에 버섯이 자란 적이 없었다.

시간은 더디게, 무겁게, 겨우 지나갔고, 밤은 한없이 길었지만 그 모든 상황 속에서도 그들은 고통 가운데 보호받고 있다는 느낌이 들었다. "영혼의 묵상 가운데 나는 인생이 짧다는 것과 화려한 인생도 가치가 없지만 하나님의 자녀들에게는 놀라운 찬란함이 기다리고 있다는 것을 생각했습니다." 진이 회상했다. "가치관이 달라지니 인생이 완전히 달라졌습니다. 현재의 일과성에 비해 영원의 영속성이 분명하게 두드러졌습니다."

어느 순간이라도 공격할 자세를 갖춘 사자의 발톱이 있지만 자신과 가족이 하나님의 손에 있다는 것을 알고, 진에게는 깊은 평안이 있었다. 일상적인 그들의 기도제목은 그들이 아직 살아 있다는 것과 기도가 필요하다는 것을 세계에 있는 형제들에게 알려 달라는 것이었다. 그들이 세상에서 완전히 단절되었기 때문에 연락할 방법이 없었다. "병원선교회 가족의 기도를 이렇게 의식한 적이 없었습니다. 하나님께서 기도를 들어 주신 것을 알았습니

다. 어떤 방식으로든지, 어디에서든지 구원의 손길을 보내 주셨습니다.”라
고 그가 나중에 말했다.

그러던 어느 날 시멘트로 된 현관 입구에서 들리는 무거운 군화를 질질
끄는 몇몇 남자들의 소리가 들렸다. 전쟁이 끝난 것인가? 오늘이 풀려나는
날인가?

거친 노크와 적대적인 호통 소리는 집에 들이고 싶은 친구가 아니라 적
이라는 사실을 확인시켜 주면서 가족들을 놀라게 했다. 밀고 당했는가? 그
들의 운명은 어떻게 될 것이며 어린이들의 운명은 어떻게 될 것인가?

진이 말을 이었다. “나와서 한 줄로 서라는 명령을 들었습니다. 내가 맨
처음으로 나가서 총과 수류탄을 들고 있는 폭도들을 대면했습니다. 한 사람
이 우리에게 수류탄을 던질 준비를 하고 있었습니다. 아무것도 물어보지 않
았고 설명할 시간도 주지 않았습니다. 총을 겨누고 숨을 멈춘 사람이 발사
명령만 기다리고 있었습니다. 그때 책임 장교가 나를 자세히 보더니, 과거
의 기억을 더듬는 것처럼 갑자기 말했습니다. ‘클리닉에서 일하지 않았어?
내가 언젠가 그 병원에 입원한 환자였었지. 치료하는 사람으로서 당신은 나
에게 매우 좋은 인상을 남겼어. 너의 태도가 매우 인간적이었고, 진짜로 관
심을 보여 주었지. 너는 특별한 자질을 가진 것 같아서 잊을 수가 없었어.’

“총구가 내려갔고 우리 신분증, 종족 증명서를 돌려주었습니다. 이 카드
때문에 수십만 명이 목숨을 잃었습니다만, 저는 우리가 살아남을 것이라고
믿었습니다. 그리고 살아남았습니다. 하나님께 영광을 돌립니다!”

여기에 비전의 타당성이 분명하게 강조되고 있다. 그리스도 중심의 의학
적 보살핌은 왕, 신하, 노인, 영아, 사업가, 거지, 지식인, 문맹자, 부자, 가난
한자를 망라한 사회 모든 층에 파고들 수 있다. 평화시나 전시에 사람들은
건강을 돌봐주는 사람들로부터 감동과 영향을 받을 수 있다.

매년 수백만의 환자들이 종종 친척들도 동반하여 병원이나 진료소 문을
출입한다. 그들 대부분은, 생명이 벼랑 끝에 매달려 있으므로 건강을 돌보

는 사람들의 애정 어린 보살핌을 간절히 기다리고 있다. 많은 경우 병원 침대가 영원으로 가기 전 마지막으로 거쳐 가는 곳이다.

병원선교회는 우선권이 뒤바뀌고 삶과 죽음의 가슴 아픈 질문들이 많은 사람들에게 다가갈 특별한 기회를 가지고 있다. 복음의 메시지는 현재의 상황과 미래가 어떻게 될 것인가에 대해 당황해 하는 사람들에게 평화를 가져다 줄 것이다.

병원선교회 회원들의 삶은 거룩한 불을 피우는 등불이 될 것이다. 그 불꽃에서 나오는 빛은 잘못 가는 발걸음들을 하나님께로 인도하며 모든 사람들이 일어나서 구원의 빛에 감사할 것이다.

멍들고 깨진 자들을 싸매라고 너를 보낸다.

방황하는 영혼들을 위해 일하고, 울고, 그들을 깨우라고

세상의 곤고한 자들의 짐을 지라고

나로 인해 고통을 당하라고 너를 보낸다.

네 인생의 야망에서 떠나라고 너를 보낸다.

이기적인 뜻을 버리고 거룩한 욕망을 위해 죽으라고

오래 일하고 오래 사랑했지만 사람들은 너를 욕한다.

내 안에서 너의 삶을 잃어버리라고 너를 보낸다.

증오로 굳어진 마음들에게 너를 보낸다.

보지 못할 것이므로 봉사로 만들어진 눈들에게

피라 할찌라도 아끼지 말고 소비하라고

갈보리의 맛을 보라고 너를 보낸다.

인내로 너의 십자가를 지라고 너를 보낸다.

언젠가 기쁨으로 내려 놓으리.

내 목소리를 들으리, '잘하였도다, 나의 신실한 종아

이리 와서, 나의 보좌에 앉으라, 나의 왕국도 나의 왕관도 네 것이다.'

"아버지가 나를 보내신 것 같이 나도 너희를 보내노라"(요 20:21)